理论部分介绍　信息素养的提出和发展，对大学生信息素养的要求等方面进行理论化的分析。

实务部分介绍　数据库的检索与使用方法，涵盖了中外文图书、期刊、报纸、古籍及特种文献等各种文献类型，同时，提供了一套较为新颖的轻量级自制图书馆系统案例，并对学术论文的写作、发表及学术规范进行了介绍。

大学生信息素养教程

宋凯　编著

国防工业出版社

信息素养概述

信息素养教育

网络信息资源的检索与使用

特种文献资源检索

古籍资源的利用

现代移动数字图书馆技术

版权法与学术规范

内 容 简 介

本书针对现代大学生信息素养的培养,分为理论和实务两部分。理论部分介绍信息素养的提出和发展,对大学生信息素养的要求等方面进行理论化的分析,并介绍图书馆简单的发展史、图书馆的社会功能、高校图书馆应该发挥的教育引导作用。实务部分是针对大学生信息素养的培养有目的地介绍一些数据库、古籍及特种文献的检索,提供了一套较为新颖的轻量级自制图书馆系统案例,以及提供了一些学术论文的写作方法,旨在培养学生快速准确地检索信息、自主管理信息、利用信息进行写作等方面的能力。

图书在版编目(CIP)数据

大学生信息素养教程 / 宋凯编著. —北京:国防工业出版社, 2013.4

ISBN 978-7-118-08798-7

Ⅰ.①大... Ⅱ.①宋... Ⅲ.①信息技术-高等学校-教材 Ⅳ.①G202

中国版本图书馆 CIP 数据核字(2013)第 075622 号

※

国防工業出版社出版发行

(北京市海淀区紫竹院南路 23 号 邮政编码 100048)

北京奥鑫印刷厂印刷

新华书店经售

*

开本 787×1092 1/16 **印张** 13½ **字数** 311 千字

2013 年 4 月第 1 版第 1 次印刷 **印数** 1—3000 册 **定价** 38.00 元

国防书店:(010)88540777 发行邮购:(010)88540776

发行传真:(010)88540755 发行业务:(010)88540717

前言

编者　2013年1月

信息素养是现代大学生所应具备的基本素养。本书从理论和实务两方面对信息素养进行了详细阐述。理论部分介绍信息素养的提出和发展,对大学生信息素养的要求等方面进行理论化的分析。实务部分介绍了数据库的检索与使用方法,涵盖了中外文图书、期刊、报纸、古籍及特种文献等各种文献类型;同时,提供了一套较为新颖的轻量级自制图书馆系统案例,并对学术论文的写作、发表及学术规范进行了介绍。本书旨在培养学生快速准确地检索信息、自主管理信息、利用信息进行写作等方面的能力。

本书循序渐进、内容完整、实用性强。以教材方式组织内容,可以作为高等学校的文献检索课的教材,适合不同专业的同学选择使用。第1章为信息素养概述,第2章为高校信息素养教育,第3章为网络信息资源的检索与使用,第4章为特种文献资源检索,第5章为古籍资源的利用,第6、7、8章介绍了现代移动数字图书馆技术,第9章为版权法与学术规范。本书内容丰富,信息素养的理论、各种数据库网络信息资源的利用、学位论文的撰写、移动终端系统的编程指导都可以在本书中找到,可以说是一本很实用的文检课教材。本书可以让读者更全面地了解现代网络信息资源,逐步培养同学们的信息素养能力。

本书在编写过程中,得到了南玉霞、张秀坤、殷岚、冯佳、王日花、杨洋的帮助,大家付出了艰辛的劳动,在此一并表示由衷的感谢!

本书编著初衷,是致力于提升大学图书馆在信息素养教育中的核心地位。然而,初衷并不等于最终目的,我们的最终目的是希望本书的出版能够服务于广大的读者师生,甚至包括图书馆的工作人员,也希望能够给图书馆界投入一丝新的知识力量。

编者

2013年1月

目录

第1章

信息素养概述

从20世纪后半叶开始,人类社会逐渐步入以信息快速增长为特征的信息社会。信息技术,特别是计算机技术、网络技术、多媒体技术和信息高速公路的飞速发展,对社会经济、文化、教育等各方面产生了深远影响。高度信息化是21世纪人类社会的重要特征之一。在信息化社会里,要求人们具有快速获取信息及创造性地运用知识、信息和技术的能力,这也是21世纪公民应具备的基本素质。随着信息化浪潮的高涨,信息素养成为备受各方关注的热点问题,信息素养教育引起了世界各国越来越广泛的重视,信息素养被逐步纳入从小学到大学的教育目标与评价体系中,成为评价人才素质的一项重要指标。有关信息素养的讨论,也逐渐成为世界各国教育界乃至社会各界关注的重大理论和实践课题。本章主要对信息时代下"信息素养"这一学术术语的概念、构成、评价等知识进行了探讨,并指出信息素养教育的重要性。

1.1 信息时代与信息素养

1.1.1 信息概述

在现代社会中,人们随时随地自觉或不自觉地都在与信息打交道。信息在自然界、人类社会以及人类思维活动中普遍存在,随着社会的发展,信息所起的作用也越来越明显,例如:毕业生在论文写作、科研人员在设计科研课题前都需要检索、查询大量的与该课题相关的信息;一个正确的决策信息可以挽救一个企业濒临破产的命运,等等,这些无不证明了"信息"和"物质"、"能量"一样,已成为现代社会的一个很重要的"要素",正在改变人们的生存环境和生存方式。

什么是信息?信息有哪些特征?信息、知识和文献有什么区别?作为信息时代的大学生,只有了解了这些才能更好地掌握信息,发挥其作用,摒弃其消极的一面,为我们的学习和生活创造有益条件。

1. 信息的概念

"信息"一词有着很悠久的历史,早在两千多年前的西汉,即有"信"字的出现。"信"常可作消息来理解。作为日常用语,"信息"经常是指"音讯、消息"的意思,但至今信息还没有一个公认的定义。

信息作为一个科学术语被提出和使用,可追溯到1928年哈特莱(R. V. L. Hartly)在《信息传输》一文中的描述,他认为:发信者所发出的信息,就是他在通信符号表中选择符号的具体方式,信息是指有新内容、新知识的消息。

信息作为科学的概念,首先是在信息论中得以专门研究的。1948 年,申农(Claude Elwood Shannon)博士在《贝尔系统技术杂志》上发表的著名论文《通信的数学理论》中,给出信息的数学定义,认为信息是用来消除随机不确定性的东西,并提出信息量的概念和信息熵的计算方法,从而奠定了信息论的基础。美国数学家维纳(Norbert Wiener)教授在其专著《控制论——动物和机器中的通信和控制问题》中,阐述信息是"我们在适应外部世界,并使这种适应反作用于外部世界的过程中,同外部世界进行相互交换的内容的名称"。1956 年,英国学者 Ashby 提出"信息是集合的变异度",认为信息的本性在于事物本身具有变异度。1975 年,意大利学者郎格(G. Longo)在《信息论:新的趋势与未决问题》一书序言中指出:"信息是反映事物构成、关系和差别的东西,它包含在事物的差异之中,而不在事物的本身"。

国际标准化组织(ISO)定义信息为:"对人有用的数据,这些数据将可能影响到人们的行为与决策。"ISO 对信息所下的定义已覆盖了申农的内容,因为从"数据"到"信息"的过程,也就是通过数据处理消除了部分不确定性转化为有用信息的过程。它也覆盖了维纳的内容,即这些可能影响到人们的行为与决策的数据,也是人们适应外部世界,并且同外部世界进行交换的内容。

迄今为止,信息仍然没有一个统一的概念定义,现在一般认为信息是客观事物所具有的一种基本属性,是客观事物运动形式和状态的表征。由于人们应用信息概念的层次和角度不同,因此对信息内涵的表述也是不相同的。一般来说,对信息可以从本体论和认识论两个层次上加以理解:本体论意义上的信息可被定义为事物运动的状态以及它的状态改变的方式,这里所说的事物既包括外部世界的物质客体,也包括人类自身。认识论意义上的信息指认识主体所感知到的事物的运动状态和变化方式。也就是说,人们通过各种感觉器官感知到的所有有关事物的运动状态和变化都可以称之为信息。人不仅可以接受信息,还可以输出信息。信息交换是人类生存的需要,所有有机体都是通过不断与外界交换信息而适应环境并与周围环境之间保持动态平衡的。

总而言之,信息是通过符号(如文字、图像等)、信号(如有某种含义的动作、光电信号等)等具体形式或通过一定的载体或技术传递和处理来表现各种客观事物在运动变化中所具有的特征内容的总称。信息是物质的存在方式、形态和运动规律的反映形式及表现特征,是所有事物都具有的属性,包括自然信息、生物信息和社会信息。

2. 信息特征

1)传递性和共享性

人们对信息的主观认识,是通过信息的传递来实现的。信息不是物质,共享后不会消失,它可以为全人类所享用。例如:当某人将知识化的信息传递给他人后,他本人并没有丢失自己的知识,相反地,由于在传递过程中反复使用,知识反而更加巩固和充实。共享性是信息与物质和能量的最大区别。

2)不守恒性

信息不是能量。虽然信息的传输、变换、处理均需要能量,但信息本身的内容及所起的作用不取决于传递信息所消耗的能量。信息的内容取决于信源;信息所起的作用,则取决于信息的内容和信宿(收信者)的条件。能量可以相互转化而且是守恒的,信息则不遵守守恒定律,可以暂时消失或永久消失,而且常常由于传递过程中的干扰而造成信息丢失。

3）独立性与依附性

信息来源于物质和意识,但信息可以脱离物质和意识独立存在,它并不依赖某一特定的物质载体。但是,信息必须依附于某种载体。所谓载体就是指承载信息的媒体,例如:"香"味的信息是通过空气传递的;"暴雨"的信息是通过气象预报节目的声音和语言传递的。信息的传递需要载体,没有载体的信息是不存在的。而且信息可以通过不同的载体进行传输或存储。

4）认知性与可处理性

信息可以被人类解读、认识和感知,不同的人对相同的信息的理解和感知程度也是有差异的。当今信息的扩充速度快得惊人,这就要进行处理,择其有用者而取之。处理的方法很多,如分类、归纳、删除、修改等。有些信息经过人们的分析、综合和提炼等加工后,可以增加它的价值。

5）时效性与针对性

信息仅在一定时间内具有其价值,特定时间过后可能会转化为无效信息,信息的实效性及针对性取决于信源的性质,面对社会上纷繁复杂、数量众多的信息,我们在查找利用的同时,首先应有针对性地选择所关注领域的信息,其次关注其时效性,因为有些领域的信息时效性极强,过了时效的信息是没有价值的。

3. 信息、知识和文献

信息是物质的存在方式、形态和运动规律的反映形式及表现特征,是所有事物都具有的属性。

知识是人类社会实践的总结,是人的主观世界对客观世界的概括和反映。人类在社会实践中通过对自然界和人类社会发展的运动规律产生认识,再通过人的大脑重新组合和系统化,就获得了知识。

文献是用符号、图形、文字、视频、声频等方式记录人类知识和有效信息的载体。《中华人民共和国国家标准、文献著录总则》(GB 3792.1—83)对文献的解释为"文献是记录知识的一切载体。"如印刷机,所谓制品、磁盘、光盘等。图书馆收藏的图书、光盘、数据库也都属于文献资料的范畴。

信息、知识、文献三者是密不可分的(图1-1):信息是构成知识的原料,这些原料经过人脑接收、选择、整理、提炼等加工过程,形成各种各样的知识。信息是物质的属性,是广泛存在于自然界和人类社会中的一切事物的存在方式和运动状态的客观反映,是人类

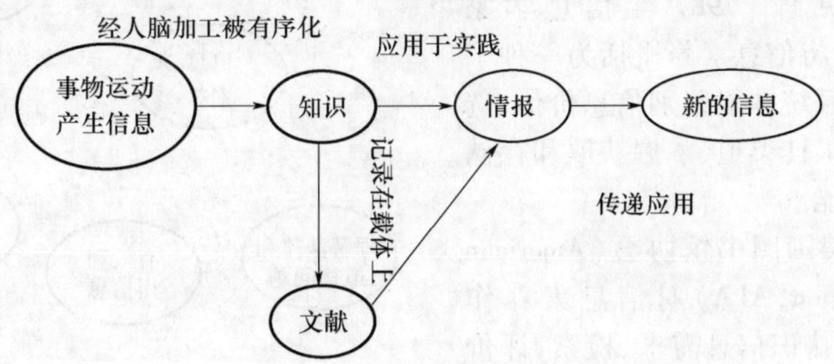

图1-1 信息、知识、文献关系

认识世界的依据;知识是人类创造的精神财富,是人类接受了来自自然界和人类的大量信息后,将反映自然现象和社会现象的信息经过加工,上升为对自然界和人类社会发展客观规律的认识。文献是记录知识和信息的一切载体,是知识或信息的重要存储和传播工具。

了解信息、知识和文献的定义和相互关系,有助于大学生掌握信息论的基本知识,为获取、查找、利用信息做好理论准备。

1.1.2 信息素养

信息素养是伴随着信息产业的形成而出现的一个名词术语。随着信息产业的形成和发展,它大大改变了国家的产业基础结构,使得信息产业在成为一种增值型产业的同时,又要求国民具备与其相适应的信息素养,以推进社会信息化的进程和信息产业的进一步发展。为了迎接信息产业形成和发展所造成的社会物质生产结构变革而对教育提出的挑战,西方发达国家在20世纪70年代初就开始着手信息素养教育的研究;进入80年代,信息素养的含义不断深化,涉及领域更加广泛;90年代,人们对信息素养的认识更是深入到人的整体素养这一层面。

1. 信息素养概念的发展

信息素养(Information Literacy)这一概念曾有很多不同称谓,如:"计算机素养"、"媒体素养"、"信息能力"、"数字素养"、"网络素养"等。信息素养是一个含义广泛且不断发展的综合性概念,它不仅包括运用当代信息技术获取、识别、加工、传递和创造信息的基本技能,更重要的是有着在当代信息技术所创造的新环境中独立学习的能力及创新意识、批判精神及社会责任感和参与意识。

信息素养的概念首先是从图书馆检索技能发展和演变过来的,最早是由美国信息产业协会主席保罗·泽尔斯基(Paul Zurkowski)于1974年提出的,他把信息素养定义为:"利用大量的信息工具及主要信息源使问题得到解答的技术和技能",后来又将其解释为"人们在解答问题时利用信息的技术和技能"。此后信息素养引起了国内外的普遍关注,其定义也在不断演变和发展,对其内涵与外延也在不断地丰富、发展。

1983年,美国信息学家霍顿提出要在教育部门开设信息素养课程;日本学者增田米二认为,教育要迎接信息化社会的挑战,唯有实施信息素养教育。与此同时,世界各国的研究机构纷纷围绕如何提高信息素养展开了广泛的探索和深入的研究,对信息素养概念的界定、内涵和评价标准等提出了一系列新的见解。1987年信息学家Patrieia Breivik将信息素养概括为一种了解提供信息的系统并能鉴别信息价值、选择获取信息的最佳渠道、掌握获取和存储信息的基本技能。

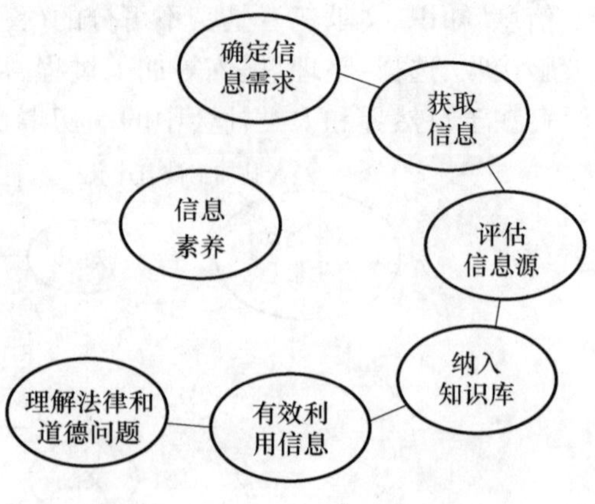

图1-2 信息素养——获取信息的过程

1989年,美国图书馆协会(American Library Association, ALA)对信息素养作了定义:"个体认识信息需求、检索,评价和有效利用信息的综合能力。"即信息

素养是能够判断什么时候需要信息，懂得如何获取信息，以及如何评价和有效利用所需信息

To be information literate, a person must be able to recognize when information is needed and have the ability to locate, evaluate, and use effectively the needed information.

——美国图书馆协会 ALA，1989

1992年，Christina Doyle在《信息素养全美论坛的终结报告》中将信息素养进一步定义为：一个具有信息素养的人能够认识到精确和完整的信息是做出合理决定的基础；确定一个对信息的需求；形成基于信息需求的问题；确认潜在的信息源；制定成功的检索方案；从计算机和其他的信息源中获取信息；评价信息；组织信息于实际应用；将新信息与原有的知识体系融合；在批判性思考和问题解决的过程中使用信息。其中将信息素养细分为10种能力。

（1）能辨识自己的信息需求。

（2）能了解完整的信息与智慧决策之间的关系。

（3）能有效地陈述信息问题，表达信息需求。

（4）知道有哪些有用的信息资源。

（5）能制定妥善的信息检索策略。

（6）能使用不同方式存储的信息资源。

（7）能评估信息的相关及有用程度。

（8）组织信息使其有实用性。

（9）吸收新知识使之成为自己知识结构的一部分。

（10）能利用信息进行批判性思考及解决问题。

1998年，美国图书馆协会和教育传播与技术协会在《信息能力：创建学习的伙伴》一书中制定了学生学习的九条信息素养标准（表1－1），这一标准分为信息素养、独立学习和社会责任三方面，丰富了信息素养的内涵。

表1－1 信息素养的九大标准

信息素养	能有效、高效地获取信息
	能熟练、批判性地评价信息
	能精确、创造性地使用信息
独立学习	能探求与个人兴趣有关的信息
	能欣赏作品和其他对信息进行创作性表达的内容
	能力争在信息查询和知识创新中做得最好
社会责任	能认识信息对民主化社会的重要性
	能符合伦理道德
	能积极参与团队活动来探求和创建信息

2000年1月18日，在美国得克萨斯的圣安东尼奥召开的美国图书馆协会（ALA）冬季会议上，美国大学与研究图书馆协会（ACRL）标准委员会颁布了适用于高等教育的信息素养标准和性能指标（表1－2），应具备的信息素养有6项指标。

表1-2 适用于高等教育的信息素养标准、性能指标

标 准	性能指标
1. 具有信息素养的学生应能确定所需信息的性质和范围	能清晰详细地表达信息需求
	能确定多种类型和格式的可能的信息源
	能考虑到获取信息的成本和收益
	能重新评估所需信息的性质和范围
2. 能有效和高效地获取信息	能选择适当的研究方法或信息检索手段获取信息
	能构建和实施基于有效性的信息检索策略
	能联机检索信息或亲自使用各种方法
	能调整信息检索策略
	能摘要、存档和管理信息和信息源
3. 能批判性地评估信息和信息源，将新的信息综合到现有的知识体系和价值观中	能综述所收集信息的主要思想和观点
	能清晰明白地说明初始评价标准，并对信息和信息源进行评价
	能综合主要思想和观点完善新概念
	能比较新旧知识的差异和联系，确定新信息新增的涵义和其他特征
	能确定新知识是否对个人价值观产生影响，并逐步和解冲突
	能通过与专家或他人谈论，验证对信息的理解和解释是否正确
	能确定是否修正初始的观点
4. 能独立或作为团队的一员高效地利用信息，实现一个明确的目标	能运用新旧信息计划或创建一个特别的成果或某项工作
	能修正原先制定的工作程序
	能高效地与他人沟通，实现目标
5. 能理解信息使用上的经济、法律和社会道德的问题，在伦理上和法律上是可行的	能理解信息和信息技术上的伦理、法律和社会经济问题
	能依照相关的法律、法规、制度和礼仪使用信息
	能对工作中使用的信息情况进行肯定和致谢

（1）确定所需信息的范围。

（2）有效地获取所需的信息。

（3）鉴别信息及其来源。

（4）将检出的信息融入自己的知识基础。

（5）有效地利用信息去完成一个具体的任务。

（6）了解利用信息所涉及的经济、法律和社会问题，合理、合法地获取和利用信息。

在一级指标下又分了22个二级执行指标和86个可测定的细目。

国内的学者们也纷纷提出了自己的理解和剖析，具有代表性的是华东师范大学王吉庆在其专著《信息素养论》中提到的：信息素养是人们在信息社会获得信息、利用信息、开发信息方面的修养与能力。它包含信息意识与情感、信息伦理道德、信息常识以及信息能

力等多个方面,是一种综合性的、社会共同的评价。

江西师范大学钟志贤教授提出信息素养主要表现为以下八方面的能力,即运用信息工具;获取信息;处理信息;生成信息;创造信息;发挥信息效益;信息协作;信息免疫。

桑新民教授则从高效获取信息的能力;熟练、批判性地评价信息的能力;有效地吸收、存储和快速提取信息的能力;运用多媒体形式表达信息、创造性使用信息的能力;将驾驭信息的能力转化为自主、高效地学习与交流的能力;学习、培养和提高信息文化新环境中公民的道德、情感、法律意识与社会责任六个方面描述了信息素养的内在结构与目标体系。把信息素养作为一种高级的认知技能,同批判性思维、问题解决的能力一起,构成了学生进行知识创新和学会如何进行学习的基础。

张艺兵、李艺的"信息素养新界说"对信息素养作了比较透彻的分析。从技术学视野看,将信息素养定位在信息处理能力;从心理学视野看,把信息素养定位在信息问题解决;从社会学视野看,把信息素养定位在信息交流;从文化学视野看,把信息素养定位在信息文化的多重建构。

综上,在我国信息素养通常被定义为:从各种信息源检索,评价和使用信息的能力,是信息社会劳动者必须掌握的终身技能。信息素养的内涵包括:认识到信息需求及问题所在,制定信息检索策略,掌握信息检索技术,能评价信息,根据实际用途组织信息,将新信息融会到现有知识结构中,在批判性思考,解决问题和交流的过程中使用信息。

在技术变革和信息爆炸的时代中,不管是学术研究,工作还是日常生活,每个个体都面临着丰富繁杂的信息选择,都必须了解信息需求,知道如何及何时借助各种工具进行信息检索,评价和有效利用,对这种技能的见解逐步形成了信息素养的观念。

2. 信息素养的内容

"信息素养"的本质是全球信息化需要人们具备的一种基本能力。简单的定义来自1989年美国图书馆协会,它包括:能够判断什么时候需要信息,并且懂得如何去获取信息,如何去评价和有效利用所需的信息。

这样的看法目前已形成一种共识。除美国外,一些西方发达国家的观点大同小异,美国大学与研究图书馆协会(ACRL)提出的高校信息素养标准,在美国已被广泛认可和接收,英国、澳大利亚等根据国情,稍有补充和修改。这些标准可以成为我们研究的参照体系,以确立我国信息教育的明确目标和行动纲领。

1)信息素养是一种基本能力

信息素养是一种对信息社会的适应能力。美国教育技术CEO论坛2001年第4季度报告提出21世纪的能力素质,包括基本学习技能(指读、写、算)、信息素养、创新思维能力、人际交往与合作精神、实践能力。信息素养是其中一个方面,它涉及信息的意识、信息的能力和信息的应用。

在当今信息技术迅速发展和信息资源激增的环境下,每个人在其研究、工作以及生活各方面面临着不同种类的、数量巨大的信息选择。人们可以通过图书馆、信息中心和Internet等去获取信息,而这些信息又往往以未经过滤的形式传递给个人,使人们对其真实性、合法性和可靠性发生怀疑,信息质量的不确定性和数量的日益膨胀对人们认识、评价信息提出了新的挑战。如果没有有效获取和利用信息所必备的那些能力,大量丰富的信息本身并不能产生有思辨能力和创新意识的一代新人。

2)信息素养是一种综合能力

信息素养涉及各方面的知识,是一个特殊的、涵盖面很宽的能力,它包含人文的、技术的、经济的、法律的诸多因素,和许多学科有着紧密的联系。信息技术支持信息素养,通晓信息技术强调对技术的理解、认识和使用技能。而信息素养的重点是内容、传播、分析,包括信息检索以及评价,涉及更宽的方面。它是一种了解、搜集、评估和利用信息的知识结构,既需要通过熟练的信息技术,也需要通过完善的调查方法,通过鉴别和推理来完成。信息素养是一种信息能力,信息技术是它的一种工具。

3)信息素养是可以分层次的

在国外已逐步形成了系列的信息素养专门教育,从幼儿园到大学,有不同对象、不同模式和不同层次,分为不同的等级和要求来执行,如基础教育,包括基础的图书馆应用知识(Basic Library Skills)和基础信息技术应用能力(Basic IT Skills);如普通教育(Generic Information Literacy)、专业教育(Discipline—Specific Information Literacy)以及综合信息素养等。

1.2 信息素养的构成与特点

信息素养的内容延伸为信息意识、信息能力、信息知识和信息道德四个个方面。信息意识指对信息敏感的程度,是人的一种才智素质,是人们对于外部世界的信息关系的理解,是人们在认识世界和改造世界中开发和利用信息的观念和自觉能力,它是形成信息素养的重要动力。信息能力则是人们成功地进行信息活动所必须具有的个性心理特征,指人们获取信息、处理信息、利用信息和创造信息的能力,它是构成信息素质的核心。信息知识是开展信息活动所必备的基础知识,包括传统文化素养、信息的理论知识和现代信息技术及外语等,是支撑整个信息活动的知识基础。信息道德是整个信息活动中的道德规范,它是调节信息生产者、信息加工者、信息传递者及信息使用者之间相互关系的行为规范的总和,主要包括:遵守信息法律法规,尊重知识产权,保护个人隐私,维护信息安全,不制作传播,消费不良信息,传播计算机病毒等。

1.2.1 信息素养的构成

1. 信息意识与情感

科学技术的迅猛发展,国际互联网的全球贯通,使得信息的获取异常便捷。然而,面对浩如烟海、无边无际的信息海洋,不同的人对待信息的意识情感是大不一样的。信息意识则是指人们对信息的认识、观念和需求。通俗地讲,面对不懂的东西,能积极主动地去寻找答案,并知道到哪里、用什么方法去寻求答案,这就是信息意识。信息意识具有能动性,这种能动性主要表现为人们所具有的信息情感,包括主体通过观察捕捉到可能成为有用信息的“源信息”,再经过大脑的判断、分析、整理,从纷繁芜杂的“源信息”中提取出有效信息并加以利用。它使主体从信息中引出概念、思维、计划,用以指导自己的信息行为。

因此，主体的信息意识是信息行为的前提，它影响主体自觉地、有目的地、主动地进行信息活动。

主体的信息意识具有一些外在的表现形式，这些表现形式主要包括以下几方面。

(1) 对信息具有自觉的心理倾向，对信息具有特殊的、敏锐的感受力并在信息活动中有明确的目标，能从众多信息源中敏锐捕捉、选择、利用有效的、利于达到信息活动目的的、有价值的信息，善于从旁人看来司空见惯、微不足道的现象中发现有价值的信息。

(2) 对信息具有持久的注意力。

(3) 对信息价值的判断力和洞察力。面对纷乱无序的信息能够去粗取精，去伪存真，进行识别和选择，从而较快地做出相应反应。

(4) 具有现代教育教学的信息观，自觉地学习、掌握各种现代信息工具，并将其熟练地运用于学习和工作中，从而最大限度地使用 Internet 上丰富的信息资源。如经常阅读电子出版物、在 Internet 上或利用图书馆查找学习资料等。

2. 信息知识

信息知识是信息素养结构中不可缺少的重要组成部分，它表明人们对于信息理论及信息技术了解的程度，而且通过了解与掌握这些知识，有助于巩固和加强人们的信息意识、能力、伦理道德等。一般来说，信息知识方面的具体内容有以下几个方面。

(1) 有关信息基本理论的科学理解。如信息的本质、特征，信息运动的规律，信息系统的结构、工作原理及其原则，信息化、信息化社会，信息检索、信息方法等。

(2) 现代信息技术知识。主要有三个方面：①计算机基础知识，包括计算机的基本构造、计算机的工作原理、计算机的硬件和软件、计算机的基本操作与维护、常用应用软件如 Word、Excel、PowerPoint 等的使用。②网络知识，包括网络基础理论知识，如全球网络信息资源的类型、涉及的服务范围、记录格式、存取途径和使用情况等；网络应用工具的使用要领；网络信息检索知识等。③多媒体知识，包括多媒体技术的概念、特点及应用；多媒体软、硬件环境；声音、图像、视频等媒体数据的采集软件；计算机辅助教学(CAI)的工作原理、类型、实施等。

(3) 信息伦理知识。介绍知识产权保护法、民法等有关软件和网络法律保护条款，使信息用户在使用网络时自觉维护网络秩序和网络安全，不输入有害信息和病毒，不侵犯他人合法权益。

3. 信息能力

信息能力是指人们有效利用信息工具和信息资源，获取信息、加工处理信息、生成新信息的能力。它是信息素养内容结构中的核心部分，是信息主体信息素养水平高低的最直接、最明显的外在表现。信息能力主要包括以下四个方面。

(1) 信息获取能力。它是个体根据自己特定的目的和要求，运用科学的方法，采用多种方式，从外界信息载体中搜集和选择自己所需要的信息的能力。在这方面，关键的能力是信息的搜集能力和选择能力。信息搜集是指根据学习目的，通过采访、观察、实验、问卷调查、利用图书馆检索等途径搜集必要的信息。

(2) 信息处理能力。能对搜集的信息进行归纳、分类、存储记忆、评价判断、遴选、分析综合、抽象概括等。在这方面，比较重要的是信息理解能力和信息评判能力。

(3) 信息生成能力。在信息搜集、选择、理解和批判的基础上，能准确地概述、综合、改造和表述所需要的信息,从新的需要的角度对原有的信息进行叠加、重组,或将各部分信息在新角度、新层次上进一步系统化。这种工作不仅仅有利于个体保持这些信息,而且有利于打破传统的观念,形成新的思想、新的概念。

(4) 运用信息工具的能力。能熟练地使用各种信息工具,特别是以计算机、网络为基础的现代信息传播工具。

4. 信息伦理道德

信息社会中从事知识产品的人越来越多,无论是创造还是开发知识产品的人都需要遵循一定的开发利用的行为规范,而信息道德就是人们在信息活动中应遵循的行为规范。它包括三个层次的要求:①开发信息产品过程中应遵循的道德要求。②利用信息技术过程中应遵循的道德要求。③处理好人类共同利益和国家利益之间的关系。

一个具有良好信息素养的人,首先应该是一个具有较好的信息伦理道德修养的人。它体现在:①具有高度的社会责任感,有一种不断提升人类道德和理性的使命感,努力提高自己的品味,创造与传播真善美,敢于面对社会的各种落后与丑恶现象,并进行良性疏导。②保证劳动成果的纯洁性和科学性,利用信息技术大量下载资料时,特别注意尊重他人的劳动,提倡一种诚实劳动的思想道德,不剽窃他人的研究成果,同时考虑到信息技术实时进行跨越时空的传播,必须对发表成果的事实性和科学性负责,做到言之有据。③保持良好的学风和合作精神,作为信息的传播者,要保证传播的信息符合人类的道德规范,促进人类文化的发展,不能有害于人类文化的健康。

构成信息素养的四大要素是相互联系、相互依存并构成一个统一的整体。信息意识在信息素养结构中起着先导作用,信息知识是基础,信息能力是核心,信息伦理道德是保证信息素养发展方向的指导器和调节器,四者缺一不可。

1.2.2 信息素养的特点

1. 综合性

信息素养不是单纯的一个方面的涵义,而是一个多层次、多角度的有着丰富内涵和外延广泛的综合型概念,包括信息意识、信息能力、信息道德到信息评价等诸多方面。美国佛罗里达州立大学的信息学教授 McClure 博士将信息素养内涵分为 4 个层面,即传统素养(读、写、算的能力)、媒体能力(适用电子媒体阅读、评价、分析、制作、传播知识的能力)、网络素养(了解网络信息源的价值,具有利用检索工具在网络上查找、处理和利用的能力)和道德素养。

2. 交叉性

信息素养不只反映单一的在信息学领域的修为,同时信息素养是一个具备多学科交叉特征的修养,是经过传统文化素养、信息理论素养、信息技术素养、美学素养、法学素养等多方面素养相互作用形成的一种内在素质、涵养和能力。

3. 渗透性

包含在信息素养中的信息价值观、信息发展观、信息人生观对信息时代人才的思维习惯、行为方式产生了深刻的影响,作为一种内涵渗透到生活中的每个细节。信息知识、能力素养渗透在通过信息资源、信息技术解决问题的过程中,信息道德素养渗透在信息行为结果和信息行为价值当中,信息素养是一个开放的概念,它的深刻内涵及无限外延渗透到影响信息社会发展的各个领域。

4. 动态性

素养形成的过程是一个"修养"过程,体现出素养是动态的、发展的概念。同样,信息素养的形成也是后天养成的从无到有、从低到高的过程,它区别来自于先天的素质,信息素养是一个与时俱进的动态概念。

1.3 信息素养评价

评价是指按预定的目的,确定研究对象的属性(指标),并将这种属性变为客观定量的计值或主观效用和行为。在强调素质教育的今天,评价是教育活动中一个重要组成部分。大学生信息素养的评价就是对大学生信息素养的教学或培养过程中的自觉性与反思性的反映。信息素养评价标准是用来衡量个体信息素养达到了什么水平、个体之间信息素养的差异。对信息素养的评价标准的研究,国内外专家、学者及科研机构在20世纪90年代就开始进行了。

1.3.1 国内外信息素养评价标准

信息素养评价是依据一定的目的和标准,采用科学的态度与方法,对个人和组织进行综合信息能力的考察过程。信息素质评价标准是信息素质评价的依据,有了科学的信息素质评价标准,才能准确地判断学生的信息素质程度与水平。国外关于信息素养评价标准的研究起步较早,已经形成了比较成熟的通用信息素质评价标准,美国、澳大利亚、英国、加拿大、德国、瑞典等国均拟定了自己国家的信息素质能力标准,并在不少学校的信息素质教育和评价活动中得以应用。

在国外,信息素养教育开展了近30年,产生了大量信息素质理论研究和教育实践成果。其中以美国大学与研究图书馆协会(ACRL)通过的《高等教育信息素养能力标准》——ACRL标准、澳大利亚与新西兰信息素养协会(Australia and NewZeal and Institute for Information Literacy,ANZIIL)和澳大利亚大学图书馆协会(Council of Australian University Librarian,CAUL)制定的《澳大利亚和新西兰信息素养框架(第二版)》标准以及英国国家和大学图书馆协会(Society of College,National and University Libraries,SCONUL)制定的SCONUL标准最为著名。

(1) ACRL标准。美国的大学与图书馆协会在2000年颁布的美国高校信息素质能力指标体系,共包括5个一级指标,22个二级指标和86个项具体的三级指标构成,对学生需要具有的信息素养做了较为详细的说明,成为评价学生信息素养水平的标准之一。

(2) ANZIIL标准。澳大利亚与新西兰的高校信息素质联合工作组(ANZIIL)在2004年颁布的澳大利亚与新西兰高校信息素质能力指标体系,由6个一级指标,19个二级指标和67个三级指标组成。

(3) SCONUL标准。英国国家与大学图书馆标准协会在1998年提出的信息素质能力模式,该模式在名称上不是指标体系,但实际上是一个高校信息素质能力的指标体系,由 7 个一级指标和 17 个二级指标组成。

针对学生的学习,美国图书馆协会和教育传播协会于 1998 年制定了学生学习的九大信息素养标准,概括地说,信息素养标准的具体内容如下。

标准一:具有信息素养的学生能够有效地和高效地获取信息。

标准二:具有信息素养的学生能够熟练地和批判地评价信息。

标准三:具有信息素养的学生能够有精确地、创造性地使用信息。

标准四:作为一个独立学习者的学生具有信息素养,并能探求与个人兴趣有关的信息。

标准五:作为一个独立学习者的学生具有信息素养,并能欣赏作品和其他对信息进行创造性表达的内容。

标准六:作为一个独立学习者的学生具有信息素养,并能力争在信息查询和知识创新中做得最好。

标准七:对学习社区和社会有积极贡献的学生具有信息素养,并能认识信息对民主化社会的重要性。

标准八:对学习社区和社会有积极贡献的学生具有信息素养,并能实行与信息和信息技术相关的符合伦理道德的行为。

标准九:对学习社区和社会有积极贡献的学生具有信息素养,并能积极参与小组的活动探求和创建信息。

与国外相比,我国的信息素养评价标准研究起步晚,规模小,到目前为止,没有出台国家统一规范的评价标准。但近几年,随着信息素养评价标准之于信息素养教育的重要性日益得到图书情报界和教育界的认同,国家政府、职能部门以及国内一些学者也都对标准的研制进行研究,产生了一系列成果。

(1) 1999 年《中共中央国务院关于深化教育改革全面推进素质教育的决定》,提出包含研究和判别信息、使用各种信息工具、获得继续自我教育的基础以及获得自主性和独立性的 6 个标准,提出了培养高中、初中、小学学生信息素养能力,为计算机操作和信息技术教育提供标准框架。

(2) 2000 年陈文勇、杨晓光老师编制的《高等院校学生信息素养能力标准》,针对高等院校学生的信息素养制定了 9 项标准。

(3) 2005 年北京图书馆学会制定的《北京地区高校信息素质能力指标体系》,作为北京市高校学生信息素养评价的重要指标,由 7 个维度,19 项标准,61 条具体指标组成,是我国第一个比较完整、系统的信息素养能力体系。

选取四种代表性的国内外信息素养评价标准,经过比较可以看出(表 1 -3),几个标准共同的信息素养能力包括信息需求、信息获取、信息评价、信息创新。英国 SCONUL 标准没有提出信息道德的指标,而 ACRL、ANZIIL 强调了信息道德是构成信息素养能力的重要维度,这与网络信息安全面临的信任危机有关。ANZIIL 标准没有提出信息意识方面的考察。另外,可以发现 ACRL 标准中还有一项是考核利用信息完成特定任务能力,该项能力是信息创新能力的衍生,是信息应用能力的具体衡量。北京的标准体系则是基于美国的 ACRL 标准的指标,细化了在信息意识方面的指标。

表1-3　国内外主要信息素养评价标准

项目	美国ACRI(2000年)	澳大利亚与新西兰ANZIIL(2004年)	英国SCONUL(1998年)	北京地区高校信息素养标准
信息意识				能够了解信息以及信息素养能力在现代社会中的作用、价值与力量
信息需求	能确定所需信息的种类和程度	能确认信息需要并决定所需信息的信息种类和程度	识别、明确信息需求的能力;有辨别信息源的能力	能够确定所需信息的性质与范围
信息获取	能有效地获取所需的信息	能够高效地获取所需的信息	有拟定信息策略的能力;检索并存取信息的能力	能够有效地获取所需要的信息
信息评价	能批判性地评价信息和信息源	能够批判性地评价信息和搜寻信息的过程	比较信息和评估信息的能力	能够正确地评价信息及其信息源
完成任务	能独立地或作为小组成员有效地利用信息完成特定的任务			能够有效地利用信息来完成一项具体的任务
信息组织管理		能够管理所收集或者产生的信息	组织信息和应用信息的能力	能够有效地管理、组织与交流信息
信息创新	能将所选择的信息融入自身的知识库和价值体系	能将初始的信息和新信息应用到构建新概念或创新知识中	信息的整合和创新的能力	能够把选择的信息融入自身的知识体系中,重构新的知识体系
信息道德	理解围绕信息和信息使用的经济、法律和社会问题,并能合理合法地获取和使用信息	能在使用信息时,懂得和遵守与使用信息相关的文化、道德、经济、法律和社会问题		了解信息检索、利用相关的法律、伦理和社会经济问题,能够合理合法地检索和利用信息

从国内外研究成果看,虽然有关信息素养和一些相关术语在国际上还没有统一的定义,但就现有的相关研究看,国内外仍存在一些相同点,如信息素养评价标准的评价指标的内容大致相同。主要包含信息意识、信息获取能力、信息评价能力、信息利用与创新能力以及信息社会责任感等五个方面,只是各标准的语言表述不同而已。此外,分层次、分专业的信息素养标准研制已经成为国内外学者的共识。国外已经出台了多种分层次分专业的信息素养评价标准,如面对基础教育的《学生学习的信息素养标准》、高等教育的《高等教育信息素养能力标准》的分层次标准,以及《科技信息素养标准》、《人类学与社会学领域信息素质标准》等分专业的标准等。我国政府、职能部门和众多学者也意识到信息素养标准的研制必须分层次分专业设置,所以,除国家教育部颁布《中小学信息技术课程

指导纲要》关注基础教育的信息素养评价外,更多的学者开始从事面向各种特殊群体的信息素养评价标准研制,多数学者对大学生信息素养评价标准进行研究。

1.3.2 我国信息素养评价标准研究存在的问题及对策

通过对我国信息素养评价及评价标准的研究,分析得出目前信息素养评价研究存在以下一些问题。

(1) 已有的信息素养评价研究局限于对某一特定群体(如高校学生、中小学生、教师等)的研究,目前尚没有通用层次的信息素养评价标准。

在信息社会,信息素养对每一位社会公民都具有十分重要的意义,加强通用层次的信息素养评价研究十分必要。信息素养不是临时的目标,对于每个人来说都是一个长远的目标。当前,迫切需要制定适合中国国情的普适性的信息素养评价标准。详细的、具体的要求和标准应该在充分考虑不同群体信息素养差异的基础上来制定。

(2) 目前的信息素养评价研究,过多地关注评价结果,即个体信息素养水平之高下,而对如何提高个体的信息素养,没有提出有效可行的措施。评价不是最终目的,而是手段,通过评价,找出差距,分析原因,提出改进办法才是最终的目的。目前的信息素养评价研究所欠缺的正是对如何提高信息素养措施的研究,这也是今后开展信息素养评价研究的重点。

(3) 评价标准版本较多,但缺乏科学验证。目前出版的国内外信息素养评价标准已有很多,研究者对标准的构成进行了大量的研究工作,但是对这些标准的科学性和严谨性缺乏相应的验证。特别是我国评价标准的研制,大多是研究者根据个人对信息素养的理解,编制相应的信息素养评价标准,指标项目的取舍具有很大的随意性。到目前为止,我国还没有一套规范的、得到大家公认的信息素养评价所能依据的标准和相应的评价体系,因此,建立科学规范的标准和评价体系迫在眉睫。

(4) 评价标准的可操作性差。由于信息素养的定义具有模糊性,导致在评价过程中,需要不断增强对信息素养的认识和理解,评价标准中表述的信息素养能力缺乏具体的能够实际应用的评价指标(即可量化测量的指标项目太少),现有的标准是采用自然语言描述的,难以适应评价中精确测试的需要。现有评价标准主要体现在指标项目的设置,而对于指标间重要程度没有用权重加以区分,这也不利于评价标准的普及和应用,研究制定科学准确、可操作性强的评价标准十分必要。

1.4 信息素养教育

1.4.1 国内外信息素养教育的发展

从20世纪70年代起信息用户教育就在美国和西方普及。1988年学校图书馆员协会出版了《信息就是力量》指南,提出学校媒体中心应提供各种形式的信息获取途径,培养学生利用信息的兴趣和能力。1987年,美国图书馆协会成立了信息素养教育委员会,目的是明确信息素养在学生学习、终身教育和成为一个良好公民的过程中的作用。1990年美国高等教育委员会制定了“信息素养教育结果评估大纲”。美国加州大学将信息素养教育课程定为公共基础课,图书馆为各类公共基础课的信息素养教育都详尽地制定了培养目标、规格、课程设置及教学计划等。2000年,美国大学与研究图书馆协会审议并通过了“美国高等教育信息素养能力标准”。目前该标准已在美国和墨西哥、西班牙、澳大利亚、欧洲、南非等国家和地区得到广泛的应用。特别是美国著名的“2061计划”则在更高层次上提出了信息技术应与各学科相整合的思想。

比较有代表性的美国教育实践包括美国得克萨斯大学奥斯汀分校图书馆的网络课件TILT、美国西密西根大学图书馆的网络课件Searchpath、美国普渡大学图书馆的网络课件Core、美国马萨诸塞大学波士顿分校图书馆的网络课件Information Literacy Tutorial、美国爱荷华州立大学图书馆的网络课件Library Explorer以及英国伦敦大学在学校主页上列出学术技能、自我管理技能、人际交往技能等培训项目,通过网上训练提高在校学生信息素养。在韩国和日本已经把信息素养教育纳入到中小学课程中,从小培养学生的信息素养。从国外信息素养教育的情况来看,发达国家信息素养教育起步早,发展相对成熟;在教育手段上主要依托网络进行,美国侧重直接的信息素养教育,英国则通过网上的一系列培训,锻炼学生的各方面能力,在学生使用网络技术学习应用中锻炼了自身的信息素养。

我国从1997年起开始了信息素养有关文章的报道,高等学校信息素养教育源于1984年教育部下达的《关于在高等学校开设〈文献检索与利用〉课的意见》,旨在提高大学生的情报意识和文献检索技能。2002年1月,由教育部高等学校图书情报工作指导委员会主办的全国高校信息素养教育学术研讨会,首次将文献检索课教学学术研讨会改名为“信息素养教育学术研讨会”,这些都有力地推动了我国信息素养教育的发展。目前,信息素养教育已成为我国大学教育的一大特色,它对培养大学生的信息意识,掌握用手工和计算机检索方式从文献和数据库中获取知识和信息,不断提高自学能力和科研能力起到了重要作用。信息检索课是进行信息素养教育的主要形式。到目前为止全国80%以上的院校开设了这门课程,不少院校都相应制定了教学大纲,编写了教材,并初步形成了包括研究生、本科生、专科生和在职教育的多层次教育体系。

目前,我国大学生的信息素养主要是从高校普遍开设的“计算机应用基础”、“信息检索课”和“现代教育技术”等课程中得到一定的提高。但是以上三门课程的内容和教学是自成体系的,如“计算机应用基础”是由计算机系负责的,“信息检索课”是图书馆的阵地,而“现代教育技术”是教育系的课程,存在已有的课程没有形成合力以促进学生信息素养的全面培养与提升,这就造成了学生的信息素养教育缺乏系统性和全面性。

1.4.2 信息素养教育的重要性

在当今技术变化迅速、信息数量剧增的全球信息环境中拥有信息素养对于每个人来说都具有重要意义。因为随着这种环境复杂性的不断增加,每个人在学习、工作、生活中都需要从各种各样的信息源中收集和利用信息,以制定决策,克服行动的盲目性。虽然通过图书馆、公共信息机构、专业团体、Internet可以获得信息,但其数量不断庞大,并且这些信息多数是未经过滤的,需要对它的可靠性、有效性、权威性及相关性进行评价;另外随着信息技术的不断发展,通过多媒体还可以获得图形、视听、文本等形式的信息,这对每个人评价和理解信息义提出了新的要求。

信息质量的不确定性和数量的爆炸增长向社会提出了巨大的挑战,要求社会公民重视信息素养的培养和信息素养能力的提高。实际上,在不具备有效利用信息所需能力的情况下,信息数量的过分增长,并不能为社会产生更多有知识的公民,相反会导致信息社会中"文盲"的增加,会使人们产生信息忧虑症。

信息素养作为终身学习的基础和促进因素,它是所有学科、所有学习环境、所有教育水平所共有的。拥有信息素养不仅能使学习者更好地掌握学习内容、扩展研究,而且还能使学习者对自己的学习进行自我指导和自我控制。因此,信息素养教育受到美国教育界和各级政府的高度重视。例如:美国"1990 年全国教育目标"(现称 2000 年目标)中的第五个目标指出:"到 2000 年,每个成年人都应具有素养并掌握在全球经济竞争中所必需的知识和技能,能履行公民的权力和义务。"Barbara 在论述图书馆界对全国教育目标所起的作用时指出:"……某种程度的阅读能力,已不能真正代表我们目前面对复杂世界所应具有的素养。素养这个概念包括计算机素养、消费素养、信息素养、视觉素养。也就是说,具有信息素养的人必须能通过一些方式收集和理解各种学科的信息。其中,理解是关键。素养意味着能理解新思想和利用新思想,素养意味着知道如何学习。""美国 21 世纪事业对学校的要求"列出了要求学生掌握的信息能力的四个方面,即"获得和评价信息——识别信息需求、从现存的资源中获得数据或创造数据、评价相关数据和准确数据;解释和交流信息——选择和分析信息,并利用口头、书面、图形或多媒体方法与其他人交流信息。""美国 21 世纪的教师"指出:"具有信息素养的人拥有终身学习的能力,随着新挑战的出现和科学技术的进步,他们能利用知识进行工作,他们知道如何解决他们需要知道的东西,他们知道在哪儿能找到他们不知道的东西和如何利用它完成目标。全体美国教师、图书馆员等都应重视学生和社会公民的信息素养教育。"从上述三份美国国务卿的报告中可以看出,信息素养教育的重要性。日本经济新闻 1998 年 5 月 18 日也撰文指出:"信息素养教育的好坏是左右 21 世纪日本国力的重要条件之一。"

1.4.3 信息素养教育内容

信息素养教育主要是以培养学生信息意识和信息能力为宗旨的教育。信息素养的内容就是通过让学生了解信息的本质和特征,了解并掌握现代信息技术理论、方法及其发展,培养学生的信息意识和信息能力。

1. 培养学生的信息意识

信息意识表现为人对信息的敏感性和重视程度,以及以信息所采取的态度及处理方法。信息意识强的人,由于重视信息的获取与利用,能从众多的信息中发现对自己有用的信息,能够抢先捕捉良机,从而取得成功,面对缤纷复杂的信息边界,要求学生具有敏感的、主动的信息意识,以信息采取积极的态度,具有洞察力和分析判断能力。

2. 培养学生的信息能力

信息能力包括对信息的获取、处理、利用、交流以及分析与选择的能力。信息能力是信息素质的重要组成部分,是信息素质教育的重要内容。

(1) 培养学生搜集、鉴别和获取信息的能力。

要求学生能够具有敏感的、主动的信息意识,能够根据自己的学习目的去发现信息,搜集整理必要的信息,掌握搜集、鉴别和获取信息的知识与技巧。

(2) 培养学生评价和整合信息的能力。

让学生了解信息的可选择性、相关性、可获得性,准确把握信息的准确性和效用性,并且能够准确评价和整合不同信息源,能够从丰富的信息中选择和鉴别自己所需要的信息,充分运用信息工具进行学科知识的学习和研究,明确地表达自己的研究成果和传递给他人。

(3) 培养学生的信息创新能力。

教育学生通过对众多信息的归纳、综合、抽象、直觉、评价等思维活动,找出倾向性、法则性、相关关系、因果关系等规律,得出创新的结论。

3. 加强信息技能教育

在信息技能教育方面,主要任务是加强指导学生掌握计算机检索技术,熟悉各类专业信息获取的途径和技能,制定与修改检索策略。技能教育的重心应在于指导学生如何利用现代技术更有效地进行检索,特别是通过学习计算机的应用技术、检索语言、网上通信技术等,使学生掌握网络操作技术,了解网络信息的构成分布,熟悉网络上信息查询工具和获取渠道,及时、准确地获取所需信息。

4. 培养学生的信息道德

和其他所有的教育一样,信息教育中信息道德教育也是至关重要的。信息道德教育的核心是培养学生正确的信息道德观,以及与知识产权相关的著作权法、版权法、专利法、商标法等法制观念。包括以信息伦理道德准则规范自身信息行为,以及增强信息安全意识等,都是信息素养教育的组成部分。

思　考　题

1. 阐述信息的概念、特征。
2. 阐述信息、知识和文献的关系。
3. 什么是信息素养?
4. 信息素养的构成与特点是什么?
5. 简述国内外主要信息素养评价标准。

参考文献

[1] Zurkowski P. The Information Service Environment Relationships and Priorities [Z]. National Commission on Librarian and Information science, 1974.

[2] 王吉庆. 信息素养论[M]. 上海:上海教育出版社,1999: 55.

[3] 桑新民. 多媒体和网络环境下大学生学习能力培养的理论与实验研究[J]. 中国远程教育,2000,(11): 23.

[4] 张义兵,李艺. "信息索养"新界说[J]. 教育研究,2003,(3).

[5] 凌劲．高校图书馆与信息素养教育[J]．四川教育学院学报,2006(3):79-80,88.
[6] 孙平,曾晓牧．认识信息素养[J]．大学图书馆学报,2004,(4):34-37.
[7] 胡乡峰,王英．信息素养的内涵及其构成分析[J]．通化师范学院学报,2008(8):64-66.
[8] 何飞．现代信息素养与文献检索[M]．武汉:湖北人民出版社,2010.
[9] 肖青书,刘孝文．我国信息素养评价及其标准研究现状[J]．四川图书馆学报,2008(2):79-81.
[10] 杨晓光,陈文勇．信息素养教育和信息素养核心能力的评价[J]．情报杂志,2001(5):87-88.
[11] 王真．大学生信息素养教育刍议[J]．现代情报,2004,(2):182-183.

高校信息素养教育

在高等教育领域,单纯的传授知识已经远远不能满足时代的要求,终身学习、终身教育的理念已经被广泛地接受。面对信息急剧增长、知识不断更新的要求,高等教育必须转向培养大学生获取、选择和利用知识的能力。随着我国高等教育招生规模的扩大,高等教育质量越来越引起人们的重视,因此研究大学生的信息素养教育以提高大学生的素质,使其更好地适应信息社会的需要,实现终生学习,成为众多研究者关注的话题。图书馆以其丰富的信息资源、人才资源和技术资源优势成为高校信息素养教育的主阵地。本章从大学生信息素养现状及评价入手,以高校图书馆为切入点,探讨了高校图书馆在高校信息素养教育中的角色、作用及信息素养教育模式,并重点介绍了大学生信息素养培育中必须掌握的文献知识分类和信息检索基础技能相关知识。

2.1 大学生信息素养现状及评价

2.1.1 大学生信息素养要求

大学生信息素养的培养既是实施创新教育的重要内容,也是实施国家信息化战略、参与国际市场上人才竞争的一项基础性工程。信息社会需要大学生必须具有良好的信息素养。

1. 信息意识

在21世纪如此高度信息化的社会,由于信息技术的发展,人们建立了更加丰富而广阔的信息资源,有信息意识的人能够利用信息技术更加快捷方便地获取所需要的信息,也可以更加快捷方便地以吸引人们注意力的方式传播所需要的信息。而利用这些信息,可以改革物质能源的生产与服务的方向,促进经济与社会效益的提升,这也是知识经济社会中,知识与信息能够发挥决定作用的特点。显然,信息素养已成为同传统文化的“读、写、算”一样的生存能力之一。作为信息时代的大学生,若缺乏信息意识,没有信息素养,就会成为信息社会的功能性“文盲”,就会被信息社会所淘汰。

2. 信息伦理道德

在信息社会中,由于信息传播的迅速与信息技术在扩展人脑功能方面的巨大作用,各个领域的研究成果积累非常迅速,因此,从事知识劳动的人越来越多。这种劳动比直接的物质劳动更要求具有高尚的职业道德。无论是创造与开发知识产品的人,还是利用这些知识产品的人,都必须具有高度的社会责任感,都需要遵循一定的行为规范,必须遵循信息应用人员的伦理道德规范,不从事非法活动。如果作为信息时代的大学生不具备信息道德修养,不仅不能维护信息社会中信息系统的安全,不能保障信息存储与传播的安全与畅通,而且还会因触犯法律而受到处罚。

3. 获取与处理信息的能力

国际21世纪教育委员会1996年向联合国教科文组织(UNESCO)提交的报告《教育——财富蕴藏其中》指出“毫无疑问,个人获取信息和处理信息的能力,对于自己进入职业界和融入社会以及文化环境都是一个决定性因素”。信息社会对人才素质提出的重要内容是“吸收、处理、创造信息和组织利用、规划资源的能力”,“在信息环境中既讲竞争,又需要善合作、协调共进的组织能力”。这些能力概括起来包括三个方面:①信息系统的基本操作能力。尽管高科技的发展使得信息系统的使用方法越来越简单,但是还必须要人去操作,因此,信息技术的基本操作能力是信息素养不可缺少的部分。②信息系统各种软件的使用能力。信息系统由硬件和软件组成,硬件提供了信息传播活动的基础,软件起着控制硬件系统工作、发挥信息系统应用功能的作用。一个信息系统所使用的软件不同,它所起的作用也就不同。为了充分利用信息技术硬件来获取与处理信息,就必须要具备娴熟的使用信息技术软件的技能。③信息资源的开发与利用能力,主要是对信息的采集、组织、表达及加工处理等能力。要求每一个信息时代的大学生,都能够在浩瀚的信息海洋中进行有效的检索,用较少的时间发现自己有用的信息,通过适当的分析与处理,使获取的信息对自己的学习、工作及生活发挥作用。

2.1.2 大学生信息素养现状

分析高校大学生信息素养的现状,我们可以适时地调整图书馆对大学生职能教育的新内容,使图书馆能更好地为高校大学生开展知识服务。目前高校大学生信息素养状况主要有下面几种。

1. 信息意识薄弱

当代大学生对信息的检索与利用具有盲目性,很多大学生不知道去哪里查找所需信息,不清楚图书馆的资源分布,不知道如何利用网络资源;大多数学生只有在写毕业论文时才意识到信息的重要性,很多同学在大四之前都没有使用过学校的数据库等资源。

大学生有目的地使用信息资源和积累信息资源的能力比较盲目,许多学生通常是没有目的和计划地阅读书刊。大部分学生根本不具备鉴别、筛选、利用信息的能力,往往在浩瀚的网络信息中不知如何下手,从而造成读者盲目地进行文献借阅的局面。

2. 信息能力较差

图书馆是高校大学生获取信息的重要窗口,有的大学生对如何上网并不陌生,但对获取文献资源尤其是网络信息资源却不熟悉、不了解和不会应用,甚至“不会使用现代图书馆了”,具体表现在不能“广、全、新、精、准、快”地获取自己所需要的信息。

大多数学生在需要查找资源时首选百度而不知道其他工具(如图书馆的数据库和其他一些专业网站),而且学生在检索时只知道使用关键词去进行检索,不了解检索语言和检索技术,不能快、准、全地找到所需文献资料;多数学生上网不是检索有用的信息,而是交友、聊天,不知道如何处理信息,不知道如何分析、评价、筛选信息,不能正确利用信息。

3. 存在应急心理

许多高校大学生包括一些研究生都是为了完成论文写作、毕业设计等某一阶段的需要或为了进行某一项科研活动由导师指派而到图书馆收集、选择资料,应付了事。

4. 法律意识有待提高

大学生对信息道德和法规内容的了解不够全面,反映了信息化社会信息道德内容的不断更新和变化发展。有的学生不清楚或根本就不遵守信息行业的网络安全规则,以至于网络欺诈、网络成瘾以及进入网恋误区等网络环境不安全的因素屡屡出现。

知识产权和个人隐私的侵犯、学术不端等行为没有引起高度重视,如 2002 年某大学学生通过图书馆的代理服务器,批量下载外文电子过刊全文数据库 JSTOR 中的数千篇文献,导致 JSTOR 封锁了代理服务器的访问权限,并向大学图书馆提出法律质询;目前学生完成毕业论文以及其他学业论文时还会出现很多直接复制、抄袭他人研究成果的现象。

2.1.3 大学生信息素养评价

1. 大学生信息素养评估标准内涵

设立大学生信息素养标准,首先应界定大学生信息素养的内涵,这是设立大学生素养标准的基础。大学生信息素养内涵应包括如下内容。

① 信息意识。包括:认知信息的作用;对信息有着积极主动的内在需求,能够主动地关注信息,有自主学习的精神;对信息有着敏感性和洞察力并能够确定信息性质、范围并表达信息需求;善于发现有价值的信息并进行评估表达;挖掘自身信息需求。

② 信息知识。信息知识是指一切与信息有关的理论、知识和方法,是信息素养的重要组成部分。一般来讲,它包括传统文化素养、信息的基本知识、现代信息技术知识。传统文化素养是指读、写、算的能力,以及对传统知识的了解和掌握。信息知识在信息素养内涵中是不可替代的,在现今信息社会,它仍然是信息素养的基本要求。掌握信息知识和现代信息技术,是生活在信息社会中不可缺少的能力,但同时它也说明了信息素养在具体评估时是具有针对性的,在不同国家或地区,信息知识的要求内容则是不同的。

③ 信息能力。包括信息获取、信息分析、信息评价、知识创新等能力,是信息素养的主干部分,也是一个人能否使问题得到解答的关键。在信息获取过程中,信息检索手段和策略的使用,是评判个人信息能力的重要指标,而能否批判的评估信息和信息源,结合现有知识进行创新,则是新时代下个人的重要能力。

④ 信息道德。是指整个信息活动中的道德规范,包括对信息道德伦理、法律法规及其违反行为等的了解。在当今这个信息爆炸的时代,能否规范好自己的信息行为,已成为评判大学生信息素养高低的重要标志。纵观信息素养的发展过程可以看出,随着时代的发展信息素养的内涵在不断发展变化。同时,针对不同地域和国家,不同传统文化和国情,信息素养的标准与评估也应有所不同。

2. 大学生信息素养评价指标定位

大学生信息素养评价指标的定位,应注重信息意识、信息能力、信息道德三方面的定位,并以此作为设立大学生信息素养能力评估标准的重要因素。

大学生信息素养评价指标中,应注重对大学生信息意识的研究。信息的获取首先是建立在产生信息获取需要基础上的,而当代大学生缺乏的正是主动获取信息的内在动力。美国高等教育信息素养能力标准对此提出了明确要求——具有信息素养的学生能清晰地表达信息需求。而我国大学生在信息获取上较为被动,是我国大学生提升信息素养能力的一大瓶颈。信息意识应是信息素养的灵魂,而当下研究标准的各项指标中,对信息意识的关注则相对较少。不注重信息意识的培养,不利于大学生对信息敏感性的提升。一个缺乏主动信息需求和信息敏感的人,很难产生积极的信息行为和积极学习创造的动力。

信息知识是信息素养内涵中不可忽略的内容,在标准中设立信息知识指标时,其内容应根据具体的国情进行调整。大学生作为接受教育程度相对较高的群体,其信息知识的掌握相对其他群体也应较高。但由于信息知识属于基础性知识,是大多数人都能掌握的知识,特别是大学生群体,因此在信息素养标准及体系建立时,应适当弱化其指标。换言之,掌握信息知识是大学生的一项必备的技能,对其信息素养要求也应随时代发展来进行调整。在当今社会,仅仅掌握信息知识是不够的,还应突出信息意识、信息能力及信息道德水平的提升。

3. 信息素养评价体系构建

大学生信息素养评价体系的构建,应注重以下因素。

(1) 信息意识。首先要认识信息的作用并予以重视,认识信息是知识性的问题;而重视信息则是信息素养的意识问题;它主要表现在关注信息、对信息具有敏感性等的行为上;具有信息需求,并具有对信息及时、准确地表达的意识。这些都是考查信息意识的重要指标。

(2) 信息能力。在其评估上,除了高效的获取信息,具有在众多信息中删选有效信息并管理也十分重要。在信息处理时,具有评估、理解信息也是信息能力测评的重要标准。因为它代表着信息素养能力的最终目标和意义所在。

(3) 信息道德。信息使用的过程中,遵守法律和约定俗成的规范,在这个信息爆炸的时代显得尤为重要。要做到在这一点,首先要了解相关法律法规和信息使用规范,并在使用中自觉遵守。

2.2 高校图书馆信息素养培养模式

高校图书馆作为学校的文献情报中心和直接为教学、科研服务的学术性机构,在学校教学、科研工作中具有重要的情报职能,负有特殊的教育使命。高校图书馆工作的核心就是把服务与育人有机地结合起来,通过服务达到育人的目的,以高质量的服务培养高素质的人才。作为高校三大支柱之一的图书馆,应明确自己在高校素质教育工作中的地位和作用。

2.2.1 高校图书馆开展信息素养教育的优势

高校图书馆作为大学生信息素养教育的主阵地,主要是由高校图书馆信息资源丰富,人才资源充足,信息技术设备先进,学术环境良好的自身优势所决定的。此外国家教育机构也非常重视图书馆在信息素养教育方面的作用。20 世纪 80 年代后期到 90 年代初,当时的国家教委先后三次下文要求在高校开设“文献检索与利用”课,对大学生进行信息素养教育和文献检索技能的培养,并要求其教学机构原则上设置在图书馆。高校图书馆义无反顾地承担了信息素养教育的重要任务。2002 年《普通高等学校图书馆规程(修订)》第三条中规定,高等学校图书馆五项主要任务之一是“开展信息素养教育,培养读者的信息意识和获取、利用文献信息的能力”，进一步明确了高校图书馆信息素养教育的任务。

1. 信息资源优势

高校图书馆是高校的信息资源中心，拥有较为丰富的馆藏资源和完整系统的文献资源保障体系，是大学生在校期间获取知识、信息的重要场所。高校图书馆通常是学校自动化、网络化的研究与应用中心，可借助丰富的馆藏信息资源存储和现代信息技术向大学生提供各种文献信息服务。随着电子出版物的出现和迅速普及，高校图书馆都在积极引进电子载体文献、多媒体教学辅助系统、计算机网络资源，扩大服务的广度和深度。数据库建设方面，各馆在建设本馆书目数据资源库的同时积极参与联合建库，加入全国数据资源共享体系。丰富而又不断更新的信息资源是大学生信息素养教育的物质保障。高校图书馆的这一资源优势是高校其他部门无法比拟的。

2. 信息环境优势

信息素养教育是对人的品质的养成教育，它需要一个长期的潜移默化的教育过程，需要一个良好的信息环境来激发学生的求知欲和上进心。高校图书馆大都位于校园的中心区域，周围环境优美，建筑庄重典雅，宽敞明亮，清静整洁，书香四溢。图书馆一般都设有科技书库、文艺书库、书刊阅览室、电子阅览室、自习室、阅报室、学术报告厅等场所，这些都是学生喜爱光顾并流连忘返的地方。丰富浩瀚的馆藏信息资源，文明有序的服务部门，条理分明的规章制度，热情礼貌的周到服务，自由宽松的阅读空间，良好浓厚的学习氛围，不但使学生能尽情畅游知识和信息的海洋，博览群书，融会贯通，完善知识结构，而且使学生的气质、修养、情操，受到美的熏陶和熔炼，同样也使学生的信息意识、信息能力、信息道德得到充分培养和高度升华。大学生可以通过在图书馆看书、借书、查询网络资源来提高自身的信息素养。

3. 信息技术优势

高校图书馆拥有先进的技术手段和完善的服务设施，能为大学生信息素养教育提供技术保障。高校图书馆有效的联网合作与资源共享，从整体上显示出信息检索活动的最大效益，信息技术在此能够向大学生展示最大的魅力，能够从根本上引起学生的兴趣。图书馆是校园网的主要成员，是教育科研网的骨干节点，国家每年都要给图书馆提供大量先进技术设备和免费数据库资源，计算机及其附属设备在高校图书馆的普遍使用，使得高校图书馆的现代化管理服务水平取得了令人瞩目的实效，先进的技术资源和现代化的管理手段是信息素养教育的可靠保证。

4. 信息人才优势

高校图书馆是以信息活动为主业，具有一支既有实际工作经验又熟知信息资源如何获取的工作人员队伍，他们具有较强的信息意识和获取信息、处理信息及创造信息的能力，知道存在些什么信息资源、去哪儿能找到、什么时候以及从谁那里能获取信息资源，通过他们能节约读者的时间和精力，能够辅导和帮助读者学习获取知识信息的方法，学会如何在纷繁复杂的知识海洋里迅速获取自己所需的信息。他们能够根据大学生不同的信息需求，为其提供不同层次的信息素养教育，促进大学生整体信息素养的提高，完成大学生信息素养教育的重任。

2.2.2 高校信息素养教育模式

1. 加强图书馆的资源建设

文献信息资源、设备资源和人才资源是高校图书馆的三大主力资源。面对当今信息时代,知识更新快、文献信息激增的现象,图书馆一方面应当提高馆藏质量,优化文献资源建设,为大学生信息素养的培养提供足够的物质支持;另一方面应努力改善信息环境和信息条件,做好信息资源的配置工作,为信息素养教育的实施提供良好的信息环境及其基础设施。

在文献信息资源建设上,要根据学生在学习、能力、爱好、性格、志趣等方面的差异,从新时期、新青年、新观念出发,有计划、有目的、有针对性地为他们订购采集大量思想健康、内容丰富多彩的书籍、报刊和有关视听资料。要在传统的图书文献采访基础上,加强数据库、电子文献与多媒体文献的建设,也要集中力量开发具有图书馆特色的信息数据,为读者提供多元化信息资源,为信息素养教育提供基本物质保障。

在设备资源建设上,必须加大图书馆资金的投入,添置供信息服务与开发的各种设备,加快图书馆现代化建设进程,为大学生信息素养教育提供更好的条件。

在人才资源建设上,首先要重视人才引进工作,要引进那些具有计算机、外语、自动化、图书馆学专业背景的人才充实图书馆队伍。其次要重视对在岗职工的培训,选派具有专业学科知识或掌握现代信息技术专业的人员去进修图书馆学、情报学,选派图书馆学、情报学专业的人员进修信息技术或某一学科的专业知识,大力鼓励职工在岗自学成才,提高图书馆员的整体素质,为大学生信息素养教育提供人力保障。

2. 加强图书馆网站建设

图书馆网站是大学生深入了解和利用图书馆的重要平台。目前大部分高校图书馆都建立了自己的网站,并通过校园网进入 Internet,使校内任一上网的计算机用户都可以享受到图书馆的信息服务。

图书馆网站主页一般都有图书馆简介、馆藏信息、数字资源、参考咨询、学科服务、检索教学等栏目,这样的导航系统便于学生全面查找专业学科信息。在 Web2.0 的背景下,图书馆网站主页还应该注重与读者的互动,比如留言簿、问卷调查、FAQ、信息检索教研室 BBS 等,实现网上讨论、实时答疑咨询、接收用户的反馈,从而更快更好地为大学生服务。

(1) 馆藏书目查询服务。通过本馆馆藏书目数据库检索系统,读者可查询本馆馆藏以及各种书刊的借阅情况。

(2) 进行图书的网上续借和预约服务。读者不用到图书馆就可在网上续借和预约。

(3) 网上新书通报服务。在网上设立“新书通报”栏目,让读者能及时看到经编目部加工的最新书目。

(4) 网上读者荐购服务。读者根据网上发布的最新图书出版信息和期刊目录,对图书馆进行书刊的推荐,供图书馆的采购人员选购。

(5) 参考咨询服务。设立网上参考咨询,通过 BBS 或 E－mail 解答读者的咨询问题。

(6) 按学科或专题为读者提供学科资源导航。

(7) 提供各类数据库检索系统。如电子期刊、电子图书等数据库检索系统,以及图书馆自建的一些专题数据库。

（8）在图书馆网站上及时发布最新检索软件的帮助信息以及使用说明，满足网上用户对新增、补充、拓展和提高知识与技能的迫切需求。

3. 加快文检课程教学改革

从 1984 年国家教育部发布高等学校开设文献检索课的通知后，文献检索课被列为大学生的必修课或选修课。文献信息检索课一般针对大二、大三的学生开课，系统地向学生介绍信息相关理论，包括检索语言、检索技术、检索过程等，介绍数据库、工具书和一些专业网站的检索使用方法等，培养其专题调研能力和文献鉴别能力。通过文献信息检索课的教学，使学生从找什么都用百度转变成信息查找利用能手，为日后毕业论文的撰写打下坚实的基础。当然，现在的文献信息检索课还需要让学生了解信息和信息技术的有关法律、道德的内容，提高学生的信息道德水平。

首先，应当提高文献检索课的地位，把它作为对学生进行素质教育的重要手段，列入公共必修课，给予充分的学时保证。其次，进行文检课内容的改革，以适应信息时代发展的要求。再次，要将信息素养教育渗透到相关课程教学中。最后，应将文检课与学生的具体专业相结合，促使文检课教学内容具体化。在具体教学中，要根据不同对象分段教学。针对刚入学的新生，进行信息基础知识和信息利用基本技能的教育，着重培养学生良好的学习习惯、学习兴趣以及最基本的信息获取能力与信息接受意识。针对大二、大三的学生，进行专业类检索工具和信息资源利用能力的培育，着重培养学生的信息能力及学习的主动性。针对大四和研究生阶段的学生，进行信息理论教育，着重结合专业学习，进一步培养学生专业信息收集、利用与评价的能力，使他们能够承担研究课题，为理论研究、应用研究提供信息依据。

4. 开展读者教育及培训

图书馆教育方式具有主动、灵活、多样、可选择等特征，高校图书馆应尽量向学生提供丰富多样的培训活动，可采取多层次的教学目标与多层次的教学内容相结合的方法，对学生进行基本的计算机技能培训，以及网络信息检索知识及相关的检索技巧等的讲解，初级的教学目标一般包括基础图书馆应用知识、基础计算机应用能力的培养；中级教学目标是：具有通用层次的信息素质能力；高级教学目标为：具有基于学科的信息素质能力，具体实施可参照以下几个方面。

（1）要重视加强新生入馆教育。新生入馆教育使学生迅速了解图书馆的资源，学会利用图书馆。在新生入学之时，应对学生进行“如何有效利用图书馆”的培训，介绍本馆概况、借阅规则、馆藏书目、电子资源等内容，使其了解图书馆提供的各项服务。新生进校后首次接触图书馆，由于对图书馆不熟悉、不了解，可能会对入学教育产生不良后果。因此除了讲座形式外，还可以让新生进入图书馆实地参观了解。入馆教育应当教会新生运用图书馆获取文献的基本能力，为今后的学习打好基础。可通过录像和授课结合进行，使他们在知道怎样利用图书馆的同时，对信息有一个基本的认识，可编制简明的“入馆导航”手册来帮助学生利用图书馆。

（2）举办各种学术讲座。根据学生的不同年级开设不同内容的学术讲座，如针对大一、大二的学生，开设“馆藏图书的排架与查找”、“常用社科工具书及其利用”、“信息资源的类型及获取方法”等讲座；对于中年级的学生开展文献信息检索的基础性课程，重点讲解文献检索的原理和方法，指导学生利用各种中外文数据库检索相关的信息，如开设“电子资源的检索与利用”、“论文写作与图书馆资源利用”等内容的讲座；对于较高年级的学生和研究生开展深层次的专业文献检索与利用教育，重点在于指导学生从课题入手，开始进行课题的主题分析、专业数据库的选择、专业数据库的检索、对于检索结果的评价和选择等，这一时期重点侧重专业性较强的中、外文数据库，还可邀请专家、学者来图书馆举办一些讲座、报告会等。其中专业数据库的培训除了在文献信息检索课程中实现外，还可以通过一些数据库讲座实现。它既可以是出版机构的专业人员培训，也可以由图书馆专业人员向学生介绍，尤其是新数据库的使用更需要宣传和推广，一方面可以使学生掌握数据库的使用，另一方面也可以收集学生的反馈意见，从而提高各类数据库的利用率。

（3）开展各种系列活动。可引导和规范学生的读书活动，向学生推荐“应读书目”，积极引导学生多读书、读好书。加强对优秀图书的推荐、宣传、辅导工作，开展“新书、热门书推荐”等宣传。可举办各种展览，如专题书展、科技展等，培养大学生奋发向上的精神，从而激发他们的信息需求。此外，图书馆应为学生提供实践操作的机会，充分利用图书馆的电子阅览室、多媒体阅览室、光盘检索系统和 Internet 资源，为他们提供实践操作的条件。

5. 提高图书馆员的信息素养

图书馆要成为培养大学生信息素养的重要场所，离不开一批具有较高信息素养的图书馆员参与其中。图书馆员自身必须具有较强的信息搜集、甄别和筛选能力，具备一定的计算机和网络通信技术应用能力，才能与其他教师合作，开展信息素养教育教学，因此提高图书馆员的信息素养迫在眉睫。

首先，提高图书馆员的信息素养应有针对性，即明确 21 世纪信息时代的图书馆员应具备哪些最基本的信息素养。一方面，图书馆员要进一步加深已经掌握的专业知识，另一方面，还必须要有计算机和网络通信技术，具有利用计算机和网络来获取信息的能力。其次，在确定馆员信息素养的培养目标上，应考虑到馆员的年龄及知识水平等特点，实行分层次培养。将图书馆员的培训目标定为普及和提高两个层面，普及层面主要针对一般的图书馆员，其目的是为了适应当前信息教育普及的需要，而进行的基本信息知识教育和技能培训，这种培训带有一定的强制性。提高层面主要针对业务技术骨干，其目的在于前瞻未来，培养具有信息素养的带头人，这种培训要求更高，带有鼓励和探究性。再次，坚持专门培训与自己学习相结合的原则。在对图书馆员进行信息素养的培养时，图书馆应组织专门的在职培训，举办信息知识技能学习培训班，对业务技术骨干可鼓励他们出外深造。由于图书馆员还有自身的工作，不可能有太多的时间来培训信息素养，因此，还应坚持以在岗学习、业余学习为主。最后，坚持制度约束与自觉学习相结合的原则。图书馆必须制定相应的管理制度，通过制度规定要求图书馆员接受培训。同时，也需要图书馆员能自觉学习，以切实达到提高图书馆员信息素养的目的。

6. 建立大学生信息素养教学评价体系

针对信息素养所包含的一些具体标准，建立信息素养评价体系并进行测评。标准如下：①能够识别和表达信息需求；②能够识别和选择适当的信息源；③能够系统地提出和有效地执行适合于信息源的检索提问；④能够解释和分析检索结果并选择相关信息；⑤能够从全球信息环境的各种信息格式中查找和检索相关信息；⑥能够批判性地评价所检索到的信息；⑦能够对所使用的信息查找过程进行自我评价；⑧了解信息环境的结构以及学术性与普及性信息的生产、组织和传播过程;⑨了解影响信息查找和利用的公共政策及伦理问题。测评体系应当包括教师对学生评价、学生自我评价。评价体系的建立有利于教师不断改进教学内容和方式,同时学生可以增加对自身信息素养的了解,带着问题去学习,提高学习的积极性和主动性。

7. 加强高校图书馆与各方面的沟通协调

大学生信息素养教育是一项系统工程,涉及到许多方面和部门。不仅仅是传统的文献检索问题,它还涉及到社会、法律、经济、伦理等方面的有关问题。例如:如何尊重知识产权、如何分析信息的价值及成本效益等。所以必须要依靠学科专业教师,还必须与学校的有关方面积极配合与合作,这样才会取得较好的效果。

1)图书馆员与教师的沟通

为了针对性地对不同学科专业学生的信息素养进行培养,可由图书馆学科馆员和各院系的专业教师共同开展信息素养课程的教学。学科馆员比较了解和熟悉对口的专业知识,又掌握了信息检索的方法和内容,较容易地针对学生的专业课程进行信息素养的教育。在高校图书馆可以设立专门的"信息素养教育"小组,由馆长任组长,组员由各系部的学科带头人、业务熟练的资深馆员和学生代表组成,目的是利用他们处于教学科研一线,广泛与学生接触的机会,及时向学生宣传信息素养教育的重要性,加强学生的信息意识,协助学生提高信息检索能力。

2)图书馆与领导部门的沟通

高校图书馆信息素养教育不仅仅是图书馆员和文献检索课教师或者图书馆领导的责任,而应该是整个高校教育系统必须引起重视的问题。思想是行动的先导,信息素养教育必须得到高校领导的重视,由高等教育管理职能部门统一布置并指导,提出实施的要求和方法,在学校的整体范围内系统地实施教学,达到信息素养教育的效果。信息素养课程的组织安排应该由学校主管教学的部门负责,并制定有效的合作教学计划。图书馆领导也需要同院系多沟通,使得院系的领导认识到合作教学能够大幅度地提高学生专业学习的能力和水平,从而能够比较积极地进行信息素养教育的合作教学。

2.3 文献知识分类

知识是人类社会实践的总结,是人的主观世界对客观世界的概括和反映。文献是用符号、图形、文字、视频、声频等方式记录人类知识和有效信息的载体。文献数量的增多及存储的分散无序,使人们利用文献获取知识极为困难。面对纷繁芜杂、各式各样的文献,如何有序地对其进行聚合、序化和整理,将直接影响到人们对知识的获取和利用,文献知识分类就是在这种需求下产生并发展的。

随着文献数量的不断增加,我国从汉代开始就出现了文献分类体系,经过历史演进,文献分类从"六艺"、"四部"发展到现今广泛使用的"中国图书馆图书分类法",对文献进行分类组织的概念已经广为人知,分类法也发展得越来越精细深入,并不断地修订再版来适应不断发展的学科知识体系。进行信息检索时,分类查找是一种非常重要的检索入口,有利于读者一次性了解和获取相关领域中的大量信息,这就要求读者掌握一定的分类知识,了解分类体系。本节简单介绍中外分类发展史上几种比较重要的分类体系,包括四部分类法、中图法、杜威十进分类法等。

2.3.1 文献分类法概述

1. 分类法

首先,类"指一组具有某一共同属性的事物对象的集合"。而分类则是指"根据事物的属性进行区分和类聚,并按照其相互关系进行组织的活动"。在此基础上,文献分类法标识系统就产生了,它的功能是将具有相同特征的文献聚集在一起,具有相关关系的文献可以互相参见,具有不同属性和特征的文献能够按照类号互相区分。一般来讲,分类都是按照学科性质对文献进行组织和排列的,所以它最终形成了庞大的尽可能全面的知识体系。

概括来讲,分类首先根据事物的属性区分或分组,然后是按照事物集合的关系确定类目的位置,并进一步按照其相同点和相异点区分和组织。图书馆的文献根据分类法进行加工和组织,给予类号和其他标引特征,最终形成自己的文献数据库。同时,分类法具有逻辑性强、稳定性强的特点,所以对于图书馆来说,分类号是最佳的文献排架依据。

2. 古代分类法和书目

书目起初就是图书目录的简称,目录有别,目录的"目"是对篇目而言,即一书的篇或卷的名称;"录"是指"叙录",即关于一书的主要内容、作者事迹、相关评价与校勘经过等方面的文字说明。书目一般著录书名、著者、出版等项,甚至还有内容提要和收藏单位,既是查找文献线索不可缺少的工具,又是向读者推荐图书、指导阅读的工具,因此称作"读书治学的门径"。

1)《七略》

早在2000多年以前,我国就已经有了随着目录的产生而出现的图书分类体系。这就是汉代刘向、刘歆父子根据当时的国家藏书完成的我国第一部分类目录——《七略》。《汉书·艺文志》的分类体系也是在《七略》的基础上发展而来的。

《七略》分类体系大致如下:

(1) 辑略:总序。说明其他六略的意义与学术源流,是六略之总最,诸书之总要。

(2) 六艺略:分易、书、诗、礼、乐、春秋、论语、孝经、小学9种,著录图书129家,2926篇,图1卷。

(3) 诸子略:分儒、道、阴阳、法、名、墨、纵横、杂、农、小说10种,著录图书187家,4346篇。

(4) 诗赋略:分屈原赋之属20家,陆贾赋之属21家,孙卿赋之属25家,杂赋、歌诗5种,著录图书106家,1313篇。

(5) 兵书略:分兵权谋、兵形势、兵阴阳、兵技巧4种,著录图书66家,1375篇,图44卷。

(6) 数术略:分天文、历谱、五行、蓍(音"诗")龟、杂占、形法6种,著录图书110家,2557卷。

(7) 方技略:分医经、经方、房中、神仙4种,著录图书36家,862卷。

以上六略三十八类共著录当时可看到的634家,13397篇,图45卷图书。

上述分类体系中,一级类为6个,下分的二级类目一共38个,与现代分类法四层以上的分类层次、众多的类目还无法相比，但是它具备了分类思想按层次展开的形式，按学科内容进行知识组织的方法，是分类法发展史上的重要里程碑。

2)《隋书·经籍志》

这是一部具有“划分阶段”意义的古籍目录。它成书于唐太宗贞观三年到十年(公元629—636年)，产生在“盛唐”前夜，是中古时期中国学术文化的总结性作品，是《汉书·艺文志》之后对传世图书典籍的又一次阶段性清理总结，是查考中国典籍流通传播脉络的第二道重要关卡。

《隋书·经籍志》的具体类目为如下。

(1) 经部：易、书、诗、礼、乐、春秋、孝经、论语、谶纬书、小学。

(2) 史部：正史、古史、杂史、霸史、起居注、旧事、职官、仪注、刑法、杂传、地理、谱系、簿录。

(3) 子部：儒、道、法、名、墨、纵横、杂、农、小说、兵、天文、历数、五行、医方。

(4) 集部：楚辞、别集、总集。

另附：道经、佛经。

《隋书·经籍志》首次明确提出了四部分类的类目体系，从此中国古籍分类沿用“经、史、子、集”四部分类法，之后唐宋朝代的官私藏书大多采用四部分类。

3)《四库全书总目》

到清代，四分法更加完善，作品中最有影响力的就是清朝乾隆年间编纂的《四库全书总目》。《总目》全书200卷，是大型类书《四库全书》的目录，参与其书编纂的有300多人，领衔者为乾隆皇帝的六子永瑢，实际主持编纂工作的是总纂官纪昀。《总目》全书记载的典籍，总数为10254种。其中收入《四库全书》的3461种，另有“附存目”(简称“存目”)图书6793种。全书按经史子集四部分类编排，为三级类目体系，共4部44类66子目(比较复杂的类下细分子目)。部有大序(又称总序)，类有小序，子目或书目后面有按语，每书有提要。在编纂体例上，是典型的中国传统的分类目录形式。

《四库全书总目》类目体系如下。

(1) 经部：收录儒家“十三经”及相关著作，包括易、书、诗、礼、春秋、孝经、五经总义、四书、乐、小学等10个大类，其中礼又分周礼、仪礼、礼记、三礼总义、通礼、杂礼书，小学又分训诂、字书、韵书3。

(2) 史部：收录史书，包括正史、编年、纪事本末、杂史、别史、诏令奏议、传记、史钞、载记、时令、地理、职官、政书、目录、史评等15个大类；其中诏令奏议又分诏令、奏议；传记又分圣贤、名人、总录、杂录、别录；地理又分宫殿疏、总志、都会郡县、河渠、边防、山川、古迹、杂记、游记、外记；职官又分官制、官箴；政书又分通制、典礼、邦计、军政、法令、考工；目录又分经籍、金石。

(3) 子部：收录诸子百家著作和类书，包括儒家、兵家、法家、农家、医家、天文算法、术数、艺术、谱录、杂家、类书、小说家、释家、道家等14大类。其中天文算法又分推步、算书；术数又分数学、占侯、相宅相墓、占卜、命书相书、阴阳五行、杂技术；艺术又分书画、琴谱、篆刻、杂技；谱录又分器物、食谱、草木鸟兽虫鱼；杂家又分杂学、杂考、杂说、杂品、杂纂、杂编；小说家又分杂事、异闻、琐语。

(4) 集部：收录诗文词总集和专集等，包括楚辞、别集、总集、诗文评、词曲等5个大类;其中词曲又分词集、词选、词话、词谱词韵、南北曲。除了章回小说、戏剧著作之外,以上门类基本上包括了社会上的各种图书。就著者而言,包括妇女,僧人、道家、宦官、军人、帝王、外国人等在内的各类人物的著作。

经过四库全书总目对古籍类目体系的整理,四部法体系更加科学,后世的公私目录,包括现代图书馆的古籍分类,仍然沿用四部法。

3. 国外图书分类法

我国现代的图书分类法,最早是在留学国外的图书馆领域学者受美国杜威十进分类法等现代分类法的影响而逐渐发展起来的。

1) 杜威十进分类法

杜威十进分类法简称 DC 或 DDC(Dewey Decimal Classification and Relative Index),其具体类目体系如下。

000	总论	500	自然科学
100	哲学及相关学科	600	应用科学
200	宗教	700	美术
300	社会科学	800	文学
400	语言	900	地理、历史

DC 的标记符号全部使用数字,大类都会细分小类,逐次细分到需要级别,形成其类目的等级体系。其中前三级类一律用三位数字标记,三位之后用符号隔开。DC 使用附表对内容进行复分,比如"地区表"、"文学复分表"、"人种、种族、民族表"等。

DC 体系完整,类目详尽,号码标记比较简明,并保持连续修订更新,具有很强的生命力,在世界各国都有很大影响,使用非常广泛。20 世纪上半叶,我国的沈祖荣、王云五、何日章、皮高品、刘国钧等著名学者分别通过仿杜、补杜、改杜等方法,制定了适合中文图书分类的分类法。这些分类法突破了四部体系,开始以学科分类为准,采用了与 DC 类似的分类体系,采用了标记符号、复分表等各种技术,使得分类法成为一个独立的分类和检索工具。

2) 美国国会图书馆分类法(Library of Congress Classification,LC)

美国国会图书馆是世界上规模最大的图书馆,馆藏量 1.3 亿件,它具有自己专门的分类法,具有不同于 DC 的分类体系,大类更加细致,其中像历史类就分为了 C－F 四个大类。

LC 的分类体系如下。

A	总类	M	音乐
B	哲学、心理学	N	美术
C	历史:辅助科学	P	语言、文学
D	历史:世界史	Q	科学
E－F	历史:美洲史	R	医学
G	地理、地图、人类学	S	农业
H	社会科学	T	技术工程
J	政治科学	U	军事科学
K	法律	V	海事学
L	教育	Z	书目与图书馆学

2.3.2 《中国图书馆图书分类法》

新中国成立后，文献分类法的编制研究得到了很大发展，先后出现了《中国人民大学图书馆图书分类法》、《中国科学院图书馆图书分类法》和《中国图书馆图书分类法》（以下简称中图法）。目前，中图法是使用最多的分类法，它1975年出版第一版，最新为2010年的第五版。

1. 基本组成

中图法属于等级列举式分类法，基本组成包括基本大类、简表、主表、辅助表四大部分。它分5大部类，22大类，有6个附表，还有30多个专类复分表。其中6个通用复分表包括总论复分表、世界地区表、中国地区表、国际时代表、中国时代表、中国民族表，是各类在区分理论、研究方法、出版物类型、参考工具书、中外地区和时代等概念时都可以依据的标准，有利于类目体系的统一和分类工作的进行，更大大缩小了分类表篇幅，是分类法中的重要组成部分。

2. 五大部类

中图法基本部类沿用五分法体系，其序列为：马克思列宁主义毛泽东思想、哲学、社会科学、自然科学、综合性图书。它是按照从总到分、一般到具体、理论到实践的原则划分的。其中社会科学和自然科学两个部门内容繁多，需要各自展开，社会科学部类下展开为9大类，自然科学部类下展开为10大类。

3. 基本大类

中图法基本大类如下。

A　马克思主义、列宁主义、毛泽东思想、邓小平理论
B　哲学、宗教
C　社会科学
D　政治、法律
E　军事
F　经济
G　文化、科学、教育体育
H　语言、文字
I　文学
J　艺术
K　历史、地理
N　自然科学总论
O　数理科学和化学
P　天文学、地理科学
Q　生物科学
R　医药、卫生
S　农业科学
T　工业技术
U　交通运输
V　航空、航天
X　环境科学、安全科学
Z　综合性图书

社会科学部类下先是社会科学总论，然后按照政治、法律、军事、经济、文化科学教育体育、语言文字、文学、艺术、历史地理的顺序分别列类，依旧体现着中图法分类的基本原则。其中“政治、法律”、“经济”、“文化”是社会科学中的三个重要组成部分。

同样，自然科学部类下也首先为自然科学总论，然后按照数理化、天文地理生物、医药卫生、农业、工业、交通、航空航天、环境和安全科学的顺序列类。

4. 类目的划分和排列

中图法作为等级体系分类法，列类的原则严格遵循着逻辑顺序。在具体的某一类目中，存在着母类、子类、上位类、下位类、同位类的概念。比如在文学作品划分时，按照体裁可以分为诗歌、戏剧、小说、报告文学、散文、儿童文学等。被划分的概念就被称为上位类

(或母类),划分出的类称为下位类(或子类、子目)。上下位类目之间具有从属关系,而按照同一标准划分出的下位类之间为同位类关系,也就是并列关系,一组同位类称为一个类列。

类目逐级划分、层层列举,每个类目都可以多层划分,直到符合具体学科的划分原则为止,最终形成具有从属、并列关系的一个完整学科体系。各个子目都有自己的类号,从而使得图书馆图书分类、排架有了依据和标准。各学科用户则可以根据分类号进行信息检索和查询,是批量获取某类目大量文献信息的有效检索途径。

5. 图书馆公共检索系统中的机检书目

随着计算机、网络技术的发展,传统的目录系统已经完全实现了电子化,各图书馆的OPAC(联机公共目录检索系统)彻底替代了书目卡片,成为读者查询图书馆馆藏的捷径。在OPAC检索系统中,读者都可以通过分类途径进行书目查询,从而获取给定类号下该馆的所有馆藏信息。同时,OPAC具有其他的检索途径,包括著者、主题、出版社、出版地、丛编题名等多种字段,便于从各种角度和途径查询和接近相关资源,它们与分类字段一起构成了计算机信息检索入口。

图2-1为CALIS的联合目录公共检索系统,从图中我们可以清晰地看到可以选择的各种检索字段。它们使用起来方便简捷,具有相当的用户友好性。

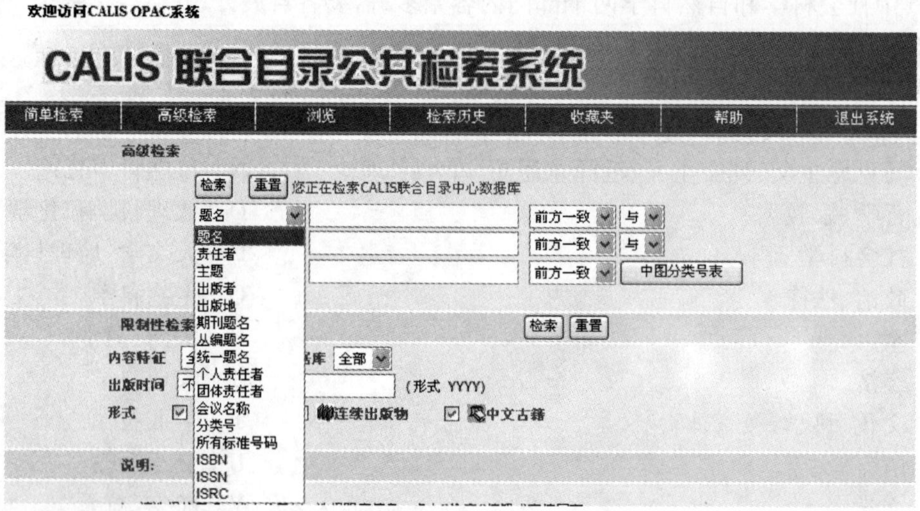

图2-1 CALIS联合目录公共检索系统

在信息检索过程中我们常用的检索技巧还有很多,这些大多是随着计算机信息检索技术的发展而发展起来的。下一节将主要介绍信息检索过程中可以用到的信息检索技巧,帮助用户了解分类途径之外的其他信息获取方法。

2.4 信息检索基础理论

2.4.1 概论

信息检索(Information Retrieval)是指信息按一定的方式组织起来,并根据信息用户的需要找出有关的信息的过程和技术。狭义的信息检索就是信息检索过程的后半部分,即从信息集合中找出所需要的信息的过程，也就是我们常说的信息查询(Information Search或 Information Seek)。

2.4.2 检索语言

检索语言是根据信息检索的需要而创制的，能够唯一地表达各种概括文献信息内容的概念，能够显示概念之间的相互关系，并便于进行系统排列，便于将标引语言和检索用语进行相符性比较的人工语言。它实质上是标引和检索之间的约定语言，是人与检索系统对话的基础。检索的匹配就是通过检索语言的匹配来实现的。

检索语言按照不同的标准可划分为不同类型：①按照描述文献外表特征的语言，可以分为题名、著者、出版事项、代码/序号。②按照描述文献内容特征的语言，可以分为分类语言和主题语言。检索语言的体系如图 2-2 所示：

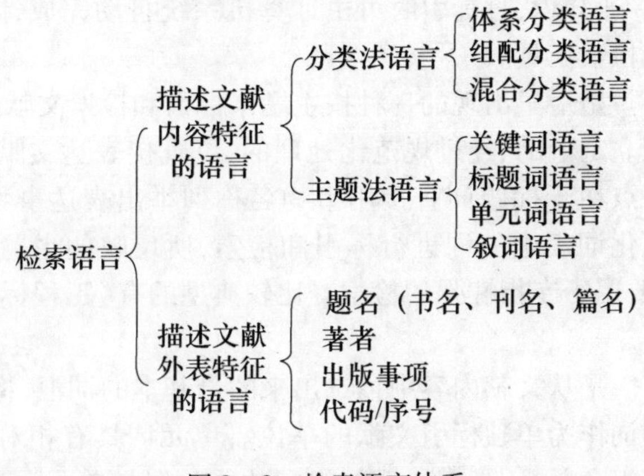

图 2-2 检索语言体系

1. 分类法语言

对知识的分类自古有之。西汉时期，刘向、刘歆父子就编制了我国最早的国家图书馆目录《七略》，这是我国最早的有关古籍的分类目录。之后，随着历史变迁，古籍分类法也逐渐完善，如今经、史、子、集四部分类法已成为我国古籍按内容区分的四大部类。“经”是指古代社会中的政教、纲常伦理、道德规范的教条，主要是儒家的典籍；“史”是各种体裁历史著作，如正史、编年、传记等十五类；“子”是诸子百家及释道宗教著作；“集”是收历代作家的集子和文学评论、戏曲等著作。随着现代知识体系的建立，分类也成为按学科专业检索与浏览文献的常见的信息检索语言。

分类语言是从整个知识体系的角度，通过学科间和学科内部的逻辑关系来组织信息资源的方法。分类语言是按学科范畴划分而构成的一种语言体系，集中体现学科的系统性，反映事物的从属、派生关系，从上至下，从整体到局部层层划分、展开，是一种等级体系。它按照知识分类和概念逻辑的方法对信息进行区分和归类。其特点是能集中体现学科的系统性，反映事物的从属、派生等逻辑关系，便于按学科门类进行检索。目前，分类语言主要通过分类法来体现。

世界上著名的分类法有杜威十进分类法、国际十进分类法 UDC(Universal Decimal Classification)、美国国会图书馆图书分类法、中国人民大学图书分类法(人大法)、中国科学院图书馆图书分类法(科图法)、中国图书馆图书分类法(中图法)。

2. 主题法语言

如果说分类语言是从知识体系内的逻辑关系来组织信息,那么主题语言则从知识本身的内容角度揭示信息资源。主题语言,是以自然语言的语词为字符,以规范化或未经规范化的名词术语为基本词汇,用一组名词术语作为检索标识的一类检索语言。主题语言从描述事物的特性角度出发,按照文献所论述的事物集中文献,表达概念比较准确,具有较好的直观性、灵活性和专指性。主题语言的种类较多,根据选词原则、组配方式、规范方法等,主题检索寓言可分为关键词语言、标题词语言、单元词语言、叙词语言。

(1) 关键词语言。是以关键词作为信息内容标识和检索依据的一种主题语言。一般选自题名、文摘或是正文中的能够表达文献主题并具有实质意义的语词,是未经规范化处理或略经规范化处理的自然语言。这是目前网络信息检索最常用的一种方式,由于关键词搜索上手快,无需专业知识,且标引时可由计算机系统自动完成,因此广泛应用于各种搜索引擎等网络信息检索工具。

(2) 标题词语言。是最早出现的一种按主题来标引和检索文献的传统检索语言。标题词指文献中比较独立定型的、经过规范化处理的、可直接表达文献主题内容的词、词组或短语。标题词的特点在于标题词直接用事物名称列举出表达事物的主题,直观性强。但标题词智能用规范化词表中的词进行标引和检索,所反映的主题概念必然受到限制。目前,标题词语言主要用于专指性强的检索。比较典型的有《工程标题词表》、《医学主题词表》。

(3) 单元词语言。是从文献内容中抽选出来的最基本的词汇,将代表最基本的、不可再分割的概念单元的词作为单独标引文献的单位。单元词具有相对独立性,词与词之间没有隶属关系和固定组合关系,具有灵活的组配功能。但是单元词法的直观性和系统性较差,目前已被叙词语言所代替。

(4) 叙词语言。是以表示单元概念的规范化语词为基础,以概念组配为基本原理,对文献主题进行描述的检索语言。叙词语言吸纳了体系分类法的基本原理,编制了叙词范畴索引和词组索引,从多方面来反映主题词之间的关系;保留了单元词语言的组配原理;吸收了关键词语言的轮排方法;采用了标题词语言对语词进行严格规范化的方法。因此,叙词语言既适合手工检索,又适用于计算机检索。

分类语言和主题语言各有优劣,随着数字化资源的日益增多,主题语言的主导地位也逐渐显露,占据了网络信息检索的半壁江山。目前以抽取自然语言来标引电子信息的关键词语言应用最为广泛。另外,还表现出分类语言和主题语言向一体化方向发展,自然语言和受控语言向综合应用的方向发展的趋势。

2.4.3 网络信息检索

10 年前我们要查阅资料,请教问题,更多想到的是请教专家、图书馆查阅等传统方式。常常为了一个简单的问题而到处寻师,在图书馆翻着卡片目录柜的检索卡片,苦苦寻找。而如今,网络上丰富的信息资源,便捷的网络信息检索方式已经彻底颠覆了原有的信息生产过程。

随着计算机技术和网络技术的发展,网上信息资源呈爆炸式增长。每天在我们所生活的这个世界出现大量的信息,信息的增长速度真的可以用“爆炸”一词形容。新闻信息飞速增加,娱乐信息急剧攀升,广告信息铺天盖地,科技信息飞速递增,同时,个人接受能力严重“超载”。如何在纷繁芜杂的网络信息中找到自己需要的信息,那就要用到网络信息检索了。网络信息检索,又叫网络信息搜索,是指互联网用户在网络终端,通过特定的网络搜索工具或是通过浏览的方式,查找并获取信息的行为。

1. 网络信息组织方式

1）传统分类法在网络信息组织中的应用

在网络环境下,分类法发展到了利用数据库、信息库、搜索引擎等工具对数字化的知识单元和信息单元的描述。我们制定分类法的主要目的,并不只是为了检索的方便,也是为了从宏观的角度了解信息资源的知识内涵,为用户提供一张“知识地图”;用户沿着这张“网上地图”可以逐步浏览,直至定位到所需的文献信息,并俯瞰网上的相关信息,由此触发边缘信息。随着网络技术的迅速发展,数值、图像、图形和空间对象等非文献型信息在网络信息资源中的比重越来越大,分类法独有的聚类功能和代码表示,为组织和解释网络信息资源提供了一条行之有效的途径。此外,如果用户对某一个主题不熟悉时,这种按照学科进行浏览的方式能给用户带来很大帮助。同时,分类法限定信息资源的范围,可以提高检准率;其等级分类结构又起到了提供上下文检索词的作用。

目前,一些大型网站均在不同程度上采用分类法组织网络信息资源。如英国的BUBL Link、美国的OCLC和Net First等使用杜威十进分类法组织网络信息。某些网络信息搜索引擎也有自己的分类法(“网络目录”,Web Directory),著名的如Yahoo!、新浪等。

2）传统主题法在网络信息组织中的应用

主题法以词语为检索标识,按照主题字顺组织与揭示信息。主题语言的产生弥补了分类法在检索特定事物、特定主题方面的不足。它可以利用词汇关系链来获取领域知识以提高检索效率,尤其是关键词(自然语言)检索在组织网络信息资源的过程中发挥了显著作用。

在网络环境下,信息资源的组织主要使用关键词(即自然语言)来创建数据库。计算机数据管理系统的应用,为关键词语言的自动标引和抽词标引提供了有力的技术支持;目前,搜索引擎基本上都采用应用计算机自动搜索软件,进行基于关键词匹配的全文搜索。随着百度、Google等搜索引擎的使用,关键词语言有了广泛的用户基础,它的检索习惯和技巧也更容易被用户接受。

2. 网络信息检索方法

了解了以上两种不同的网络信息组织方式,我们在进行网络信息检索时,就可以根据自己的需求,选择合适的信息检索方法查询信息。一般而言,网络信息检索方法有三种。

1）基于超链接的信息查询——浏览

所谓的超链接是指从一个网页指向一个目标的连接关系,这个目标可以是另一个网页,也可以是相同网页上的不同位置,还可以是一个图片、一个电子邮件地址、一个文件,甚至是一个应用程序。而在一个网页中用来超链接的对象,可以是一段文本或者是一个图片。当浏览者单击已经链接的文字或图片后,链接目标将显示在浏览器上,并且根据目标的类型来打开或运行。这是一种最简单快捷的寻找与所告知内容相关系的其他内容的途径,也是在 Internet 上进行信息发现和信息检索的最原始方式。

超链接具有无限深远的空间内存,可以指向任意一个可以链接的内容,因此能够快速地查找到与所需要查找的内容相关的信息;同时,超链接目标对象非常广泛,可以展示更加多层面、立体化的信息,更好地满足人们对于一个事件或主题在广度与深度上的信息需求。

由于超链接的高容量信息流快速传播,无成本地海涵内容,从而导致信息的泛滥,或者误导用户的判断力,使用户在信息浏览过程中多次跳转而偏离了原本的阅读主题,甚至不知自己身在何处,如何到达目的地,从而导致在信息网络中"迷路"。另外,超链接也易导致指向雷同,使用户多次浏览相同网页而浪费时间精力,甚至有些"标题党"或者垃圾广告链接引起用户的反感。

2) 基于分类目录的信息查询

传统的文献资源时代,图书馆为方便管理和查询,编制了图书馆目录。如今网络上也出现了用目录来分类管理信息资源的方法,将网络信息按照主题进行分类,并将有逻辑递进关系的一系列信息有序地组织起来,形成一套网络分类目录。由于超链接技术在网络中应用广泛,因此这种方式组织下的信息资源,可以方便地被用户查询和获取。这种通过目录层层深入而获得所需信息的查找方法称为基于分类目录的信息查询方法。

互联网发展早期,以雅虎为代表的网站分类目录查询非常流行,雅虎以分类目录的形式将标引内容分为艺术、商业与经济、计算机和 Internet、教育等 14 大类,每一大类又分为若干子类,层层递进。网站分类目录由人工整理维护,精选互联网上的优秀网站,并简要描述,分类放置到不同目录下。按照这种信息资源组织方式,用户可以从大主题链接到若干小主题,层层深入,直到比较具体的信息标题。

然而,网络信息的爆炸式增长,基于分类目录的信息查询方式也有其无法逃脱的局限性。管理和维护这样一套分类目录需要耗费大量时间精力,这在信息爆炸时代几乎是无法跟上信息增长速度的,而一旦其收录范围不够全面,新颖性和及时性无法达到用户需求,这种信息查询的方式就势必遭受冷落。另外,用户要受标引者分类思想的控制。

3) 基于搜索引擎的信息查询

利用搜索引擎查询信息是人们最为熟知的网络信息检索方法。所谓搜索引擎,是指根据一定的策略、运用特定的计算机程序从互联网上搜集信息,在对信息进行组织和处理后,为用户提供检索服务,将用户检索相关的信息展示给用户的系统。

搜索引擎包括全文索引、目录索引、元搜索引擎、垂直搜索引擎、集合式搜索引擎、门户搜索引擎与免费链接列表等。百度和 Gogle 等是搜索引擎的代表。当用户以关键词查找信息时,搜索引擎会在数据库中进行搜寻,如果找到与用户要求内容相符的网站,便采用特殊的算法(如根据网页中关键词的匹配程度,出现的位置、频次,链接质量等)计算出各网页的相关度及排名等级,然后根据关联度高低,按顺序将这些网页链接返回给用户。但是搜索引擎采用计算机软件对信息进行搜集标引,而软件的智能性毕竟有限,因此检准率不够理想。

搜索引擎未来发展的重要特征和必然趋势之一是个性化趋势。通过搜索引擎的社区化产品(即对注册用户提供服务)的方式来组织个人信息,然后在搜索引擎基础信息库的检索中引入个人因素进行分析,获得针对个人不同的搜索结果。分析特定用户的搜索需求限定的范围,然后按照用户需求范围扩展到互联网上其他的同类网站给出最相关的结果。iGoogle 是一个成功的范例。

3. 网络信息检索技术

1）布尔逻辑检索

严格意义上的布尔逻辑检索法是指利用布尔逻辑运算符连接各个检索词,然后由计算机进行相应逻辑运算,以找出所需信息的方法。它使用面最广、使用频率最高。布尔逻辑运算符是表达检索词之间逻辑关系的算符,主要包含逻辑“与”、“或”、“非”三种类型。

(1) 逻辑“与”。用来表示其所连接的两个检索项的交叉部分,也即交集部分。用“AND”、“and”或“ * ”表示,有时也可用“&”符号表示。如果用 AND 连接检索词 A 和检索词 B,则检索式为:A AND B（或 A * B):表示让系统检索同时包含检索词 A 和检索词 B 的信息集合。

(2) 逻辑“或”。用于连接并列关系的检索词,用“OR”、“or”或“ + ”表示。用 OR 连接检索词 A 和检索词 B,则检索式为:A OR B(或 A + B)。表示让系统查找含有检索词 A、B 之一,或同时包括检索词 A 和检索词 B 的信息。

(3) 逻辑“非”。用于连接排除关系的检索词,即排除不需要的和影响检索结果的概念,用“NOT”或“ - ”号表示。用 NOT 连接检索词 A 和检索词 B,检索式为:A NOT B（或 A - B)。表示检索含有检索词 A 而不含检索词 B 的信息,即将包含检索词 B 的信息集合排除掉。

逻辑运算次序,在一个检索式中,可以同时使用多个逻辑运算符,构成一个复合逻辑检索式。复合逻辑检索式中,运算优先级别从高至低依次是 not、and、or,可以使用括号改变运算次序。如(A or B) and C 先运算(A or B),再运算 and C(图2-3)。

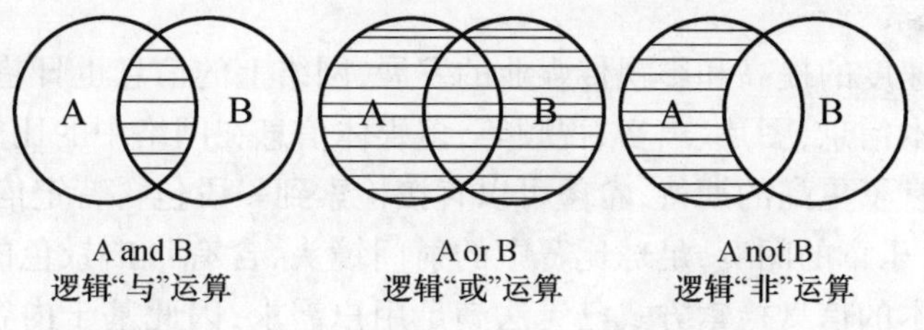

图2-3 逻辑“与”、“或”、“非”

布尔逻辑检索在搜索引擎中由不同的符号表示。在 Google 和百度中,“与”用空格表示,“非”用“ -”表示(减号前有空格)。Google 中“或”用“OR”表示,百度中“或”用“/”表示,见“搜索引擎检索算符一览表”(表2-1)。

2）截词检索

截词检索又叫通配符检索,就是用截断的词的一个局部进行的检索,并认为凡满足这个词局部中的所有字符(串)的文献,都为命中的文献。通配符(wildcard)是一类键盘字符,包括星号(*)、问号（?)和百分号(%)等,当进行网络或文件查找不知道真正字符或者不想键入完整单词时,可以使用它来代替真正字符或完整的单词。

“ * ”表示任意字符串,可为零个或多个字符。如“compe * ”的检索结果可以是“computer、computing、computers、computering、computeriation ”等。“?”代表单个字符。“ $ ”表示 1 个字符或无字符,如“colo$r?”的检索结果为 color 和 colour 的相关信息。

"？+"表示重复的任意字符。

3）限制检索

限制检索是将检索范围限制在某个字段或者某个范围中，缩小命中文献的数量。例如：我们在数据库的检索中，可以选择"题名"、"作者"、"期刊名"、"关键词"等字段检索。在搜索引擎中，可以使用"Filetype"、"Title"、"inurl"、"Site"等进行检索，见"搜索引擎检索算符一览表"（表2-1）。

表2-1 搜索引擎检索算符一览表

名称	符号	说明
逻辑算符	空格	逻辑与
	/	逻辑或
	-	逻辑非
词组检索	""	精确检索
限制条件	Filetype：	限定文件类型。如doc、xls、ppt
	Title：	在网页标题中检索。如"title：清华大学" 网页标题中含有清华大学的网页
	inurl：	在网页的URL中检索
	Site：	在站点内检索
备注	不区分大小写，所有字母和符号为引文半角字符	

4）精确检索

精确检索是用来查找完全匹配的内容。其检索符为双引号。如"物理化学"的检索结果不会出现"物理和化学"等，只会出现内容完全匹配的结果。

5）多媒体检索

随着互联网速度的提高和影视传媒业的发展，网络上的信息也日趋丰富，网络信息不再只是单纯的文本信息，图片、声音、视频等，多媒体信息在网络中的比例越来越大。人们对于检索结果也有了更高的期待，希望可以直接检索到一段包含特定信息的音视频片段，例如：音乐中两个乐章的间奏，足球比赛中的射门镜头，含有日出景色的片断等。传统的关键词等基于文本的信息检索方式已无法满足用户需求，因此基于内容的多媒体检索技术应运而生。基于内容的检索是指根据媒体和媒体对象的内容及上下文联系在大规模多媒体数据库中进行检索。它的研究目标是提供在没有人类参与的情况下能自动识别或理解图像重要特征的算法。

从90年代初开始，基于内容的图像（视频）检索成为多媒体领域研究的热点之一。在基于内容的图像（视频）检索中，颜色、纹理、形状和运动等视觉特征被提取出来表征图像（视频）内容所蕴涵的语义，从而实现图像（视频）数据的查询与管理。近年来，基于内容的音频检索也受到越来越多的关注，其主要思想是通过提取音频流中的时域（频域）特征来描述音频内容。由于多媒体本质是由文本、视频和音频等多种媒质交互融合而成的，它们之间存在或多或少的语义关联，两种不同的媒质可以表示同一语义，媒质之间可以相互索引。

但是，无论是基于内容的图像（视频）检索或是基于内容的音频检索，目前还是基于视觉或听觉感知特征相似度比较的检索，而我们对多媒体内容的描述是基于其所蕴涵的语义信息的。因此,将多媒体数据流分类成预先定义的语义模型是多媒体检索面临的挑战。语义概念模型可以分为三类:一是高级语义,这种语义是不同时间和空间几个多媒体事件高度抽象概念化的结果,它需要探讨人脑的思维机制;二是中级语义,这种语义是高级语义中所涉及的人或事件的分别描述,不涉及几个事件的交叉;最后是低级语义,它是利用视觉或听觉信息对多媒体数据进行初步分类,如"音乐"、"语音"或"海滩"等。对多媒体数据进行语义标注实现了多媒体从无结构到结构化的过程,可以有效组织多媒体数据流,方便检索。

思　考　题

1. 简述大学生信息素养现状。
2. 作为一名信息化时代的大学生,你觉得应通过哪些方面提高信息素养?
3. 高校图书馆为大学生信息素养培育提供了哪些便利?
4. 国内外有哪几种重要的文献知识分类体系?
5. 简述信息检索语言。
6. 如何运用网络信息检索策略?

参考文献

[1] 闵红武. 十年来我国高校图书馆信息素养教育研究综述[J]. 图书与情报,2008,(4):63 - 67,102.

[2] 于维娟. 高校图书馆与大学生信息素养教育[J]. 现代情报,2006,(7):203 - 204,207.

[3] 李国平,夏亚云. 论大学生信息素养与信息素养教育[J]. 图书馆学刊,2003,(4):53 - 54.

[4] 曹涛. 浅谈高校图书馆如何培养大学生信息素养[J]. 科技情报开发与经济,2011,(24):63 - 64.

[5] 仇诚诚. 大学生信息素养及评估标准研究[J]. 图书情报论坛,2011,(1 - 2):38 - 41.

[6] 吴丹. 高校图书馆与大学生信息素养教育研究——基于高校在校本科生信息素养调查分析[J]. 图书馆建设,2006,(4):63 - 66.

[7] 南玉霞. 开展具有学校特色的新生入馆教育——以中国传媒大学图书馆为例[J]. 农业图书情报学刊,2010,(6):167 - 169,176.

[8] 朱永武. 浅析高校信息素养教育与信息检索课教学改革[J]. 现代情报,2007,(8):206 - 208.

[9] 李国新. 文献信息资源检索与利用[M]. 北京:北京大学出版社,2004.

[10] 刘霞,李漠. 网络信息检索[M]. 北京:清华大学出版社,2010.

[11] 笪佐领,陈馥瑛. 网络信息检索及应用教程[M]. 南京:南京大学出版社,2011.

[12] 刘红泉,张亮峰. 布尔逻辑检索模型的分析探讨[J]. 现代情报,2004,(9):4 - 6.

网络信息资源的检索与使用

网络信息资源数量丰富,分布广泛,类型多样,更新快捷,检索使用方便易得,是目前最受欢迎的信息资源,本章将主要介绍网络搜索引擎、电子图书、期刊论文、报纸等各类型网络资源及其使用。

3.1 网络搜索引擎的利用

互联网的盎然生机,催生了各种各样的应用,最广为使用的就是万维网(WWW),它使用超文本技术,各种资源之间的链接跳转因此变得无比轻松,给网络运用带来了极大的便利。同时,其非线性构建方式也容易造成浏览方向的迷失,很多情况下,在网络上查找信息的用户,都会感到自己进入了信息的迷宫,感到无所适从。

因此,搜索引擎(Search Engine)应运而生,在互联网上迅速发展,成为网络中的一大热门应用技术。它通过机器抓取或人工抓取的方式,将网络中的资源进行标引和保存,使得信息或者其特征被集中起来,并且随着网络发展而不断增长,同时呈现出有序化的状态,用相应的关键词标识使得检索和查询成为可能。它仿佛是黑暗中为夜航船指路的灯塔,节省了用户大量的信息查询时间,能便捷地查找到所需要的信息,成为无数人首选的信息查询工具,替代了大量的传统工具书,比如字典、词典、百科全书、年鉴、手册、年表、图录等传统工具书,而它们的功能,搜索引擎全都可以体现出来。

那么,它又是如何定义的呢?

3.1.1 搜索引擎的定义和类别

广义的搜索引擎概念,泛指网络上提供信息检索服务的工具或系统。在网络环境下,搜索引擎所扮演的角色与传统的手工检索工具在印刷版时代所扮演的角色很近似,二者都是对信息资源进行搜集、整理,并提供多种查询途径。因此,搜索引擎又被称为网络检索工具。搜索引擎主要面向网络信息资源,并通过 Internet 来提供服务。狭义的搜索引擎主要指利用网络自动搜索软件或人工方式,对网络资源进行收集、整理与组织,并提供检索服务的一类信息服务系统。鉴于网络信息资源的海量规模,网络资源的采集方式以自动方式为主。

从定义中可以看出,搜索引擎按照资源收集的方式不同,可以分为目录浏览式和关键词检索式搜索引擎。比如,网民参与编辑的 ODP 网站属于目录型搜索引擎,而大家更常用的 Google、百度、Sogou 等则属于关键词搜索型。

1. 目录型浏览式搜索引擎

ODP(http://www. dmoz. org/)界面是代表性的目录型搜索引擎界面。一级类目按照主题字顺序排列,有艺术、商业、计算机、游戏、健康、家居、青少年、新闻、娱乐、参考、地区、科学、购物、社区、运动、世界各地 16 个,划分的标准有很多层,但是最基本的原则是按"最常使用"这个标准来确定的。这个站点的一大特色是网民参与编辑,任何人通过申请之后都可以成为网站编辑的志愿者,为这个数据库奉献新的内容。除了英文内容,包括中文在内的各种语种也都有体现。

用户可以通过网站分类体系(图 3 - 1),逐级展开类目,直到找到相关的内容。同时,网站提供了简单检索和高级检索功能,用户通过页面上方的搜索框也可以查找相关信息。

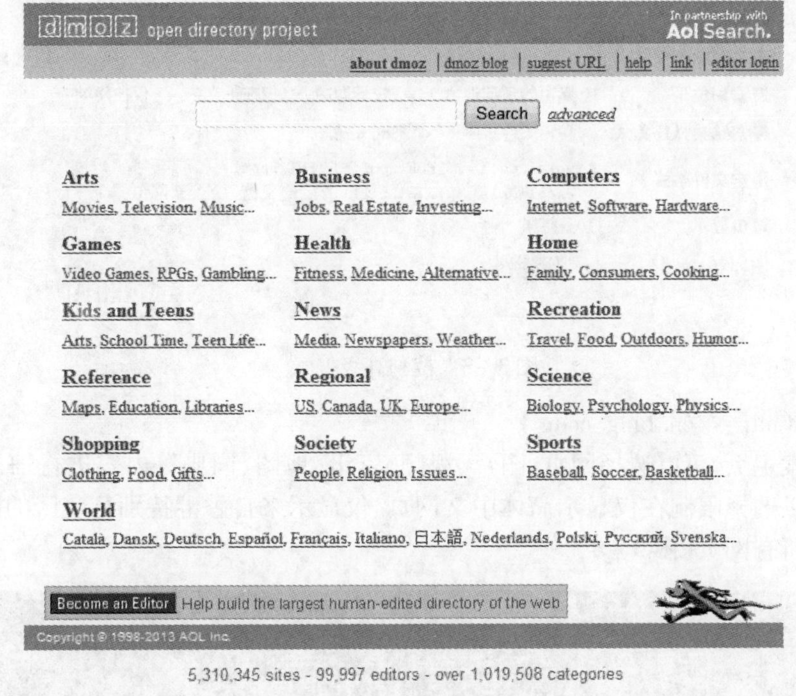

图 3 - 1　ODP 网站的分类体系

2. 关键词检索式搜索型

目前,利用率最高的搜索引擎还是关键词搜索型,包括百度(http://www. baidu. com)、谷歌(http://www. google. com/, http://www. google. com. hk/)、搜狗(http://www. sogou. com/)等。

1) 搜狗(http://www. sogou. com/)

搜狗(图 3 - 2)是 2004 年出现的全球首个第三代互动式中文搜索引擎,它有自己的输入法、浏览器、网址导航和游戏中心,主页还提供新闻、网页、音乐、图片、视频、地图、百科等更多的搜索选择,并可以进行高级搜索,可以限制搜索的站点、检索词在网页中出现的位置、检索结果的排序方式以及检索结果的文件格式等,见图 3 - 3。

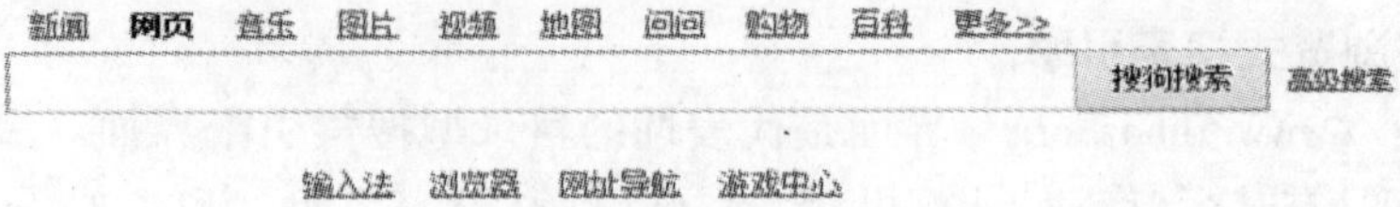

图 3-2 搜狗搜索引擎首页面

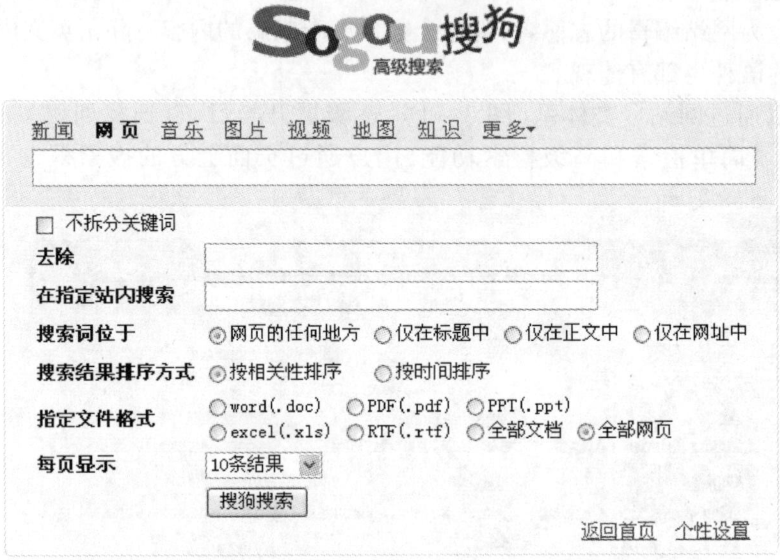

图 3-3 搜狗高级搜索

2）必应(http://cn.bing.com/)

必应搜索主页，可以选择网页、图片、视频、资讯、地图、词典等内容进行信息的查询。搜索结果可以选择限制在仅显示简体中文网页、仅显示来自香港特别行政区的网页，默认选项为显示所有网页(图 3-4)。

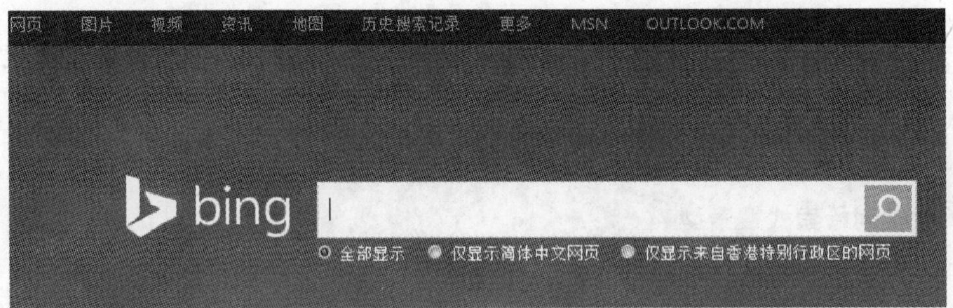

图 3-4 必应搜索

3）盘古

盘古搜索拥有新闻、网页、图片、地图搜索内容，界面简单明快，内容依托新华社的新闻信息资源，并于 2013 年与即刻搜索进行了资源整合，见图 3-5。

另外，中搜(http://www.zhongsou.com/)也是国内较好的中文搜索引擎之一，被公认

图3-5　盘古搜索

为第三代智能搜索引擎的代表，可以进行综合搜索以及资讯、视频、图片、微博、论坛、购物、网页的分项搜索，用户在中搜登录注册后可以创立自己的个人门户，定制个性化页面(图3-6)。

图3-6　中搜搜索界面

3. 元搜索引擎

搜索引擎可以分为独立搜索引擎和元搜索引擎。前面列举的各关键词搜索引擎，像百度、Google等都属于独立搜索引擎。元搜索引擎是在独立搜索引擎之上发展起来的，指检索时能够同时调用多个独立搜索引擎的内容，并在一个界面进行所有检索结果展示的一种网络搜索工具。它依赖于独立搜索引擎而存在，但是发展了一些新的查询功能，比如检索式的重新运算、检索结果的内容类聚。

元搜索引擎的组成可以分为检索请求提交、检索接口代理、检索结果显示三个部分。其中，"请求提交"负责实现用户"个性化"的检索设置要求，包括调用哪些搜索引擎、检索时间限制、结果数量限制等。"接口代理"负责将用户的检索请求"翻译"成满足不同搜索引擎"本地化"要求的格式。"结果显示"负责所有源搜索引擎检索结果的去重、合并、输出处理等。

Mamma(http://www.mamma.com)就是一种并行式元搜索引擎(图3-7)，自称为

Web　News　Image　Twitter　Jobs

Search

Recent News: A "New" Mamma is Underway. Read more.

图3-7　mamma元搜索引擎

“搜索引擎之母”。可同时调用7个最常用的独立搜索引擎,并且可按职位和城市查询求职信息、新闻、图像等资源。其特点是检索界面友好,检索选项丰富,主要包括可控制调用的独立搜索引擎、选择使用短语检索功能、设定检索时间、设定每页可显示记录数等。

利用元搜索引擎时,由于需要贯通多种不同独立引擎的检索语法,所以有些独立引擎的检索技术可能会被摒弃或者省略,导致有些检索结果被打了折扣,在检索时还要综合考虑。

另外,百 Google 度(http://www.baigoogledu.com/)这样的搜索界面也属于元搜索引擎,它只集成了百度和 Google 中文两个网站的内容(图3-8)。

图3-8　BaiGoogledu 元搜索引擎

3.1.2　Google 的使用

自从1998年 Google 正式成立,十几年时间里它飞速发展,拥有自己的 pagerank 专利技术,能够有效地抓取网页、图片、新闻等信息,建立了庞大的后台数据。Google 界面设计简洁明快,数据时效性强,而且检索响应时间极快,拥有网页、图片、博客、学术、音乐、财经、视频、购物、地图、图书等多种搜索功能,并能提供在线字典词典、快讯定制、天气查询、特色计算器、股票查询等日常服务,可以说是一部可以无限次搜索的百科全书式检索工具,给用户提供了丰富的想象空间和搜索空间(图3-9)。

图3-9　Google 简单搜索

Google 吸引了众多的搜索用户,同时吸引了众多的广告客户。对于广告,google 的处理原则是在检索结果中单独列出,明确标示为“sponsored links”或“广告”,让用户能够一目了然。

在日常使用过程中,很多用户满足于它的简单检索界面,实际上Google提供了更有效率的高级检索功能,可以限定检索词语之间的逻辑关系、作者、出版物、出版日期等项目,使得在海量信息中搜索到的文献更有针对性,提高检索的查准率。

如果要搜索学术文献,Google学术搜索界面是较好的检索入口,它屏蔽掉大量的广告、新闻等非学术性资源,检索结果能够提供来自各研究领域的论文、学位论文、摘要和技术报告等,找到大量的文献线索后可以去相关图书馆查找全文。Google还可以提供著者文献引用情况的数据,便于检索者了解文献引用记录。例如,如果查找"2000年以来新媒体环境下新闻传播的现状"这一课题,可以在高级学术搜索界面进行如图3-10所示的检索。

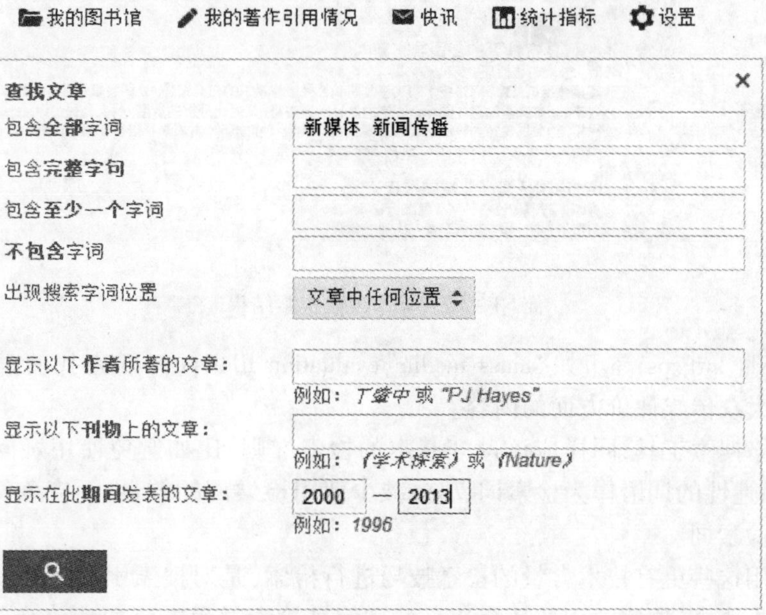

我的图书馆　我的著作引用情况　快讯　统计指标　设置

查找文章

包含全部字词　新媒体 新闻传播

包含完整字句

包含至少一个字词

不包含字词

出现搜索字词位置　文章中任何位置

显示以下作者所著的文章:

例如:丁肇中 或 "PJ Hayes"

显示以下刊物上的文章:

例如:《学术探索》或《Nature》

显示在此期间发表的文章:　2000 — 2013

例如:1996

图3-10 Google学术搜索高级界面

在Google学术搜索检索结果界面,可以看到各种类型的文献,包括报刊论文、学术报告等,每一个文献的题名、著者、出处、被引用次数、相关文献等内容都可以看到,通过链接可以看到文献的完整文摘或者能看到PDF格式的全文以及哪些文章对本文进行了引用,由此可以找到更多的背景文献和相关文献(图3-11)。

我们也可以使用检索命令来表示词语之间的逻辑关系。大写的"OR"表示或者检索,比如"中国传媒大学 OR 北京广播学院"这个检索式,表示的就是两个词语之间的逻辑"或"组配。英文状态的"-"表示的是排除检索,但是该符号之前必须要留一个空格,比如"中国传媒大学 -南广学院"这个检索式,表达的就是排除掉中国传媒大学南广学院之后的关于中国传媒大学的相关内容。使用短语检索时,检索式前后用引号标示。

另外,还可以用命令词来限定检索词出现的位置在网页标题、在网址、在内文或者在链接,分别用"allintitle:"、"allinurl:"、"allintext:"、"allinanchor:"来表示。例如:检索网址内含有单词nlc(国家图书馆)的网页,表示为"allinurl:nlc"。

同时,文件类型限定的语法是"filetype:",它支持13种非HTML文件的搜索:PDF、

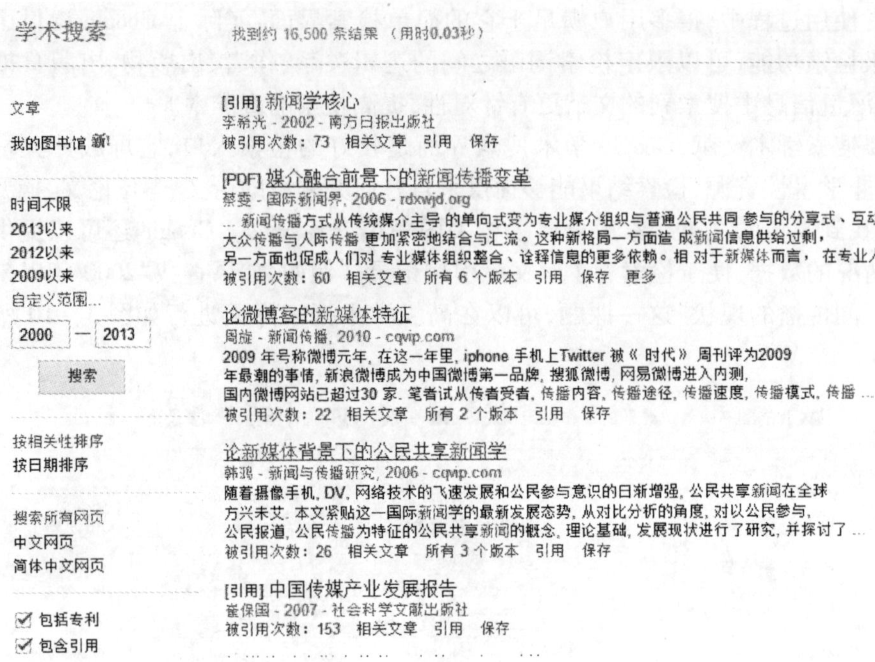

学术搜索 找到约 16,500 条结果 （用时0.03秒）

文章
我的图书馆 新!

时间不限
2013以来
2012以来
2009以来
自定义范围...
2000 — 2013
搜索

按相关性排序
按日期排序

搜索所有网页
中文网页
简体中文网页

包括专利
包含引用

[引用] 新闻学核心
李希光 - 2002 - 南方日报出版社
被引用次数：73 相关文章 引用 保存

[PDF] 媒介融合前景下的新闻传播变革
蔡雯 - 国际新闻界, 2006 - rdxwjd.org
... 新闻传播方式从传统媒介主导 的单向式变为专业媒介组织与普通公民共同 参与的分享式、互动式，大众传播与人际传播 更加紧密地结合与汇流。这种新格局一方面造 成新闻信息供给过剩，另一方面也促成人们对 专业媒体组织整合、诠释信息的更多依赖。相 对于新媒体而言， 在专业人才 ...
被引用次数：60 相关文章 所有 6 个版本 引用 保存 更多

论微博客的新媒体特征
周旋 - 新闻传播, 2010 - cqvip.com
2009 年号称微博元年, 在这一年里, iphone 手机上Twitter 被《 时代》 周刊评为2009年最潮的事情, 新浪微博成为中国微博第一品牌, 搜狐微博, 网易微博进入内测, 国内微博网站已超过30 家. 笔者试从传者受者, 传播内容, 传播途径, 传播速度, 传播模式, 传播 ...
被引用次数：22 相关文章 所有 2 个版本 引用 保存

论新媒体背景下的公民共享新闻学
韩鸿 - 新闻与传播研究, 2006 - cqvip.com
随着摄像手机, DV, 网络技术的飞速发展和公民参与意识的日渐增强, 公民共享新闻在全球方兴未艾. 本文紧贴这一国际新闻学的最新发展态势, 从对比分析的角度, 对以公民参与, 公民报道, 公民传播为特征的公民共享新闻的概念, 理论基础, 发展现状进行了研究, 并探讨了 ...
被引用次数：26 相关文章 所有 3 个版本 引用 保存

[引用] 中国传媒产业发展报告
崔保国 - 2007 - 社会科学文献出版社
被引用次数：153 相关文章 引用 保存

图 3－11 学术搜索检索结果

doc、rtf、ppt、xls、swf、ps 等。如"mass media" evaluation filetype:pdf 查找的是文件类型为 PDF 的关于大众传媒评价方面的内容。

使用网络搜索工具，同样应该遵守基本的检索准则，比如避免使用疑问词作为检索词，不使用描述性的词语作为检索词，尽量减少使用检索词的数量，而应该使用能够给出确切答案的检索词。

能够使用这些更有技术含量的检索技巧进行检索，是对搜索引擎日常依赖性极强的大学生的基本要求，这些常用技巧会让自己在信息检索过程中更加高效、更加自信，也增加了信息检索艺术的美和乐趣。

3.1.3 百度的使用

百度十余年的发展已经使其成为国内市场份额最大的独立搜索引擎，国内市场份额达到 80% 以上。百度的搜索服务包括网页、视频搜索、MP3、地图、新闻、图片、百度翻译；导航服务提供了 hao123、网站导航链接；搜索社区分为知道、百科、贴吧、空间、文库、搜藏、经验、百度相册、百度旅游；移动服务有移动搜索、掌上百度、手机输入法、百度桌面、百度手机地图；新上线有百度钱包、百度理财、百度手机卫士、百度云等内容。

打开 hao123 链接，百度为网络用户集成了大量的网络资源站点，包括生活服务、娱乐休闲、新闻、游戏、阅读等方方面面，可以节省用户自己查询的时间，是一个非常受欢迎的网络入口。

另外，成为百度注册用户之后，我们还可以对自己的界面进行定制，将自己常用的网址都集成在百度界面上，方便利用。找到更加适用的网址之后，可以不断编辑和添加。同时，界面上还将自动推出当日热点，实现了一定的信息推送功能，见图 3－12。

图 3-12　百度界面个性化定制与导航

网络搜索引擎是目前大多数网民搜索信息的起点，各搜索引擎强大的数据支撑能力使得它们具有了超人一样的色彩，但是事实上，现代图书馆作为信息资源的收藏、保存和传播之地，还是具有自身巨大的优势，具有提供各种信息特别是学术信息的优势，以及提供信息服务的优势，这种优势对于大学生和科研人员来讲，是不可替代的，特别是随着现代资源共享理念的实现，图书馆之间的资源共享发挥出了巨大的科研和教学支撑能力，也受到了用户的认可，下面将介绍的电子资源，不管是图书、期刊论文还是报纸文章，都可以通过各图书馆数字资源链接来搜索和获取，是高校师生获取信息的重要资源保障。

3.2　图书的查找利用

说到图书，我们将其分为印刷本图书和电子图书的查找和使用两个部分。

在图书馆，查找印刷本图书可以使用的资源包括两大部分：各图书馆的公共检索平台和 BALIS 的馆际互借平台。这是目前最便捷的两个查书借书渠道。在中国传媒大学图书馆主页上，可以检索本馆及校内各分馆入藏的所有中外文图书馆藏情况，见图 3-13。

读者在输入题名、作者、出版社、索书号、分类号等相应字段的检索词之后，可以选择不同的匹配模式、资料类型、所属分馆，检索到的书目资料包含题名、著者、出版信息、分类号、馆藏位置等信息，方便读者查找和借阅。

至于馆际资源共享，BALIS 馆际互借服务是北京地区高校读者的重要资源。BALIS 平台融合了北京地区 70 多家高校和国家图书馆、上海图书馆的资源，规模巨大，推出几年来一直遵循免费服务、读者第一的原则，为广大高校师生提供了资源共享的平台，读者在此平台注册并通过身份审核之后，将可以从这些馆内借阅中外文图书，见图 3-14。

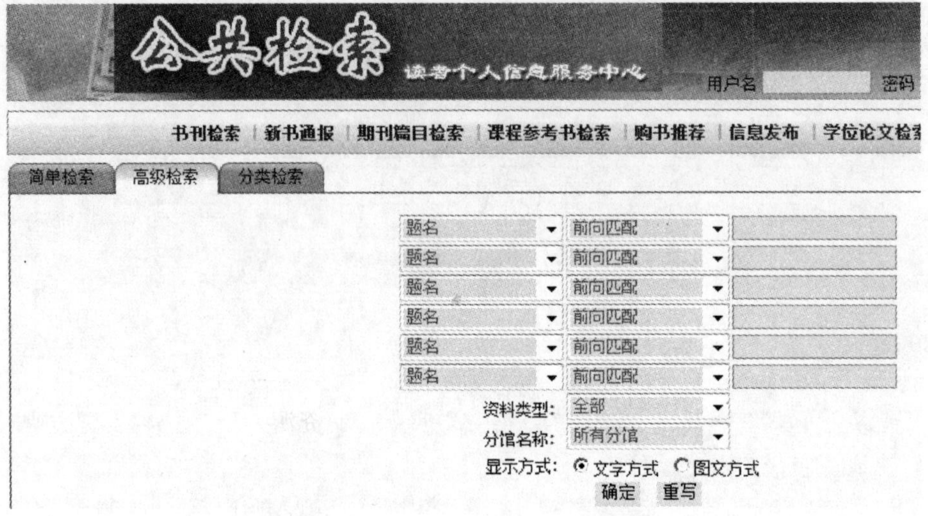

图 3-13　图书馆公共检索系统

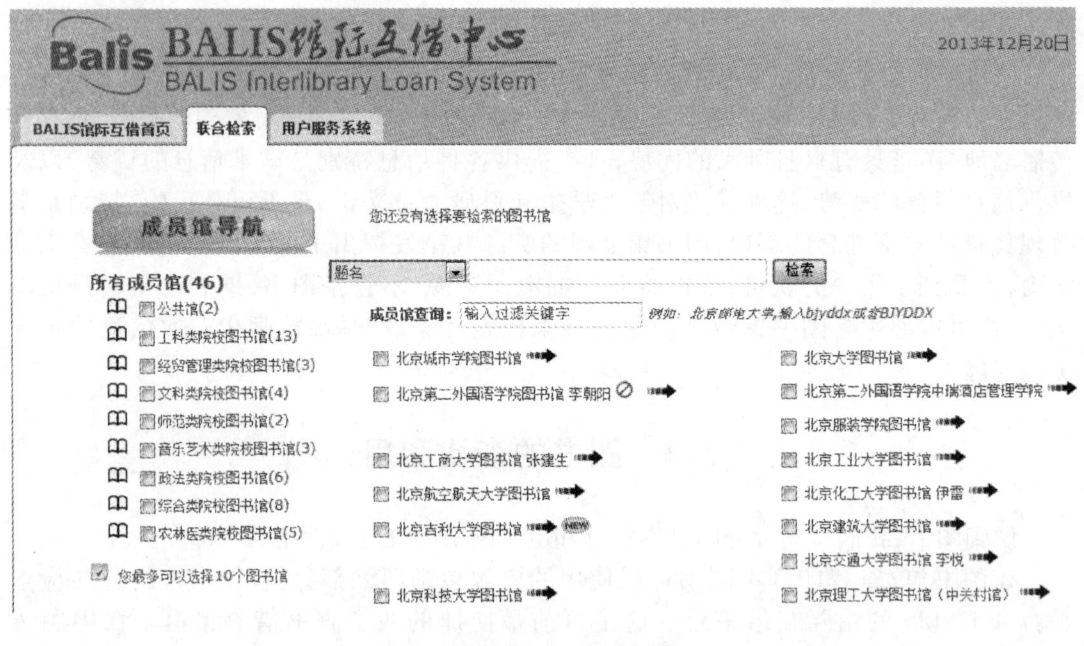

图 3-14　BALIS 馆际互借中心

注册并登录成功后，读者可以在 BALIS 平台选择相应的图书馆查询其 OPAC 书目，借阅本馆未入藏的文献，极大的补充了本校馆藏资源之不足，对于中小型图书馆的读者来讲，资源共享更加珍贵。

目前，越来越多的读者习惯电子阅读，新型的电子书阅览设备层出不穷，如 Kindle、iPad、各种智能手机，已经在读者之间普及。电子图书就是指可以在计算机或各种手持设备中可以阅读的数字化图书。电子图书的优势包括高密度大容量的存储、易于检索、使用方便、更新及时、传递速度快和价格低廉等。它解决了传统纸本图书会折旧、易破损、易遗失、收藏空间不足、复本不足等问题。

数字化生存是目前大学生的主要生存状态，日常生活学习都与电子设备密不可分。所以下面将为大家介绍一些重要的数字图书资源，方便大家了解和使用。可以使用的中文电子图书资源包括超星读秀，方正电子图书，时代圣典，书同文典籍文献全文检索数据库的《四库全书》、《二十五史》和“十通”这样的古籍全文、《中国年鉴全文数据库》、《中国大百科全书网络版》、皮书数据库等。

外文资源也多种多样，有工具书类型的，如 Encyclopedia Britannica Online、CREDO 全球工具书大全；有专门的社科文献资源，如 ACLS 人文科学电子图书——学术著作精选，GALE 的经济类和法律类的 MOMW 和 MOML；有专门的 IT 类电子书，如 Safari 电子图书（IT 类电子图书）；有的专门收录早期作品，如 ECCO 电子图书（十八世纪作品在线）、EEBO 电子图书（早期英文图书在线），有网络免费获取的资源，如 eScholarship Edition 免费电子书、NAP 免费电子图书、Knovel 四种免费化学参考书、Asia. com 免费外文电子图书；另外，各学科电子书涉及的也有很多，比如 Ebrary 电子图书、Springer 电子图书、SIAM 电子图书、百万册书数字图书馆（CADAL 英文书）、NetLibrary 电子图书等。

3.2.1　查找中文电子图书

1. 超星读秀

超星读秀学术搜索平台是北京世纪读秀技术有限公司近年来开发并成功推广的一个集图书、期刊、报纸、论文等资料的检索与利用于一身的综合性平台，经过相关的设置和对接可以实现基本的资源门户的功能，见图 3－15。电子书是超星读秀平台上最为重要的内容形式之一，据超星公司提供的截止到 2013 年底的统计数据，读秀平台可以提供 390 万种图书资源的检索及使用。

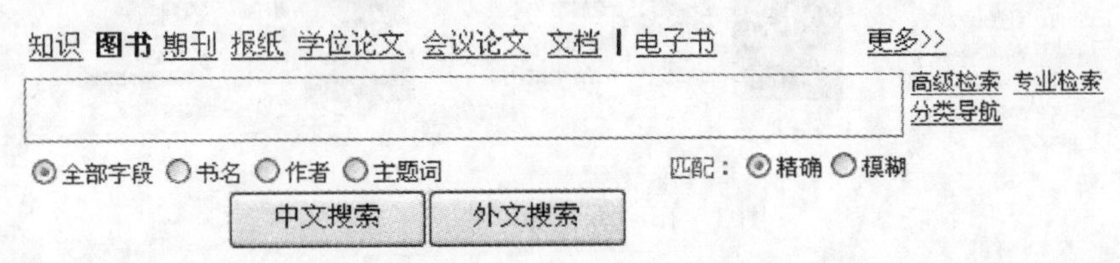

图 3－15　读秀中文学术搜索

读秀平台的电子图书检索非常简单，主要有三种检索方式：①以通过一站式检索框进行书名、作者等字段的模糊检索。②可以通过高级检索功能实现多个检索字段相配合的组合检索，但在高级检索过程中不能任意选择字段间的逻辑组配方式，并只能在预设好的几个检索字段间进行限制、组合。③可以通过专业检索实现使用标准检索式进行图书查找的功能。

读秀平台提供的电子书利用的方式多种多样，常见的方式主要包括：①在平台上就可以直接查看电子书的全文。②在平台上只能看到书名页、版权页、前言页、目录页、封底页和正文的前21页内容,可以通过“图书馆文献传递”方式分步分段分期地获取电子书全文。③在平台上只能看到书名页、前言页、封底页等内容。

读秀平台的电子图书不是全部都提供下载功能。能够提供的下载功能分为两种:①页面上提供下载按钮,点击后即可通过超星阅读器完成整本图书的下载。②通过“图书馆文献传递”阅读电子书的页面会提供保存按钮,通过把当前页保存成PNG图像文件的形式完成下载功能。

读秀平台的电子图书必须使用专门的阅读器SSReader进行阅读,目前可提供的最高版本是4.1.2版。

2. 方正数字资源平台

Apabi数字资源平台是北京方庄阿帕比技术有限公司的产品,可以根据客户要求集中展示电子图书、论文等多种资源,见图3-16。北京方庄阿帕比技术有限公司在2000年就开始着手于电子书的开发应用,如今,方正阿帕比电子书库有200余万册可供阅读的电子图书,400万册可供条目检索的电子图书,涵盖了社科、人文、经管、文学、科技等分类。

图3-16 方正数字资源平台

方正数字资源平台的开发理念很特别,它是完全模拟现实图书馆,使用该平台时读者会有很强的“亲近”感,几乎会在心里将这个平台等同于自己学校的实体图书馆。比如:在方正数字资源平台的资源供应中强调纸本图书购买中的“副本”感念,也就是说一种电子书要购买几本的问题。因此,当各图书馆向方正公司购买电子图书时既要明确即将购买的电子图书的种数,还要明确相应的册数,这在电子书行业来讲可以说是独一无二的。正是由于这个特点,读者在方正数字资源平台碰到借不到需要的电子书的情况也是很正常的。再比如:在方正数字资源平台的后台可以设置读者能够借阅图书的数量、图书的借期、图书的续借次数等相关参数,这就意味着读者打开方正数字资源平台时,就要意识到自己能借多少本电子书、每本书能借多长时间、可以续借几次等,以保证自己电子图书的使用顺畅。

方正数字资源平台可以提供三种检索方式:①快速查询。读者可以在预设的检索字段中选取一个加以限定,可选字段比较丰富,包括:书名、责任者、出版社、年份等。②高级检索。由于方正数字资源平台有可能包括多个字库,因此,在高级检索功能中又分为本库查询和跨库查询,在此可以同时限定多个检索字段,并可以选择各个字段间的逻辑匹配关系,对于包含多个字库的平台还可以选择数据库的检索范围,检索功能比较强大。③分类检索。方正数字资源平台中的类目设置严格按照中国图书馆分类法的标准,在每一个类目名称后面会统计出该类目下的资源数量,读者点击相应类目后平台会列出该类目下的全部电子资源。另外,每次检索后平台都会在检索结果页面提供"结果中查"按钮,协助读者完成二次检索。

方正数字资源平台中的电子图书可以提供利用方式:①在线浏览。读者可以在平台预设的时间内在线翻阅电子图书全文,超时后此项功能停止。②借阅。读者通过此功能能够将电子图书的全文通过 Apabi 阅读器下载、管理、阅读,成功下载的电子图书都要遵守平台的借阅期限的限制,逾期后平台会自动收回该图书的使用权,这就意味着读者曾经正常下载、阅读的图书将不能再打开。平台内提供续借功能,允许续借的次数也是可以由该平台的管理后台进行设定。③预约。当电子图书没有足够的副本为读者提供借阅服务时,该本电子图书的详细信息页面上就会显示"在线浏览"和"预约"按钮。此时点击预约后就可以排队等候借阅该本电子书。不能提供借阅功能的电子书可以通过"在线浏览"按钮翻阅图书全文。

北京方正阿帕比技术有限公司有自己开发的专门的阅读器 Apabi Reader。Apabi Reader 可以用于阅读 CEB、CEBX、XEB、PDF、HTML、TXT 等格式的电子资源,3.2 版本之后的阅读器较之前版本相比风格迥异,界面更加友好、功能更加完善,不但可以实现电子书的阅读、下载、收藏等功能,还能兼备 RSS 阅读器和本地文件夹监控功能,目前方正 Apabi Reader 的最新版本号为 4.5.1,另外还提供了 iOS 版和 Android 版阅读器供读者使用。Apabi Reader 在 CEB 文件的版权保护方面的作用独特而强大,通过它展现的的 CEB 文件的复制甚至快照功能都有严格的范围限制,从而实现版权保护的功能。比如:在 Apabi Reader 中阅读 CEB 文件,每次复制的最大字数为 1000 字符,每启动一次 Reader,复制次数不超过 7 次,每周累计复制次数不能超过 50 次。对图片的复制次数控制与文字相同,不能复制加密 XEB 中的文字。再比如,每启动一次 Reader 快照功能的使用次数被不能超过 7 次,每周累计使用次数不能超过 50 次。对于加密的 XEB 不能进行快照。

3. 书生第三代数字图书馆

由北京书生科技有限公司创办的书生第三代数字图书馆是一个综合性的全文电子资源平台,主要包括图书、音频、视频、期刊等内容,可以提供各部分内容的单独购买方式,其中图书资源为其中的主打内容,可以提供 2000 年后出版的新书,见图 3-17。

书生电子图书可以提供四种检索方式:①提供与图书分类相配合的简单检索。读者可以首先在电子书的页面左侧选择相应分类(这个分类可以选择依据"中国图书馆分类法",也可以选择依据"书生法"),然后再在页面右上端的检索条中选择预设的检索字段并填入相应的检索内容。②提供与图书分类相配合的图书全文检索的功能,这是书生电子图书的亮点功能。读者可以在限定图书分类的同时,选择在图书内容或目录中进行检

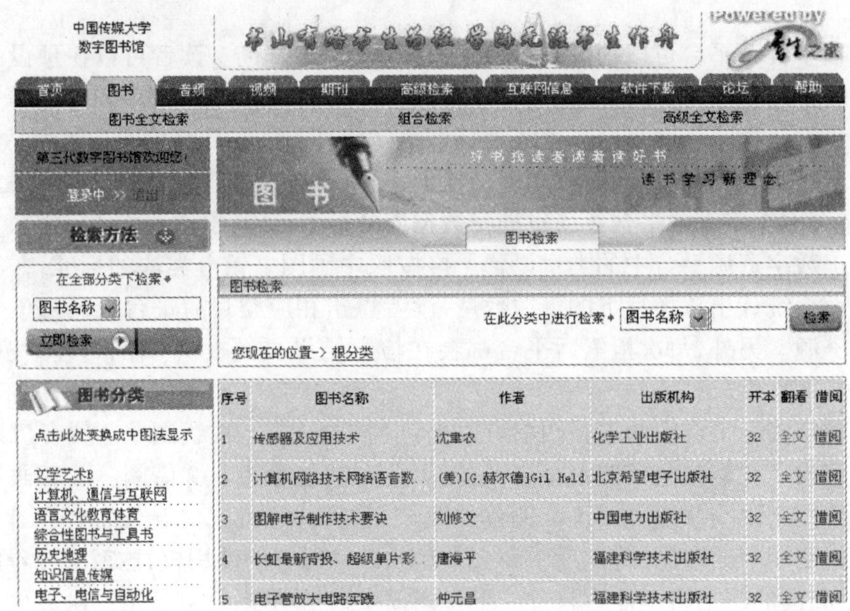

图 3-17 书生第三代数字图书馆

索词的全文检索,在相应的检索结果中会将读者提供的检索词高亮显示。③提供组合检索功能。读者可以在此功能中同时限定多个检索字段,并可以通过逻辑与、逻辑或将其组配,但是由于平台可以提供的检索字段极其有限,所以此项功能的效果不佳。④提供与图书分类相配合的高级全文检索功能。读者可以在限定图书分类的同时,在全文或目录中进行单词或多词的检索。

书生电子图书可以提供全文和借阅两种利用方式,其中"全文"即为在线阅读,点击后自动打开书生阅读器,使用方便;"借阅"即为图书下载,读者若要使用此功能即使在学校允许访问的 IP 范围内也必须进行注册并登录,较为不便。

书生电子图书必须使用专门的阅读器 Sursen Reader 进行阅读,目前最高可提供 7.2 版本。此阅读器可以提供书生电子图书的阅读、管理、保存、文本转化等功能。

4. 时代圣典

圣典 E-BOOK 是北京时代圣典科技有限公司的产品,平台上可以整合图书、音频、视频、论文等资源,见 3-18。时代圣典电子图书格式以纯文本版为主,内容为高等教育类图书,涵盖各个类别,多为新书,非常重视版权问题的解决。

圣典 E-BOOK 平台提供以下资源检索方式:①单条件检索。读者在页面上端可以选取任意一个预设检索项进行单条件检索。②高级搜索。读者通过高级搜索页面可以选择在图书类别、名称、出版社、作者、ISBN 中任选一个或多个检索字段加以限制,但各个条件间只能默认使用逻辑与的关系进行组配。由于可选检索字段少、逻辑组配方式不足,严重影响了高级检索的功能发挥。

时代圣典电子图书提供在线阅读和下载两种利用方式。

时代圣典电子图书必须使用专门的时代圣典阅读器进行阅读,目前最高可提供 3.0 版本。此阅读器可以提供书生电子图书的阅读、管理、保存、文本转化等功能。

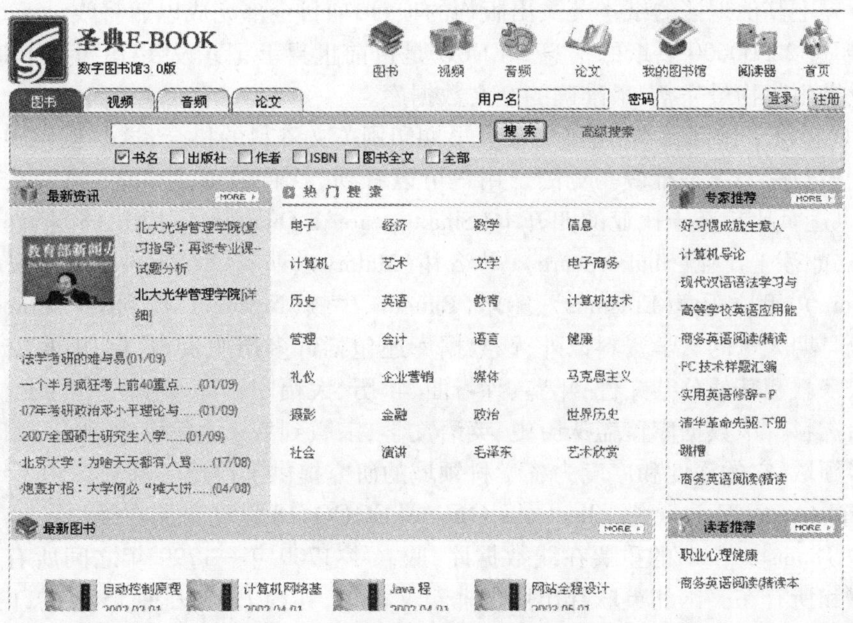

图3－18　时代圣典电子图书

北京时代圣典科技有限公司于2011年已经正式关闭。

网络古籍全文数据库也多种多样，对于古籍的查找和利用，详见第5章内容。

3.2.2　查找外文电子图书

1. 美国历史文档系列数据库(Archive of Americana)

这是研究美国历史的大型数据库，由美国Readex公司出版，其中的《美国早期印刷品》(EAI)是我国台湾地区2006年买断的人文社科数据库之一。全库共计超过2000万页原始图像文件，内容十分全面完整，检索功能强大，可以对数据库中所有文献进行全文检索与浏览。

EAI收录了现存的1639年—1819年期间在美国出版的图书74000种，是17～18世纪美国非连续出版物最完整的资源，分为Evans与Shaw－Shoemaker两个系列，包括：图书、年鉴、小说、剧本、诗歌、圣经、教科书、契约证书、法规、烹调书、地图、乐谱、小册子、初级读物、布道书、演讲词、传单、条约、大活页文章与旅行记录等。还包括印刷报告，如总统信函，涉及国会、国家与领土的决议，以及许多欧洲作家的作品在美国的印本。并按以下主题提供：经济与贸易、政府、健康、历史、劳动、语言、法律与犯罪、文学、军事、人物、哲学、政治、宗教、科学、社会、生活方式与民俗、神学等。

Readex与美国古文物收藏家协会合作这一里程碑式的项目，由美国历史学会的文献复制委员会提供支持。汇集了美国主要图书馆的馆藏，包括美国古文物收藏家协会、国会图书馆、哈佛大学图书馆、耶鲁大学图书馆、麻萨诸塞历史学会、纽约市公共图书馆、布朗大学图书馆、费城图书馆公司等，以及一些重要的欧洲图书馆的馆藏。

2. "早期英文书"(Early English Books, EEBO)

EEBO是一个旨在再现1473年—1700年间英国及其殖民地所有纸本出版物，以及这一时期世界上其他地区的纸本英文出版物的项目，项目全部完成以后将收录 125000 种著作，包含超过 22500000 页纸的信息。EEBO 是目前世界上记录从 1473 年—1700 年的早期英语世界出版物最完整、最准确的全文数据库。

EEBO 提供了访问孤本、善本等珍贵早期印刷英文资料的机会，这些资料中的许多以前在绝大多数图书馆是难得一见的。用户可以看到《坎特伯雷故事集》第一次印刷版的原貌，可以逐页比较莎士比亚的四开本（Shakespeare's Quartos）。EEBO 包括许多知名作家的著作，如莎士比亚（Shakespeare）、马洛礼（Malory）、斯宾塞（Spencer）、培根（Bacon）、莫尔（Moore）、伊拉斯谟（Erasmus）、鲍尔（Bauer）、牛顿（Newton）、伽利略（Galileo）。除了收录那个时期大量的文学资料以外，该数据库还包括许多历史资料，例如：皇家条例及布告、军事、宗教和其他公共文件；年鉴、练习曲、年历、大幅印刷品、经书、单行本、公告及其他的原始资料。该数据库覆盖从历史、英语文学、宗教到音乐、美术、物理学、妇女问题研究等诸多领域，它的深度和广度为各学科领域的研究提供了广泛的基础。

3. Eighteenth Century Collections Online（ECCO，18 世纪作品在线）

这是 Thomson Gale 的重要在线数据库，收录了 1700 年—1799 年之间所有在英国出版的图书和所有在美国和英联邦出版的非英文书籍，共约 13.8 万种 15 万卷，内容超过 3 千万页。该数据库涵盖历史、地理、法律、文学、语言、参考书、宗教哲学、社会科学及艺术、科学技术及医学等多个领域，可进行全文检索。

4. "阿拉伯语电子书"（Kotobarabia Arabic E – Library）

这是迄今为止全球最大的专业阿拉伯语电子资源出版商与提供商之一。作为全球第一个阿拉伯语电子资源，收录了约 7000 种阿拉伯语电子图书，并且书目数量仍在不断增加。

"阿拉伯语电子书"包括两个专辑：《现代埃及典藏》与《现代阿拉伯文艺复兴》。所收录的内容绝大部分为阿拉伯语，还可通过阿拉伯语软键盘输入阿拉伯语，将经典的与现代的阿拉伯语著作完美地展现在读者面前。其中超过 80% 的图书是难以订到的，甚至是珍稀的印本。

电子书内容涵盖了所有类型的文学作品，如禁忌文学、小说、散文、学术著作与大众文学，并分为以下主题领域进行检索：商业管理、政治、文学、健康、媒体、心理学、眷本、科学、社会学、哲学、经济学、哲学与神学、历史、艺术、家政学、法律、伊斯兰遗产、语言、学习与教育、文明社会、技术与信息、报纸与杂志、文化、剧院、伊斯兰教、图书馆、基督教、热点问题、趣闻、地理学与地质学等。

5. MOMW

GALE 公司的 MOMW（近代经济全文数据库，又称为现代经济之路）电子图书，英文全称为"The Making of the Modern World"，收录了 Goldsmiths'-Kress 经济文学图书馆 1450 年—1850 年间经济与商业类出版物 61000 种，全文超过 1200 万页。涵盖了商业、金融、社会环境、政治、贸易和运输等领域。

6. MOML

GALE 公司的 MOML（近代法律全文数据库，又称现代法律之路）电子图书，英文全称"Making of Modern Law"，包含了自 1800 年后在英国及美国出版的所有法律类图书共 2 万 2 千种，超过一千零六十万页。此数据库共包含 99 个法律领域，涉及了英、美法律体系的所有方面，是研究国内及国际法律、法律史、商业及经济、政治及政府、国家安全、犯罪学、宗教、教育、劳动及社会福利、军事审判等领域的重要工具。

目前，资源的类型越来越多，像 EBSCO 这样的文献资源平台、Project MUSE 数据库、剑桥大学出版社等都在自己的检索平台上同时推出电子版图书检索与利用，各大图书馆也根据自己的读者需求特点采购了不同的电子图书数据库，在传媒大学图书馆主页上，读者可以使用美星外文数字图书馆、超星读秀来查找和阅读一部分外文电子书。

3.3　期刊论文的查找利用

期刊论文出版周期短、更新快，能够比较及时地反映最新学术成果、学科发展动态、阅读最新文学作品、看到最新时尚信息，所以一直是读者学习生活中查找文献的首选资源。目前，图书馆用户在查找期刊论文的过程中，除了少量时间用于进馆翻阅新刊资料，了解最新科研动态和学术发展，或者进行休闲阅读，大部分用户，特别是年轻的大学生群体，首先会利用网络资源和数字图书馆中的期刊数据库。

所谓电子期刊，就是将印刷版期刊扫描或者直接用数字化出版等形式将文献直接发表在互联网或被收录到商业数据库中，从而形成的电子资源载体。除了具有传统期刊所具有的那些优点，电子版期刊同时还具有便于检索、便于存储、能够在相关文献之间建立链接、方便传递、出版更加快捷等诸多优点。本节主要介绍数据库资源之中的期刊数据库。

说到期刊数据库，最早发展起来的是索引文摘型数据库，如化学文摘、科学文摘、生物学文摘、工程索引四大数据库，至今依然是各自相关领域中最重要的信息源。我们常用的全国报刊索引数据库是查找国内报刊信息的重要数据源。

目前，期刊领域的全文数据库资源非常丰富，用户越来越习惯于使用全文数据库进行检索，并一站式获取全文。常用的国内期刊全文数据库有清华同方知网数据库（CNKI）、重庆维普中国科技期刊数据库（Vip）、人大复印报刊资料数据库、万方数字化期刊、新华社数据库、社会科学引文数据库、大成老旧期刊、民国时期期刊等。

国外的全文期刊数据库有很多规模较大、知名度较高的平台，常用的有 EBSCO、WOK、ProQuest、EV2、Emerald、Elsevier 等，每个平台都可以集成大量的各种类型数据库。另外，常用的重要资源有 Project MUSE、SAGE、CSA、NSTL、JCR、DII、IEEE、Wiley InterScience、Kluwer Online、SpringerLink 等，它们大都具有收录内容综合（包含多个学科）、回溯性好、检索性能佳、界面友好等优点，同时具有个性化定制、读者培训甚至界面翻译等功能，是可以高效获取期刊信息资源的检索系统。

3.3.1　中文期刊的查询

1. 中文社会科学引文索引（Chinese Social Sciences Citation Index）

中文社会科学引文索引（Chinese Social Sciences Citation Index）是由南京大学中国社会科学研究评价中心开发研制的引文数据库，用来检索中文人文社会科学领域的论文收录和被引用情况，目前该库是国内人文社科领域科研成果的评价工具之一。

CSSCI 遵循文献计量学规律，采取定量与定性相结合的方法从全国 2700 余种中文人文社会科学学术性期刊中精选出学术性强、编辑规范的期刊作为来源期刊。目前收录包括法学、管理学、经济学、历史学、政治学等在内的25大类的500多种学术期刊。

目前，利用CSSCI可以检索到所有CSSCI来源刊的收录（来源文献）和被引情况。来源文献检索提供多个检索入口，包括篇名、作者、作者所在地区机构、刊名、关键词、文献分类号、学科类别、学位类别、基金类别及项目、期刊年代卷期等。被引文献的检索提供的检索入口包括被引文献、作者、篇名、刊名、出版年代、被引文献细节等。其中，多个检索口可以按需进行优化检索：精确检索、模糊检索、逻辑检索、二次检索等。检索结果按不同检索途径进行发文信息或被引信息分析统计，并支持文本信息下载。

2. 全文期刊数据库检索系统

1）中国学术期刊网络出版总库

中国学术期刊网络出版总库是中国知网（CNKI）的产品之一。CNKI是国家知识基础设施（National Knowledge Infrastructure，CNKI）概念的简称，由世界银行于1998年提出。CNKI工程是以实现全社会知识资源传播共享与增值利用为目标的信息化建设项目，由清华大学、清华同方发起，始建于1999年6月。经过多年努力，采用自主开发并具有国际领先水平的数字图书馆技术，CNKI建成了世界上全文信息量规模最大的"CNKI数字图书馆"，并正式启动建设《中国知识资源总库》及CNKI网格资源共享平台，通过产业化运作，为全社会知识资源高效共享提供最丰富的知识信息资源和最有效的知识传播与数字化学习平台。

CNKI数字图书馆的检索新平台2007年推出后，一直处于搜集反馈、改进的状态，后经多次修改后最终完全替代了老平台为读者提供服务，见图3－19。CNKI数字图书馆新平台的优势：产品展示更加细化，产品形式更加丰富，囊括了中外文的多类资源；检索界面步骤更加清晰、形式更加多样、功能更加强大；检索结果的整理更加方便，等等。同时，用户对于新平台也存在不少的意见，比如：页面复杂，视觉混乱；检索页面过为详细，初用者

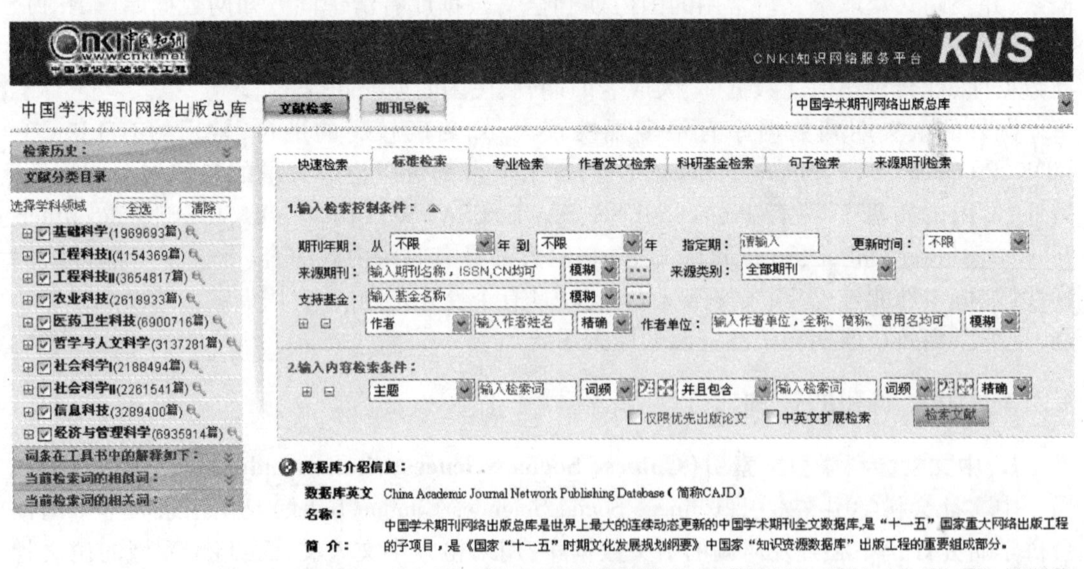

图3－19 中国知网主页

很难适应;后台管理工作量庞大,如果想构建出适合学校的合理而高效的机构图书馆,图书馆的老师需要付出相当大的时间和精力;功能测试不够充分,自从推出就暴露很多细节问题,明显后期测试工作不细致、不全面,似乎有依靠用户测试的嫌疑,等等。由于多方面原因,时至今日,CNKI 数字图书馆旧平台依旧未能完全退出历史舞台,但无论如何新平台的更换是趋势,是必然。

中国学术期刊网络出版总库是 CNKI 数字图书馆的期刊资源库,这是目前世界上最大的连续动态更新的中国期刊全文数据库。它的内容来源于中国国内 7700 种综合期刊与专业特色期刊的全文,以学术、技术、政策指导、高等科普及教育类期刊为主,内容覆盖自然科学、工程技术、农业、哲学、医学、人文社会科学等各个领域。至 2012 年 10 月止,收录了 1994 年至今的期刊全文文献总量 3500 多万篇。

中国学术期刊网络出版总库平台提供快速检索、标准检索、专业检索、作者发文检索、科研基金检索等多种检索方式,其中以标准检索最为常用,读者可以通过限定期刊年期、期刊名称、作者姓名和篇名、主题词等完成自己的检索需求。在检索页面右上角提供了“中国学术期刊网络出版总库”,平台为读者提供了转向平台内其他资源或总库检索平台的便捷方式,以实现平台内各资源间的切换。另外,平台上还提供期刊导航的功能按钮“期刊导航”,可以为读者提供以期刊为单位的资源浏览。

中国学术期刊网络出版总库平台为文献提供了三种查阅途径:①文献的知网节页面(即文献的详细信息页面)提供的 CAJ 下载功能,利用此功能获得的文献只能用 CNKI 专用的阅读器 CAJViewer 打开。②文献的知网节页面(即文献的详细信息页面)提供的 PDF 下载功能,利用此功能获得的是 PDF 文件格式的通用文档,所有能阅读 PDF 文档的阅读器均可以打开。③在检索结果列表的最左侧“序号”一栏中(图 3-20),每一个序号左侧都有一个“🖫”图标,点击后可以完成该文献的下载功能,下载下来的文献格式不统一,但基本上都是只能用 CAJViewer 阅读器打开的文档。

找到 6,154 条结果 共308页　　123456789后页　　全选　清除　存盘　定制

序号	篇名	作者	刊名	年/期	被引频次	下载频次
🖫 ☐ 1	浅谈广播电视新闻编辑技巧 *优先出版*	闫慧琳	今日财富(金融发展与监管)	/		5
🖫 ☐ 2	电视新闻即兴评论的思维特征 *优先出版*	任 炜	新闻爱好者	2011/21		4
🖫 ☐ 3	视听语言在电视新闻故事化表达中的应用 *优先出版*	孙笑非	新闻爱好者	2011/21		22
🖫 ☐ 4	浅谈电视新闻节目的人文关怀 *优先出版*	牛娜	新闻爱好者	2011/21		5

图 3-20　中国知网检索结果页面

中国学术期刊网络出版总库平台为读者提供的检索结果的再整理和分类功能很丰富:①提供了文学分组浏览工资条,“文献分组浏览:学科类别　期刊名称　研究资助基金　研究层次　文献作者　作者单位　中文关键词　发表年度　不分组”可以提供多种分组浏览的方式。②提供了检索结果文献排序浏览方式工作条,“文献排序浏览:发表时间　相关度　被引频次　下载频次”,提供多种排序方式。③提供当前词条在工具书中的解释。④提供当前检索词的相似词信息。⑤提供当前检索词的相关词信息。

中国知网(CNKI)提供专门的阅读器 CAJViewer,目前计算机版本最高可提供 7.2 版本,另外还提供了 iPad、iPhone 和 Android 版供读者下载使用。利用 CAJViewer 阅读器可以查看中国知网提供的各类资源,也可以用于其他 PDF 文档的阅读。

2）万方数据知识服务平台

万方数据知识服务平台是万方数据股份有限公司的产品。万方数据股份有限公司是科技部直属的大型股份制企业,依托中国科技信息研究所,万方数据积累了几十年的馆藏资源,逐渐形成了万方数据的中文科技信息数据库集群。期刊内容是该平台的核心全文内容之一(图 3－21),收录了自 1998 年以来国内出版的各类期刊 7541 余种,其中核心期刊 2941 种,文献总数量近 2 千万篇,每年约增加 280 多万篇。

图 3－21　万方数据期刊首页面

万方数据知识服务平台可以提供四种检索、查看文献的途径:①首页面中的模糊查询。通过此处可以在题名、关键词、摘要等多个字段中检索读者键入的检索词,检索范围广、检索结果全面。②高级检索,见图 3－22。高级检索中包括高级检索、经典检索和专

高级检索　经典检索　专业检索

高级检索

标题中包含：

作者中包含：

刊名：

关键词中包含：

摘要中包含：

全文：

DOI：

发表日期：　－　年

被引用次数：　>=　次

有无全文：　□有全文

排序：　◉相关度优先　○经典论文优先　○最新论文优先

每页显示：　10

检索

图 3－22　万方数据高级检索页面

业检索,其中专业检索需要填入专业的检索词和检索式,普通读者很少使用;高级检索和经典检索中可以同时限定多个检索字段,但是各个字段间的逻辑匹配关系不可选择,默认的就是逻辑与。③检索刊名。可以以期刊为单位进行检索和阅读。④分类浏览。可以根据万方预设的类目进行各个类目下的资源浏览。

万方数据知识服务平台可以提供两种文献利用方式:①查看全文,点击此功能后即可调用万方专用阅读器 Adobe 的网络阅读功能进行全文的查看,计算机如果没有安装 Adobe 则不能使用该功能。②下载全文,通过此功能可以把文献下载到本地,文档均为 PDF 格式,只要支持 PDF 文档的阅读器均可阅读万方资源,并不强制使用万方的 Adobe 阅读器,这一点对于读者来讲非常方便。

万方数据知识服务平台对于检索结果的分类和整理做了一定的设置,比如:可以按照学科分类、年份、期刊等分类浏览检索结果中的内容,可以提供相关度优先、新论文优先、经典论文优先等多种排序方式将检索结果进行排序,可以标注出文献的库内被引用次数,等等。

万方数据知识服务平台提供专门的阅读器 Adobe,使用“在线浏览”功能时必须使用此阅读器,下载后的 PDF 文档可以使用任何支持 PDF 格式的阅读器阅读。

3）人大复印报刊资料数据库

人大报刊复印资料数据库是中国人民大学书报资料中心编辑,从全国三千多种报刊上精选出政治学与社会学类、法律类、哲学类、文学与艺术类、教育类、经济学与经济管理类、历史类、文化信息传播类的文献全文,按专题分类编辑,囊括了 1995 年以来印刷本《复印报刊资料》百余种专题刊物的全部原文。文献归为教育、文史、经济、政治四大类,每类按年度(最近一年按季度)编排,截止到 2013 年 12 月 31 日,全文文献累计达 50 多万篇,每年以约 2.5 万篇全文的速度递增,见图 3－23。

图 3－23　人大复印报刊资料主页

人大复印报刊资料数据库全文期刊资源可以提供四种检索途径(图 3 - 24):①全文文献检索。可以在题名、作者姓名、关键词、摘要、全文等全部检索字段进行全方位检索,检索范围广、检索结果全。②高级查询。读者可以同时限定多个检索字段,并可以通过逻辑运算符进行组配,以实现比较复杂的检索需求。③分类导航。可以按照预设的类目分类浏览资源。④期刊导航。读者可以以期刊为单位进行检索和浏览。

图 3 - 24 人大复印报刊资料检索页面

人大复印报刊资料数据库全文浏览方式很简单,直接在网页上加以展示,允许复制,无需阅读器。

4) 晚清期刊全文数据库

晚清期刊全文数据库是《全国报刊索引》编辑部开发的数据库产品,《全国报刊索引》编辑部、上海图情信息有限公司隶属于上海图书馆上海科学技术情报研究所,它依托于上海图书馆上海科学技术情报研究所丰富的资源平台,拥有一批经验丰富的图情专家、数据库专家和庞大的专业编辑队伍,先后推出了一系列的数据库产品,晚清期刊全文数据库就是其中之一,见图 3 - 25。该库收录了 1833 年—1910 年间 300 余种期刊,几乎囊括了当

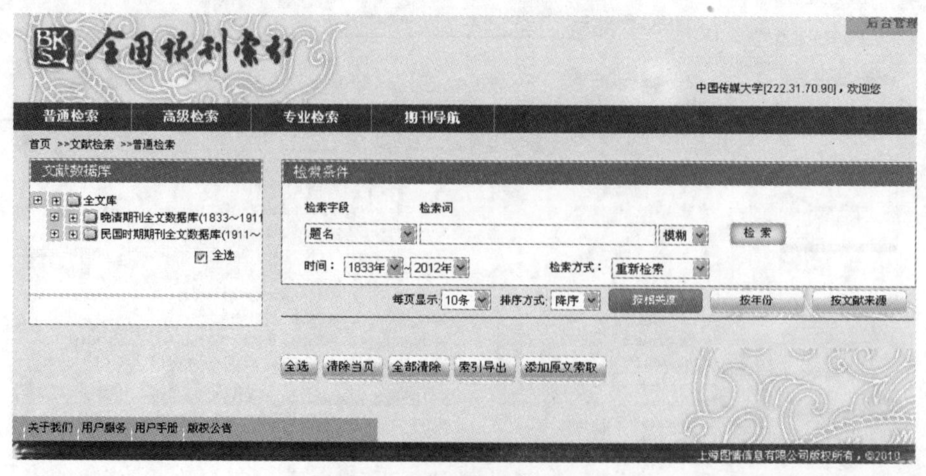

图 3 - 25 晚清期刊全文数据库

时出版的所有期刊,拥有众多"期刊之最",用户可从标题、作者、刊名等途径对27万余篇文章进行检索并浏览、下载全文。晚清期刊反映了中国从封建社会向现代社会转变的特殊历史时期的政治、经济、军事、外交、教育、文化、科技、宗教等各方面的内容,不少期刊中表达了不同乃至互相对立的观点立场,客观反映了这一历史时期的真实面目,具有相当高的研究利用价值。晚清期刊是中国社会发展过程中的一个重要历史记录,是珍贵的文化遗产之一。

晚清期刊全文数据库提供了以下检索方式(图3-26):①普通检索。读者可以在选择时间段的同时,在预设的检索字段中任选一个加以限制,完成相对简单的检索需求。②高级检索(3-26)。读者可以在选择时间段的同时限定三个预设的检索字段,并选择合适的逻辑运算符加以匹配,以完成相对复杂的检索需求。③专业检索。需要读者填写专业检索式,普通读者很少使用。④期刊导航。读者在此模块中可以以刊为单位进行浏览和检索,比如:可以按照预设类目进行浏览,可以按照期刊首字母进行导航,可以输入刊名、创刊年、主办单位等信息进行期刊检索,等等。

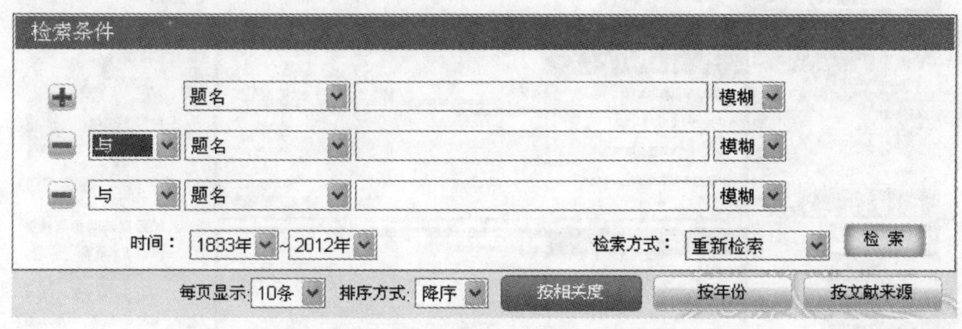

图3-26　晚清期刊全文数据库检索页面

晚清期刊全文数据库中所有文献均以PDF格式呈现全文,读者可以下载,使用任何支持PDF格式文档的阅读器都可以阅读,非常方便。

5) 民国时期期刊全文数据库

民国时期期刊全文数据库与晚清期刊全文数据库一样,都是《全国报刊索引》编辑部开发的数据库产品,展现平台和使用方法一致,在此不做赘述,仅对民国时期期刊全文数据库的内容做一介绍。

《民国时期期刊全文数据库(1911—1949)》计划收录民国时期(1911—1949)出版的两万余种期刊,1500余万篇文献,内容集中反映这一时期的政治、军事、外交、经济、教育、思想文化、宗教等各方面的情况。作为历史档案的重要组成部分,《民国时期期刊全文数据库》具有极为重要的学术价值和史料价值,它丰富了报刊数字资源,更方便了广大读者用户进行关于民国时期历史的学术研究。

《全国报刊索引》编辑部针对民国时期期刊全文数据库的内容将采取分批出版方式,逐步推出各辑产品,2011年首批推出三辑,每辑收录一千余种期刊,共计240多万篇全文。2012年,编辑部推出该产品的第四辑,其中包含2000余种期刊的80余万篇全文资源。至此，民国时期期刊全文数据库共累计收录了 5600 种期刊的 324 万余篇全文资源。

6）其他

除了上述的大型、专业、知名的提供期刊论文的数据库产品外，还有一些小的专题数据库中也可以提供部分期刊论文的查找和阅读功能。

（1）人民数据——是由人民日报社网络中心和金报电子出版中心自主研发的大型党政信息数据库，见图 3－27。数据库可以提供全面、及时的国内外形势政策、党和国家方针路线等相关信息，是读者学习、研究政法、社科等领域知识的重要素材。其中，数据库可以提供人民日报社原创报刊的电子版，读者在此可以查找、阅读中国经济周刊、新闻战线、人民论坛、讽刺与幽默等人民日报社原创期刊的电子版，内容一般都回溯到 2001 年左右。

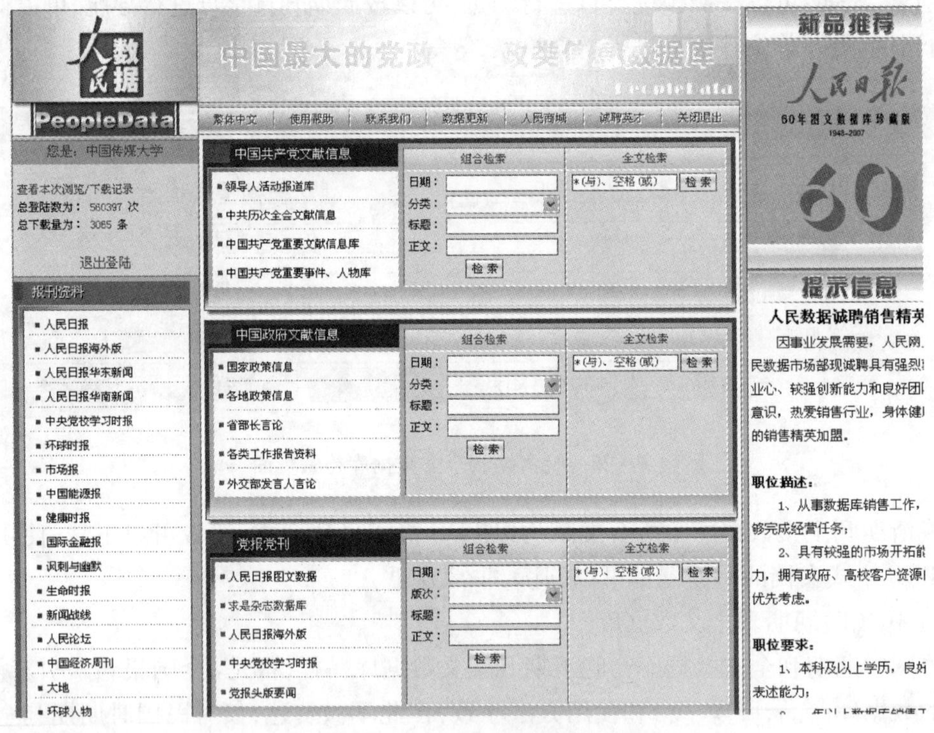

图 3－27　人民数据主页面

（2）新华社多媒体数据库高教版——是新华社依托于自己的文字、图片、图表、视音频等多媒体资源为高校专门定制形成的专题信息库，可以第一时间体现新华社发布的各类新闻、信息，另外，还汇集了大量的海内外媒体数据资源和新华社深加工后形成的诸多特色鲜明的新闻信息产品，为读者提供了最新、权威、全面的新闻信息资源，见图 3－28。其中，数据库提供新华社原创报刊的电子版，读者在此可以查找、阅读了望、半月谈、参考消息等期刊的电子版，但报刊内容回溯年限不一，最早回溯到 2003 年左右，有的仅能看近一个月的回溯内容。

图3-28　新华社多媒体数据库页面

3.3.2　外文期刊的查询

1. 引文索引系统

引文索引检索系统是期刊论文检索时有特色的检索系统，最有知名度的三个外文引文检索系统是科学引文索引、社会科学引文索引、艺术与人文科学引文索引。

1）科学引文索引（Science Citation Index，SCI）

SCI创刊于1963年，是由美国人E·加菲尔德创立的美国科学情报研究所（Institute for Scientific Information，ISI）编辑出版的。是一种国际性的、多学科的综合性索引，是全球学术界公认的最权威的科技文献检索工具。

SCI从来源期刊数量可分为SCI和SCI－E。SCI是指来源期刊为3500种左右的SCI印刷版和SCI光盘版。SCI－E的全称是SCI－Expanded，是SCI的扩展库，涵盖150个学科的7100多种主要期刊。主要涉及农业、生物及环境科学；工程技术及应用科学；医学与生命科学；物理学及化学；行为科学等领域。

SCI－E汇集了全球各个学科领域中最重要、最具影响的学术刊物，以确保为科研人员提供最可信赖的高质量的信息。它的功能包括以下几点。

（1）提供完整的索引、全面的书目记录、详细的作者地址、可检索的作者摘要；
（2）独特的引文索引与被引文献检索；
（3）定制引文跟踪服务；
（4）分析检索结果；
（5）独特的被引文献检索；
（6）化学结构检索；
（7）扩展主题词；
（8）组合不同的检索方式；
（9）提供了各种与文献内容相关的连接；

(10) 与 EndNote Web 整合。

2) 社会科学引文索引(Social Sciences Citation Index,SSCI)

SSCI 是一个覆盖了社会科学范围的多学科综合数据库,共收录了 1700 种社会科学领域的权威学术期刊,覆盖了 56 个学科领域,具体包括社会科学、行为科学、人类学、考古学、商业、财政、经济、教育、地理、历史、图书馆学与情报学、法律、语言、政治、行销、统计、都市发展等,还兼录了 3300 种与社会科学有关的自然科学期刊。SSCI 收录的期刊来自 52 个国家和地区,其强大的分析功能,能够在快速锁定高影响力论文、发现国内外同行权威所关注的研究方向、揭示课题的发展趋势、选择合适的期刊进行投稿等方面帮助研究人员更好地把握相关课题,寻求研究的突破与创新点。SSCI 收录数据起始于 1956 年,每年有超过 70 万条的数据新增。

3) 艺术与人文科学引文索引(Arts & Humanities Citation Index,A&HCI)

1978 年,引文索引应用于艺术与人文科学领域,出版了 A&HCI。数据最早回溯到 1975 年。它的收录范围包括 25 个学科的 1100 多种期刊,还包括 ISI 各个数据库中有关艺术与人文科学方面的其他 7000 种期刊中的内容,内容涉及各个艺术领域。所涵盖的学科有:视觉、音乐、表演、文学、工艺、历史、宗教、考古、建筑、艺术、亚洲研究、古典著作、舞蹈、电影、历史、人文、语言学、哲学、广播电视、戏剧等。可按被引作者、被引文献等途径进行检索,每年新增 10 万条新记录。

4) Journal Citation Report(JCR)

JCR - S,中文名期刊引文分析报告,依据来自 Web of Science (Science Citation Index Expanded 和 Social Sciences Citation Index)中的数据,提供可靠的统计分析方法,对全球学术期刊进行客观、系统的评估,是一个独特的多学科期刊评价工具。JCR 是唯一提供基于引文数据统计信息的期刊评价资源,可以显示出施引和被引期刊之间的相互关系。JCR 中所包含的各种计量指标,为评价学科领域中期刊的相对影响力提供了一套系统、客观的方法。

JCR 分为两个版本。

① JCR Science Edition——提供 SCIE 中所收录的 174 个学科领域,共 8073 种期刊的引文分析信息;

② JCR Social Sciences Edition——提供 SSCI 中所收录的 56 个学科领域,共 2731 种期刊的引文分析信息。

JCR 提供以下的期刊统计数据:引文和论文数、影响因子、立即指数、被引半衰期、施引半衰期(这四个期刊分析指标尤其重要)、施引期刊列表、被引期刊列表、学科领域、出版社信息、期刊题名变化等。

注:JCR 提供自 1997 年以来的期刊引文统计分析数据,并且只有在 Web of Science 收录达 3 年的期刊才会有影响因子。)

2. 二次文献数据库

1) 工程索引(Engineering Index,Ei)Village 2 平台

Ei 公司始建于 1884 年,作为世界领先的应用科学和工程学在线信息服务提供者,一直致力于为科学研究者和工程技术人员提供专业化、实用化的在线数据信息服务。

1995 年以来 Ei 公司开发了称为“Village”的一系列产品,Engineering Village 2 就是其

中的主要产品之一，该平台除了能检索 Compendex（Ei 网络版）外，还能检索 INSPEC 和 NTIS 等数据库。

Ei 是目前全球最全面的工程领域二次文献数据库，囊括世界范围内工程的各个分支学科。侧重提供应用科学和工程领域的文摘索引信息，涉及核技术、生物工程、交通运输、化学和工艺工程、照明和光学技术、农业工程和食品技术、计算机和数据处理、应用物理、电子和通信、控制工程、土木工程、机械工程、材料工程、石油、宇航、汽车工程以及这些领域的子学科。

Ei 的数据来源于 5100 种工程类期刊、会议论文集和技术报告，含 700 多万条记录。90 年代后，Ei 在原来 2600 种的基础上又新增了 2500 种文献来源，每年大约增加文献 23 万篇。可在网上检索到 1884 年至今的文献。该数据库对检索全世界范围内工程与技术文献，跟踪与评价技术新成果非常有用。

2）INSPEC

INSPEC 的英文全称为 Information Service in Physics、Electro – Technology、Computer and Control，即英国物理、电子电气、计算机与控制及信息科学文摘。其前身为英国《科学文摘》（Science Abstracts，SA），学科范围包括四大学科即物理、电子电气、计算机与控制、信息科学。

该数据库收录了 3400 多种系列出版物、2000 多个会议录以及许多书籍、报告和学位论文等，目前包括 780 万条文献记录，每年增加 45 万条记录。

3）BP（印刷版简称 BA）

BIOSIS Previews，简称 BP，包括《生物学文摘》（Biological Abstracts）、《生物学文摘/综述、报告和会议》（Biological Abstracts/RRM），以及生物研究索引《BioResearch Index》的内容，覆盖了来自 90 多个国家和地区的 5500 多种生命科学方面的期刊和 1500 多个国际会议、综述文章、书籍、专利信息，以及来自生物文摘和生物文摘评论的独特的参考文献，其中大约 2100 种生物学和生命科学的出版物是完全收录的，另外 3000 种出版物经 BIOSIS 的专家审阅后只收录其中有关生命科学的内容。

BIOSIS Previews 覆盖所有生命科学的领域，包括生物学、生物化学、生物工程学、植物学、临床和实验医学、药理学、动物学、农学和兽医学。信息量和学科范围均远远大于 BA 数据库。

4）化学文摘（Chemical Abstracts，CA）

SciFinder Scholar 是美国化学学会（ACS）旗下的化学文摘服务社 CAS（Chemical Abstract Service）所出版的化学资料电子数据库学术版。它是全世界最大、最全面的化学和科学信息数据库，也是化学和生命科学研究领域中不可或缺的参考和研究工具。网络版化学文摘 SciFinder Scholar，更整合了 Medline 医学数据库、欧洲和美国等 30 几家专利机构的全文专利资料，以及化学文摘 1907 年至今的所有期刊文献和专利摘要，以及四千多万的化学物质记录和 CAS 注册号。

数据库涵盖的学科包括应用化学、化学工程、普通化学、物理、生物学、生命科学、医学、聚合体学、材料学、地质学、食品科学和农学等诸多领域。

SciFinder Scholar 可检索数据库包括：

① CAPLUSSM（>2150 万条参考书目记录，每天更新 3000 条以上，始自 1907 年）。

② CAS REGISTRYSM(>2000 万条物质记录,每天更新约 4000 条,每种化学物质有唯一对应的 CAS 注册号,始自 1957 年)。

③ CASREACT ®(>570 万条反应记录,每周更新约 600 ~ 1300 条,始自 1974 年)。

④ CHEMCATS ®(>390 万条商业化学物质记录,来自 655 家供应商的 766 种目录)。

⑤ CHMLIST ®(>22.7 万种化合物的详细清单,来自 13 个国家和国际性组织)。

⑥ MEDLINE(National Library of Medicine 数据库, >1200 万参考书目记录,来自 3900 多种期刊,始自 1958 年)。

3. 全文期刊数据库检索系统

1) EBSCO 检索平台

(1) ASP。Academic Source Premier(ASP)提供了近 4700 种出版物全文,其中包括 3600 多种同行评审期刊。它为 100 多种期刊提供了可追溯到 1975 年或更早年代的 PDF 回溯资料,并提供了 1000 多个题名的可检索参考文献。

(2) BSP。Business Source Premier(BSP)是行业中使用最多的商业研究数据库,提供 2300 多种期刊的全文,包括 1100 多种同行评审标题的全文。此数据库提供的全文可追溯至 1886 年,可搜索引文参考可追溯至 1998 年。Business Source Premier 相比同等数据库的优势在于它对所有商业学科(包括市场营销、管理、MIS、POM、会计、金融和经济)都进行了全文收录。

(3) CMMC。Communication & Mass Media Complete(CMMC)提供针对通信和大众传媒领域的高质量综合型研究方案,整合了 CommSearch(原由 National Communication Association 制作)和 Mass Media Articles Index(原由 Penn State 制作)的内容,收录众多通信、大众传媒及其他相关领域的期刊,是涵盖全部通信学科的研究与参考资源,内容的深度和广度远优于其他资料库。CMMC 收录了 550 多种期刊的完整(“核心”)索引和摘要,以及近 200 篇精选(“重点”)的专题报导,组成 737 个主题。此外,该数据库还收录了 440 多种期刊的全文。

在 EBSCO 检索平台,用户可以使用统一的检索界面进行多库检索,有基本检索、高级检索、视觉搜索、检索历史记录等多个检索选项。图 3-29 即为其高级检索界面,其中可以选择的字段包括全文、著者、题名、主题词、出处、文摘、ISSN 号等。

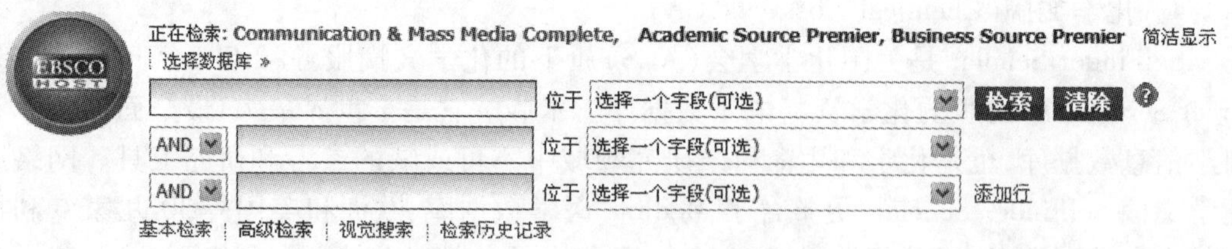

图 3-29 EBSCO 数据库高级检索界面

检索选项也有很多选择,包括布尔运算、智能文本检索、相关检索等功能都能实现。

而在检索结果的限制上,可以选择全文文献、同行评审期刊、有参考文献等。

各库还会有自己独特的限制条件,CMMC 的特殊限制条件包括出版物类型限制、语言限制、文献类型限制,ASP 还可以限制全文文件为 PDF。

其中,比较特殊的是 BSP 数据库,除了可以限制出版物类型和文献类型,还可以对公司/实体、股票代码、行业代码、文章内容等进行限制,凸显了其作为商业金融信息数据库的特殊作用。

在检索界面,用户还可以选择数据库提供的词表来确定检索词,包括 ASP 的主题词表、商业文献叙词表和传媒专业叙词表。同时还可以选择出版物进行浏览,界面上提供了每个数据库的出版物列表,可以按照字顺进行电子期刊的浏览,需要长期使用的出版物则可以进行 RSS 定制或者创建个人快讯,通过电子邮件也可以实现信息的自动推送。

2) IIPA(PROQUEST 系统的国际表演艺术期刊数据库)

IIPA Full Text (International Index of Performing Arts,国际表演艺术期刊全文数据库)是关于表演艺术的资源之一,有 35 万篇左右的记录。

主题涉及舞蹈、电影、戏剧、电视、娱乐行业、舞台表演、魔术、音乐剧等。IIPA 收录 230 多种国际期刊的索引和文摘,其中 62 种期刊有全文提供。有全文的期刊举例如下:Cinema Journal、Film History、Journal of Popular Film and Television、Opera Quarterly and Theatre Journal。

IIPA Full Text 更新周期为月更新。除了增加记录内容,所提供的检索功能也在不断完善。

IIPA 检索模式包括基本检索、高级检索,还可以进行出版物浏览。

以高级检索的界面(图 3-30)为例,目前已经将检索界面基本汉化,比如字段名称,全文、文档标题、文档全文、摘要、主题词、作者、出版物名称等常见检索字段都可以使用。限定条件可以限制全文文献和同行评审文献。可以限定检索文献的日期范围。

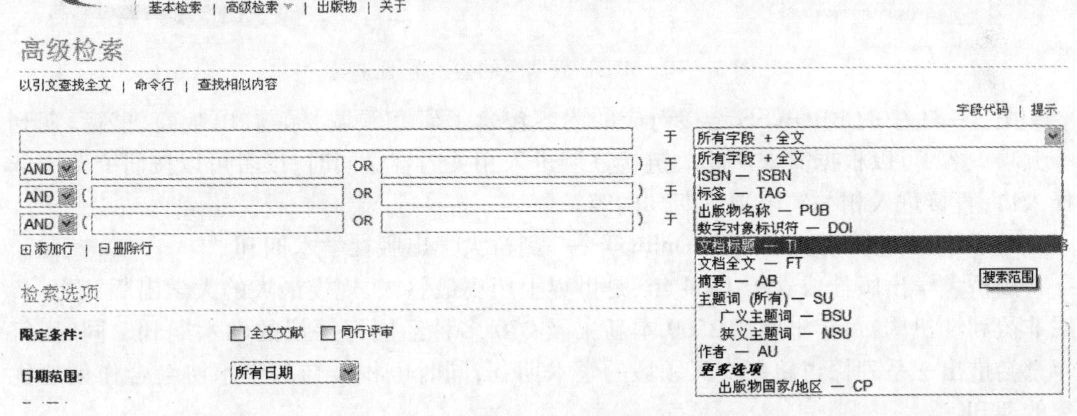

图 3-30 IIPA 数据库的高级检索界面及其字段选项

可以对文献类型限制为书评、评论文章、视频评论等。文档特征选项包括动画、图表、图解、图形、插图、地图、乐谱、照片、参考文献、表格等。语言在常见语言英语之外,还包括丹麦语、德语、俄语、法语、瑞典语等很多小语种出版物,适合我校相关小语种专业读者的需求。

3) MUSE

Project MUSE 始于 1995 年,是 Johns Hopkins 大学出版社与其 Milton S. Eisenhower 图

书馆合作开发的高品质人文社科学术期刊集成项目。目前收录127家出版社的482种期刊共计20多万篇文章。最早回溯至1993年,部分期刊直接链接到JSTOR,可查到1993年之前的期刊全文。

MUSE是一个非盈利项目,其宗旨在于传播高质量的艺术、人文与社会科学领域学术知识。其主要学科领域有:区域/国家研究、哲学、政治与政策研究、历史、国际关系、科学、社会学、心理学、宗教、人类学、音乐、艺术、西方古典文化、经济、教育、电影戏剧与表演艺术、语言学、法律、文学、图书馆学与出版、医学与健康、数学等。

MUSE项目对期刊严格臻选,所收录的期刊必须是同行评审期刊,是由非盈利性或学协会出版社出版。此外,还会考虑其在学科领域的排名、影响因子与图书馆员建议等。其期刊文献的被引用频率很高,并被多个广泛使用的数据库平台索引,从而提高了期刊的使用率。

数据库提供全文文献、评论(书籍、表演、艺术、音乐等)、小说与诗歌、可缩放的图表与照片,大部分文献可同时提供HTML与PDF两种全文格式。在期刊目录与检索结果页提供美国国会图书馆标题表(Library of Congress Subject Headings),让使用者在检索时,可利用这项信息快速地辨别文献主题。

在MUSE的首页,可以进行按期刊名称浏览、按主题浏览和期刊检索。

图3-31为MUSE的简单检索对话框,其检索选项可以将检索范围限制在仅在期刊、仅在图书、同时在书刊范围内三种方式。

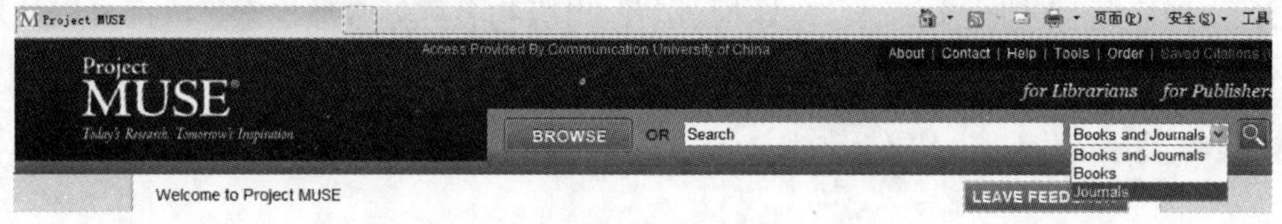

图3-31 MUSE数据库的检索范围选项

图3-31中的BROWSE链接对应的内容包含了研究领域、标题、出版商、书籍、期刊等五项内容,可以根据需求从相关链接逐层进入相关内容。同时,读者可以按研究范围选择入口,直接进入相关领域浏览期刊内容。

4) CJO(Cambridge Journals Online)——剑桥大学出版社学术期刊

剑桥大学出版社成立于1534年,是世界上历史最悠久、规模最大的大学出版社之一,属非盈利性机构,每年出版约2500本新书及270多种经同行评议的学术期刊。同时,每年都会推出一系列探讨新兴交叉领域的学术期刊,同时也积极与各学术协会合作创建优秀的期刊。

剑桥大学出版社共出版260多种学术期刊,涉及科技、人文、医学、工程等各个领域。各领域具体情况如下。

(1) 科学技术类。有学术期刊100种,其中有78种被SCI收录,比例为78%。学科涵盖物理学、材料学、生命科学、数学、计算机科学、地球与大气科学、农学、天文学、心理学等。其中以力学、数学、材料学、环境与保护生物学、农业、神经学与心理学等学科见长。Behavioral & Brain Sciences和Microscopy and Microanalysis是所在学科排名第一的期刊,Journal of Fluid Mechanics一直是流体力学方面的旗舰刊;此外Laser and Particle Beams,

Quarterly Reviews of Biophysics, MRS Bulletin 等刊也都是所在学科的翘楚，具有极高的学术水平和收藏价值。

(2) 人文社科类。总计期刊165种，其中有103种被SSCI或AHCI收录，比例为63%。学科涵盖人文社会科学的方方面面，其中以地域研究、语言学、政治学、经济学、法律、历史等学科见长。American Political Science Review、International Organization 和 China Quarterly 都曾是所在学科排名第一的期刊；Studies in Second Language、English Today 等都是在中国最受欢迎的期刊，是很多综合性大学外语教学和研究的必备之选；World Trade Review 等刊与国际著名机构合作的刊物也深受国内学者的青睐。

(3) 医学类。总计有48种医学期刊，其中29种被SCI收录，占总数的61%。其中神经学和营养学非常出色，包括 International Journal of Neuropsychopharmacology, Psychological Medicine 以及 Proceedings of the Nutrition Society 等，这些期刊在国内长期以来都是医学研究者案头必备资料。

(4) 工程技术类。总计有50种工程技术类期刊，其中有39种被SCI收录，占总数的78%。其中有曾在“海运工程”中排名第一的“Journal of Navigation”，和经典的组合数学和计算机类期刊“Combinatorics, Probability and Computing”，以及在机器人领域知名的国际机器人联合会会刊“Robotica”等。这个学科包中的8种被SCI收录的计算机类顶级期刊一直被国内该领域的科学家时刻关注。

剑桥大学出版社的每一份学术期刊的出版都必须经过行业协会的审查，经过剑桥大学学术委员会的认可后方能出版。剑桥大学出版社的学术期刊是与“Cambridge”这个品牌紧密联系在一起的。根据JCR2009，超过1/4的剑桥期刊在学科内排名在前10名，其中许多在前5名。

根据JCR2009，剑桥人文社科类期刊去年的影响因子增长了18%，而同期SSCI收录刊的平均增长率为4.3%；剑桥科技和医学类期刊的影响因子也达到了10%，而同期SCI收录刊的影响因子平均增长率仅为2.8%。剑桥行为心理学领域的旗舰刊 Behavioral and Brain Sciences，影响因子连年快速增长，目前已达到19.045，连续多年排名学科第一。

在CJO数据库首页，我们可以在书刊内容范围内进行简单检索（图3-32）。也可以打开高级检索界面（图3-33），通过字段限制和检索词逻辑组配，以及时间限制等进行更精确的检索。可以使用的字段包括：题名、全文、文摘、关键词、机构、著者、ISBN号等。

图3-32 CJO简单检索界面

CJO的浏览期刊链接可以按照刊名、主题等选项打开，从而根据具体信息需求选择自己领域的相关期刊并查看全文。

5) IEEE/IEL (IEEE/IET Electronic Library)——电气电子工程师协会和国际工程技术协会

Advanced Search

Enter your search criteria below, using the drop down boxes to define your search or run one of My Saved/Recent Searches. Empty "Search for" fields will not be included in the search. Click here for help.

⊙ Search All Journal and Book Content ○ Search All Journals Only

Search on	Search for	
Anywhere		AND
Full Text		AND
Article or Chapter Title		AND
Author or Editor		AND
Abstract		

☐ Search exact phrase

Search Reset

图 3－33 CJO 高级检索界面

数据库内容包括电气工程、电子信息工程、信息与通信、图像处理、地球信息科学、遥感、微电子、光学、控制学、神经生物学、数字媒体技术、自动化、计算机科学与技术等各个科学和工程领域高质量和权威的期刊、会议记录和标准。期刊超过了 160 种、会议记录超过了 900 条、标准超过了 2000 条；在线全文数超过了 200 万，所有文献能回溯到 1988 年，部分回溯到 1913 年。IEEE 期刊中的绝大部分为 SCI 数据库所收录，很多都是行业领域内的领先期刊。

比如：《IEEE Signal Processing Magazine》在电气电子工程领域期刊影响因子排名第一，《IEEE Journal on Selected Areas in Communication》在无线通信领域期刊影响因子排名第二，《IEEE Robotics & Automation Magazine》是机器人领域影响因子排名第一的期刊。

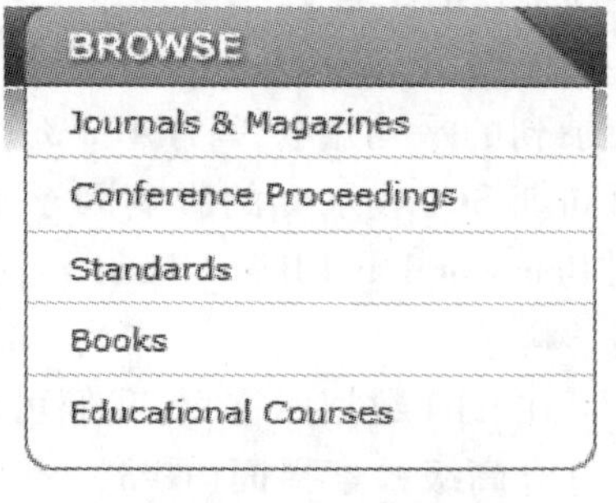

图 3－34 IEEE 浏览选项

在 IEEE 首页（图 3－34），读者可以通过浏览期刊、会议论文、标准等途径进入到相关链接查看全文。

同时，首页也提供了简单检索页面，通过输入简单的检索词，系统具有自动推荐检索词的功能。比如：在检索框中输入一个检索词“cloud”，系统自动给推荐了大量以 cloud 开头的检索词，方便用户参考和选择，特别适合英语非母语的用户使用。

如果使用高级检索界面（图 3－35），将会有更多的检索选项，字段的选择非常多，包括元数据、题名、作者、文摘、索引词、作者机构、INSPEC 受控词表和非受控词表、IEEE 词表、Mesh 词表、标准词表、来源出版物等可供选择。

另外，还可以从定制的内容来源、出版商、出版物类型、主题、出版年等方面进行检索限制，方便好用。在检索结果页面，可以对检索结果按照作者、文献类型、出版年代、机构等进行过滤，从而很容易地找到该领域当中的核心著者和研究机构，发现热点问题和研究区域。

6）荷兰 Kluwer Acdemic Publisher

Kluwer Online 是 Kluwer 出版的 800 余种期刊的网络版，专门基于互联网提供 Kluwer 电子期刊的查询、阅览服务。Kluwer 是具有国际性声誉的学术出版商，它出版的图书、期刊一向品质较高，备受专家和学者的信赖和赞誉。

Kluwer Online 电子期刊，涵盖 20 多个学科专题。其学科分类如下：生物科学（73 种）；医学（71 种）；心理学（57 种）；法律（59 种）；物理学（14 种）；心理学（35 种）；天文学（7 种）；教育（22 种）；地球科学（18 种）；语言学（8 种）；数学（33 种）；社会科学（37 种）；计算机科学（35 种）；商业管理（15 种）；工程（19 种）；管理科学（4 种）；电子工程（13 种）；人类学（5 种）；材料科学（13 种）；人类学（2 种）；环境科学（8 种）；化学（23 种）。

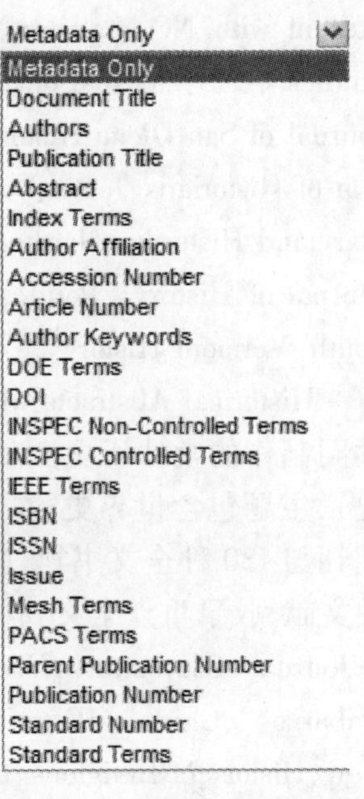

图 3-35 IEEE 可检索字段

7）OECD——经济合作发展组织

这是由 30 个市场经济国家组成的政府间国际经济组织，旨在共同应对全球化带来的经济、社会和政府治理等方面的挑战，并把握全球化带来的机遇。还包括国际能源组织、国际原子能组织、欧洲交通部长会议、发展中心、教育研究和创新和西非发展中国家组织 6 个半自治的代理机构。

（1）期刊。

OECD 期刊集包括 OECD 从 1998 年至今出版的 14 种期刊，按照期刊种类分为期刊、参考类期刊、统计类期刊三大类，涵盖经济、金融、教育、能源、法律、科技等领域。期刊以 HTML 和 PDF 格式提供阅读和下载。

（2）统计数据库。

OECD 有 22 个在线统计数据库，数据不仅来自 OECD 的 30 个成员国，而且也有来自其他非成员国家的数据资料。此外还有国际能源组织的 10 个数据库。

（3）图书及报告。

OECD 已出版书籍、报告 3200 余种，网站提供了从 1998 年以来出版的近 4000 种图书、报告的 PDF 格式在线阅览，而且每年还会增加 200 多种。涵盖以下的领域类别：农业和食品、发展学、教育和技术类、新兴经济形态、就业、能源、环境和可持续发展、财政和投资/保险和社会保障、宏观经济和未来学研究、政府管理、工业、服务业和贸易、OECD 成员国数据统计、核能源、科学和信息技术、转型经济、统计资源和方法、社会问题/移民/卫生健康、税收、交通、城市、乡村及地区发展。

8）America：History &Life with Full Text 数据库

数据库由 ABI－CLI0 与 EBSCO Publishing 共同制作，提供至今关于美国及加拿大的文化及历史主题内容。收录近 200 种全文期刊与 100 种专论书籍。其索引资源收录自 1964 年以来逾 1700 种之期刊文献。

收录重点全文刊物如 Civil War History（from 1955 to present with NO）、The Journal of Military History（from 1939 to present with NO embargo）、Journal of the West（from 1961 to present with NO embargo)、Alabama Heritage、Alaska History、Delaware History、Historical Studies 、ISIS：Journal of the History of Science in Society、Journal of America's Military Past、Journal of San Diego History、Journal of South Texas History 、Journal of the Georgia、Association of Historians、Journal of the North Carolina、Association of Historians、Journal of the West、Maryland Historian、Northeast Folklore、Revue d'histoire de L'Amerique francaise、Sixties：A Journal of History, Politics & Culture、Southern Studies：An Interdisciplinary Journal of the South、Vermont History (Vermont Historical Society)、Western States Jewish History 等。

Historical Abstracts with Full Text 由历史文献出版社 ABC CLIO 与 EBSCO Publishing 共同制作的全球历史文献数据库。范围涵盖 1450 年代至今的世界历史(不包含美加历史),主题包含世界史、军事史、女性史、教育史;数据库之全文出版品收录逾 300 种全文期刊与 130 种全文书籍,收录的期刊索引逾 1800 种,来自 40 种语言自 1955 年以来的相关文献,收录重点全文刊物如 History Today (from 1975 to present with NO embargo) 、Clio：A Journal of Literature, History and the Philosophy of History (from 1971 to present with NO embargo) 、Chinese Historical Review 、Annali di Storia di Firenze、、History of Education Review、History of Religions、History Scotland、International Journal of Korean History、ISIS：Journal of the History of Science in Society、Journal for Eighteenth - Century Studies、Journal of British Studies、Journal of Cyprus Studies、Journal of Historical Biography、Journal of Modern Hellenism、Journal of Modern History、Journal of Near Eastern Studies、Journal of the British、Archaeological Association、Journal of the Royal、Australian Historical Societ、Journal of Turkish Studies、Lagos Historical Review、Lithuanian Historical Studies、Mediterranean Studies、Melbourne Historical Journal、Nuncius：Journal of the History of Science、Osiris、Revista de Historia、Scrinia Slavonica、South African Journal of Economic History、Victorian Review 等。

9) Oxford University Press(OUP)——牛津大学出版社电子期刊

牛津期刊(Oxford Journals)覆盖非常广泛的学术领域,包括生物、医学、化学、心理学、数学、物理、工程、政治、经济、法律、语言、文学、艺术、哲学、社会科学等学科。据 2006 年 JCR 报告统计,在牛津出版的全部 180 余种期刊中,被 SCI / SSCI 收录的期刊有 119 种。其中 SCI 收录 123 种,去重后为 80 种,SSCI 收录 52 种,去重后为 39 种。收录总数超过出版期刊总数的 66%。

牛津期刊包括世界上享有很高盛誉的刊物,其中 Human Reproduction Update、Brain、Human Communication Research、Public Opinion Quarterly 等期刊的影响因子均在相关领域内排名第一。

牛津期刊与 HighWire 出版社签订了协议,所有牛津电子期刊同时也可在 HighWire 平台上使用。用户不仅可在 HighWire 平台上浏览全部牛津电子期刊,还可检索和浏览到 HighWire 上免费资源。

10) 商业信息数据库(ABI/INFORM)

ABI 即为 Abstracts of BusinessInformation 的缩写,世界著名商业及经济管理期刊论文数据库,收录全世界 4057 种商业期刊的文摘/索引,含有国际性商业管理全文期刊 2966 种,有 138 种期刊从第一期开始(某些刊从 1905 年开始出版)。

数据库收录财会、银行、商业、计算机、经济、能源、工程、环境、金融、国际贸易、保险、法律、管理、市场、税收、电信等主题,涉及这些行业的市场、企业文化、企业案例分析、公司新闻和分析、国际贸易与投资、经济状况和预测等方面。

3.4　报纸的阅读与检索

报纸是出版周期最短的连续性出版物,它更新及时、迅速,是获取最新社会新闻、时事动态、法律政策、经济信息、科技发展、文化艺术体育信息等各方面消息的最佳最便捷的途径。报纸作为平面媒体,随着社会的发展而不断的发展、细化,不仅有综合性大报,还有行业性报纸、区域性报纸等各种不同类型的报纸,中国目前有5000多种,它们定位不同,各自服务于自己的目标读者群。对于生活于城市的人群来讲,不论网络和电视传媒如何发达,依然有很多人习惯于通过报纸来了解当日要闻,并可以进行比较深入的阅读,了解自己感兴趣的专题,所以中国的报纸发行量由于人口基数大的先天优势而具有很大的优势。对于广大乡村居民来讲,印刷版的报纸订购还是没有城市那么便捷,但是阅读报纸也存在很大的社会需求,很多人转而通过互联网和电视媒介来了解外部世界,紧跟时代步伐。

实际上,目前有如此众多的报纸实现了电子化,加上集成式报纸数据库作为成熟的产品推向市场,受众阅读和查询报纸内容也越来越方便了。

在国内,人民日报、参考消息、北京青年报、南方都市报、南方周末等很多报纸都有自己的网站,加上大型门户网站新浪、搜狐、腾讯等的转载和更多的其他网站的转载,新闻、消息已经无处不在。在此,我们将重点关注能够为大家提供集成式服务的报纸数据库,让大家体会一站阅读千份报的神奇。

3.4.1　中文报纸的阅读与检索

1. 中国重要报纸全文数据库

中国重要报纸全文数据库与中国学术期刊出版总库一样,都是中国知网的产品,展现平台、使用方法雷同,在此不做赘述,仅对内容进行简单介绍。

中国重要报纸全文数据库,收录2000年以来中国国内重要报纸刊载的学术性、资料性文献动态更新的数据库,其内容来源于国内公开发行的500多种重要报纸。至2012年10月,累积报纸全文文献1000多万篇。

2. 人大复印报刊资料数据库

人大报刊复印资料数据库在期刊资源内容中已经讲过,在此再次提及是为了强调该库中既有期刊资源也有报纸资源。

3. 人民数据数据库

人民数据数据库在期刊资源已经讲过,但在该库中更重要的是报纸资源,见图3-36。数据库中收录了人民日报社原创报纸的电子版,比如:人民日报、环球时报、市场报、国际金融报、中国能源报、健康时报等,其中以人民日报图文全文检索子库最为出色。

人民日报图文全文检索子库收录了人民日报自1946年创报之日起至今的全部内容,平台以浏览为主,也提供多种检索途径:①全文检索。读者可以填入检索词后在标题、内

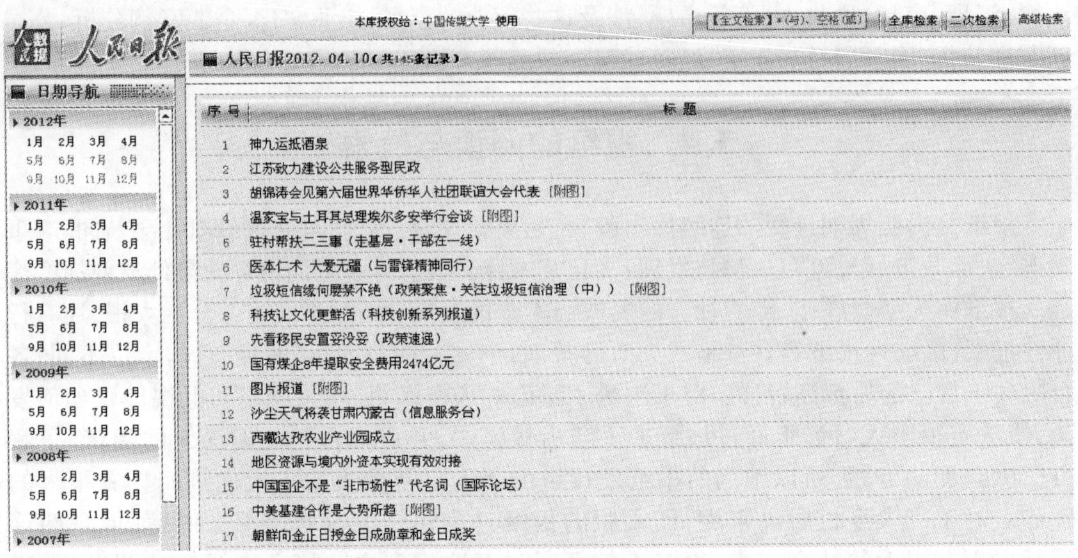

图3-36 人民数据主页面

容等字段中进行检索。②高级检索(图3-37)。读者可以在预设的字段中选择一个或多个进行限制,以完成相对复杂的检索需求,但各个字段间的逻辑匹配方式不能选择,默认就是逻辑与,对于读者略有不便。

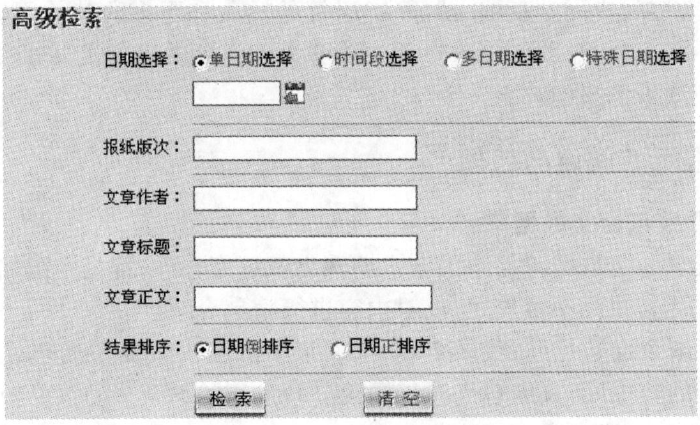

高级检索

日期选择：单日期选择 时间段选择 多日期选择 特殊日期选择

报纸版次：

文章作者：

文章标题：

文章正文：

结果排序：日期倒排序 日期正排序

检索 清空

图3-37 人民数据检索页面

人民日报图文全文检索子库中的文章全文是通过网页直接展示的,允许复制,无需阅读器,使用方便。另外,数据库为每一篇文章提供了一个非常有特色的功能:原版样式展现,通过点击“【原版样式】”按钮后可以看到当版报纸的纸本报纸原版样式的图像文件(图3-38),并允许打印,这个功能对于需要珍贵的历史资料的读者来讲相当有价值。

4. 其他

除了以上数据库外,还有一些小的专题库也可以提供部分报纸的阅读和检索,比如:讲述期刊资源时提到的新华社多媒体数据库,除了可以提供新华社原创期刊的电子版外还可以提供原创报纸的电子版,例如:中国证券报、上海证券报、经济参考报等新华社的原创报纸在这里都可以看到最新的和近一个月的报纸内容。

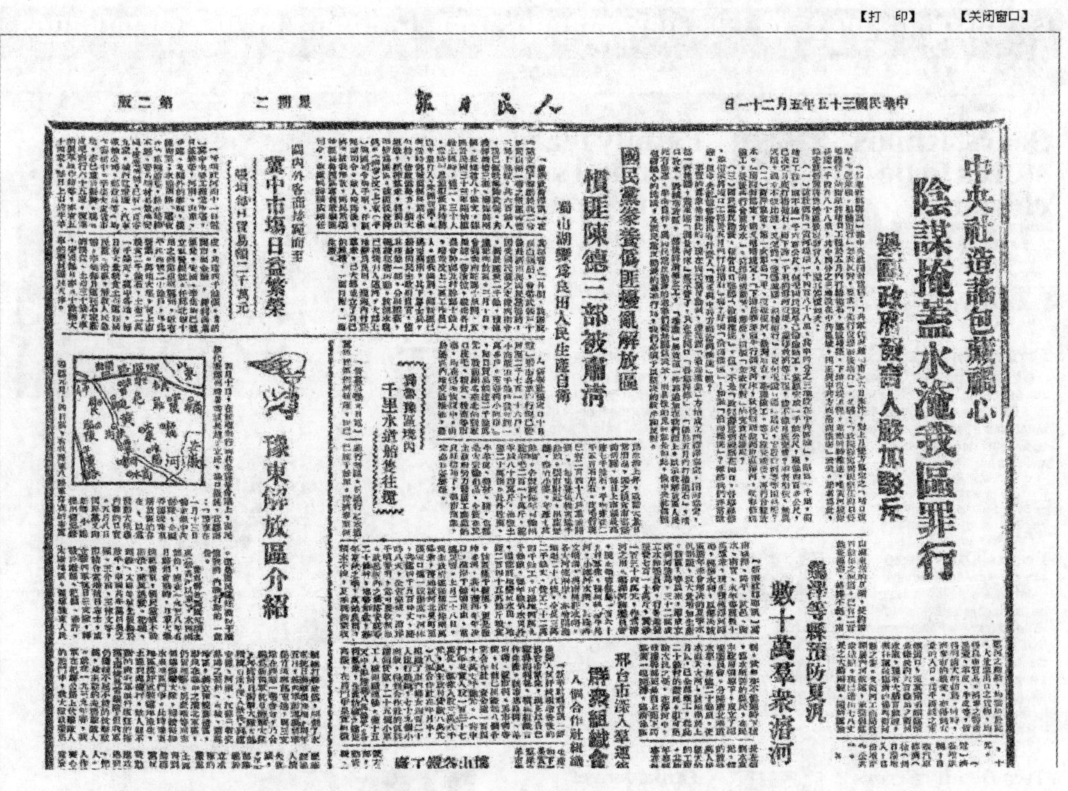
【打 印】 【关闭窗口】

中華民國三十五年五月二十一日 人民日報 星期二 第二版

中央社造謠包藏禍心 陰謀掩蓋水淹我區罪行

邊區政府發言人嚴加駁斥

國民黨豢養僞匪擾亂解放區 慣匪陳德三部被肅清

冀中市場日益繁榮

豫東解放區介紹

千里水道船隻往還

數十萬羣衆濬河

邢台市深入羣運 群衆組織合作社

图 3－38 人民数据原版样式页面

3.4.2 外文报纸的阅读与检索

1. PressDisplay 原版面报纸库

Swets 公司推出的 PressDisplay 报纸库解决了读者长期反映的国外报纸到货延迟和缺期的烦恼,并满足对多语种文献的需求。该库收录了来自全世界 90 余个国家 40 多种语言的 1700 余份全球知名的报纸,如中国日报(China Daily)、远东经济评论(Far Eastern Economic Review)、华尔街日报(The Wall Street Journal)、华盛顿邮报(The Washington Post)、今日美国(USA Today)、卫报(The Guardian)、观察家报(The Observer)、每日快讯(Daily Express)、每日电讯(The Daily Telegraph)、每日镜报(Daily Mirror)等。语种包括英语、俄语、德语、日语、韩语、阿拉伯语、西班牙语、法语、波兰语、葡萄牙语等 40 余种。

读者可按照报纸原版面阅读(图 3－39),并依据国家、语言、报纸名称浏览,提供全文检索,对于大部分报纸提供 11 种语言翻译,和 8 种标准语音播放功能,可方便读者学习外语。新闻、商业、体育、娱乐、评论等分别在首页有最热门信息的推送,实时更新。

2. EBSCO 数据库的 Newspaper Source

EBSCO 报纸资源数据库提供 35 种美国和国际报纸的全文,还包括 375 种美国报纸的摘录文章,并提供电视和广播的新闻稿。

3. Reginal Business News

提供了地区商业出版物的详尽全文收录。Regional Business News 将美国所有城市和乡村地区的 75 种商业期刊、报纸和新闻专线合并在一起。

图 3-39 Pressdisplay 报纸数据库首页面

4. America's Historical Newspapers（AHN 美国历史报纸）

收录了美国 50 个州 1690 年—1980 年间的 2000 多种报纸。适用于支持美国研究、新闻、政治科学与 17-20 世纪历史研究的学术图书馆与有关领域的学者。本产品是对《美国早期印刷品》的补充。它所收集的早期报纸见于布里格姆（Brigham）的《美国报纸史及书目：1690—1820》（History and Bibliography of American Newspapers，1690—1820）之中，其核心部分是收藏于美国古文物家协会，并已拍摄成胶卷的 Isaiah Thomas 殖民地时期报纸收藏，其他报纸则收藏于全美许多机构，如波士顿图书馆、康州历史学会、费城图书馆公司、国会图书馆、布朗大学和哈佛大学，以及许多私人手中。

思 考 题

1. 用 Google 学术搜索查找新闻传播学领域新媒体的论文。

2. 请在中文电子书数据库中查找《微表情：如何识别他人脸面真假？》、《广告经营与管理》（作者：部明）、《货币战争》（出版社：中信出版社）这三本书的相关信息，标明能否看到图书全文。

3. 请在中文报刊数据库中检索与图书馆相关的“微信”方面的资料，摘抄其中三篇文献的详细信息（文献名称、作者、出处、日期、来源数据库）。

4. 查找 MUSE 数据库中语言学方面的期刊。

5. 列举能够检索中外文报纸的数据库并介绍其收录特点。

参考文献

[1] 梁斌. 走进搜索引擎. 北京:电子工业出版社,2007.

[2] 祁延莉,赵丹群. 信息检索概论. 北京:北京大学出版社,2013.

[3] 张久珍. 国外参考资源检索与利用. 北京:北京大学出版社,2008.

[4] http://lib. pku. edu. cn.

[5] http://lib. cuc. edu. cn.

第4章

特种文献资源检索

特种文献,一般是指那些出版发行和获取途径都比较特殊的科技文献,它非书非刊,也被称为灰色文献或半文献。特种文献的类型很多,其中较为重要和常见的包括政府出版物、科技报告、会议文献、专利文献、标准文献和学位论文等。特种文献往往内容丰富,能及时反映当前国内外诸多领域科技发展的最新水平和未来发展趋势,具有重要的参考价值,是当前国内外图书情报界公认的重要信息情报源之一。但由于特种文献的出版周期不固定,出版形式多样,而且其信息内容有很多具有保密性和隐蔽性,因此特种文献资源的检索也有别于普通的图书报刊的检索。这一章我们着重介绍科技报告、会议文献、专利文献、标准文献和学位论文这几类特种文献的特点、作用,以及检索它们主要的数据库、网站和使用方法。

4.1 科技报告

4.1.1 科技报告概述

科技报告是科学技术研究工作成果的正式报告,或者是对研究进程中各阶段的进展情况进行的记录、总结所形成的技术文件。它是在科技活动中产生的第一手资料。

科技报告起源于20世纪初,一开始它仅仅作为研究机构或个人向上级主管部门或提供经费资助的部门提交的、有关研究项目任务完成情况及经费使用情况等的总结报告。在第二次世界大战期间,西方国家根据战争的需要特别加强了与战争关系密切的领域的研究活动,增加了大量的投入,研究出很多科技成果,使得作为其研究成果报道形式的科技报告的数量迅速增长,从而使科技报告逐步成为科技文献的一大门类。

科技报告是最重要、最特殊的一类科技文献。说它重要,第一是因为科技报告内容大多专深、新颖,往往涉及尖端学科或世界最新研究课题;第二是因为其内容丰富、信息量大。科技报告对问题研究的论述往往既系统又完整,针对问题的难点技术,不仅包括技术研究的整个实验过程,而且记录各种数据和图表,甚至对实验失败都有追究原因的详尽分析;第三是由于此类文献数量巨大,形式多样,是科研活动中的第一手资料。据报道,每年产生的科技报告数量在100万件以上,其中美国的数量最多,约占总量的87.2%。说它特殊,一是指它的出版形式特殊,既非图书也非期刊,每份科技报告自成一册单独出版。科技报告的编写有规定的格式。每篇报告都有连续的编号,称为报告号,通常以报告单位或主管部门的缩写形式加上顺序号构成。出版发行不规则,无固定周期;二是指它产生于第二次世界大战时期的历史根源比较特殊;三是指科技报告往往带有不同程度的保密性质,是世界各先进国家在进行经济竞争中猎取的对象;四是指科技报告在流通范围上,大部分都有一定的控制,仅有小部分可以公开发表或半公开发表,所以难以获得原文。

4.1.2 科技报告的类型

1. 按科技报告的出版形式划分

(1) 技术报告书(Technical Report,TR)。它是公开出版发行、内容完整的正式技术文件,多是技术总结报告。

(2) 技术札记(Technical Note,TN)。它是研究过程中的临时性记录或小结,内容不完整,属于一些原始素材。

(3) 技术论文(Technical Paper,TP)。它是准备在学术会议或期刊上发表的论文,往往着重于理论而删除了关键的技术内容。

(4) 技术备忘录(Technical Memoradum,TM)。它是指那些只供专业或机构内部人员之间沟通信息所用的资料。

(5) 技术通报(Technical Bulletin,TB)。它是指对外公布用的,内容较成熟的摘要性文献。

(6) 技术译文(Technical Translation,TT)。翻译的国外有参考价值的文献。

(7) 特种出版物(Special Publication,SP)。包括会议文集、总结报告、资料汇编等。

2. 按研究阶段划分

(1) 初期报告(Preliminary Report)。

(2) 进展报告(Progress Report)。

(3) 状况报告(Status Report)。

(4) 中间报告(Interim Report)。

(5) 年度报告(Annual Report)。

(6) 终结报告(Final Report)。

3. 按照科技报告的密级划分

(1) 秘密报告(Confidential Report)。

(2) 机密报告(Secret Report)。

(3) 非密限制报告(Restricted/Limited Report)。这种报告在一定范围内发行,数量有限。

(4) 解密报告(Declassified Report)。秘密报告或限制报告经过一段时期后解除限制,成为公开的科技报告

(5) 非密公开报告(Unclassified Report)。这是较容易获得的一种科技报告。

4.1.3 国内科技报告及其检索

我国科研成果的统一登记和报道工作是从1963年正式开始的。凡是有科研成果的单位都要按照规定程序上报、登记。国家科委根据调查情况发表科技成果报告和出版《科学技术研究成果公报》。我国出版的这套研究成果报告内容相当广泛,包括多种学科领域,实际上是一种较为正规的、能够代表我国科技水平的科技报告,它分为“内部”、“秘密”和“绝密”3个密级。检索我国科技报告有以下检索工具和系统。

1.《科学技术研究成果公报》双月刊

印刷版《科学技术研究成果公报》(简称《公报》),是用来检索我国科技报告的主要检索工具。它于1963年创刊,1966年停刊,于1981年5月复刊,2001年进行了改版,主

要侧重报道国内最新应用技术研究成果及相关信息。

《科学技术研究成果公报》由国家科技部科学技术研究成果管理办公室编辑,科技文献出版社出版。《公报》为双月刊,并有年度分类索引。我国较大的科研成果,由国务院有关部门推荐,经国家科技部科学技术研究成果办公室正式登记,以摘要形式在《公报》上公布。每期文摘款目按分类编排,共分下列四大类:①农业、林业;②工业、交通及环境科学;③医药、卫生;④基础科学。目前《公报》相应的数据库已投入使用。

2. 中国科技成果数据库(CSTAD)

中国科技成果数据库是国家科技部指定的新技术、新成果查新数据库。它始建于1986年,收录了自1964年至今的历年各省市部委鉴定后上报国家科技部的科技成果及国家级科技计划项目。其收录范围包括新技术、新产品、新工艺、新材料、新设计,涉及自然科学各个学科领域。该库已成为我国最具权威的技术成果宝库。它由北京万方数据有限公司负责维护、更新,是文摘题录型的数据库,收录的科技成果总记录62万余条,数据每月更新。

该数据库的网址为:http://c. g. wanfangdata. com. cn/Cstad. aspx。

检索者可根据自己的需要从行业分类、学科分类或地区分类进行浏览,也可直接在检索框中输入检索词进行查找,或者利用高级检索,输入多个检索条件进行组合查询。

检索到的结果如图4-1所示。

基于电厂循环冷却水余热利用的高温热泵技术开发与应用

导出

成果信息			
项目年度编号	1100250822	限制使用	国内
省市	辽宁	中图分类号	X773 X706
成果类别	应用技术	成果公布年份	2010
关键词	余热利用 水源热泵系统 循环冷却水利用		
成果简介	“基于电厂循环冷却水余热利用的高温热泵技术开发与应用”主要技术应用体现在:1、围绕着电厂循环冷却水余热利用的高温热泵技术开展研究,在综合采用了电厂循环水、高电压、最大单机制热量、DCS控制系统、串联供暖系统等一系列技术基础上,通过技术集成及创新,实现了高温热泵机组综合能效最大化,解决了电厂循环冷却水余热的利用问题。2、首次形成以6千伏高压电、单机制热量3000千瓦、电厂汽轮机循环冷却水余热为热源的水源热泵系统;实现了利用水源热泵机组与板式换热器组成串联系统,为铁煤集团职工住宅进行50万平方米集中供暖。3、该成果为在电厂余热利用的应用起到示范作用,研究成果具有创新性、实用性,社会效益和经济效益显著,有非常广阔的推广前景,具有重大的节能意义。成果达到国内领先水平。成果可用在高温热泵热源为地表水源(如热电厂循环冷却水、石化系统冷却水、钢厂冷却水等),并在其中推广应用。		
申报信息			
登记号	20090315		
登记日期	20091127		
工作起止时间	20070400-20080400		
相关人信息			
完成单位	铁法煤业(集团)有限责任公司		
行业及专利信息			
应用行业名称	电力生产 热力生产和供应	应用行业码	441 443
转让信息			
投资信息			
推广信息			
联系信息			
联系单位名称	铁法煤业(集团)有限责任公司	联系单位地址	辽宁省铁岭市调兵山市人民路
联系人	程荣新	传真	(0410)6866080
邮政编码	112700		

相关标准(10条) 返回顶部

1. 脱湿器再热装置 Moisture Separator Reheaters -1992年1月

图4-1 科技成果检索结果示例

3. 国家科技成果网(NAST)

国家科技成果网,简称国科网,由国家科技部发展计划司于 1999 年创建,2006 年起由国家科学技术奖励工作办公室管理。国科网作为国家级科技创新服务平台,经过多年建设,已搭建起一个覆盖全国的科技成果信息服务网络,提供了一个在产、学、研等多个层次进行交流、展示的平台。网址为:http://www.tech110.cn。

国科网拥有的国家科技成果数据库内容丰富、权威性高。已收录经省、部级科技成果管理机构认定的科技成果以及各单位自推荐科技成果约 50 万项,并以每年 5 万项的数量更新和追加,同时收录有九万家科研单位及一百万名科研专家,充分保证了成果库的时效性及权威性。自 2000 年网站正式运行以来,在国内外产生了较大的影响,在全国 35 个省部级科技成果管理机构合作建设地方与部门科技成果网站,直接用户达数十万人。国科网向社会免费提供服务,成为寻求技术项目、寻找技术合作方、了解科技进展的重要途径。

国家科技成果网上可以按国科分类、中图分类或学科分类来浏览查询您所需要的成果,也可按成果名称、完成单位、完成人、关键词等进行科技成果的查询,您可以按需求输入关键词查询相关成果。检索界面如图 4-2 所示。

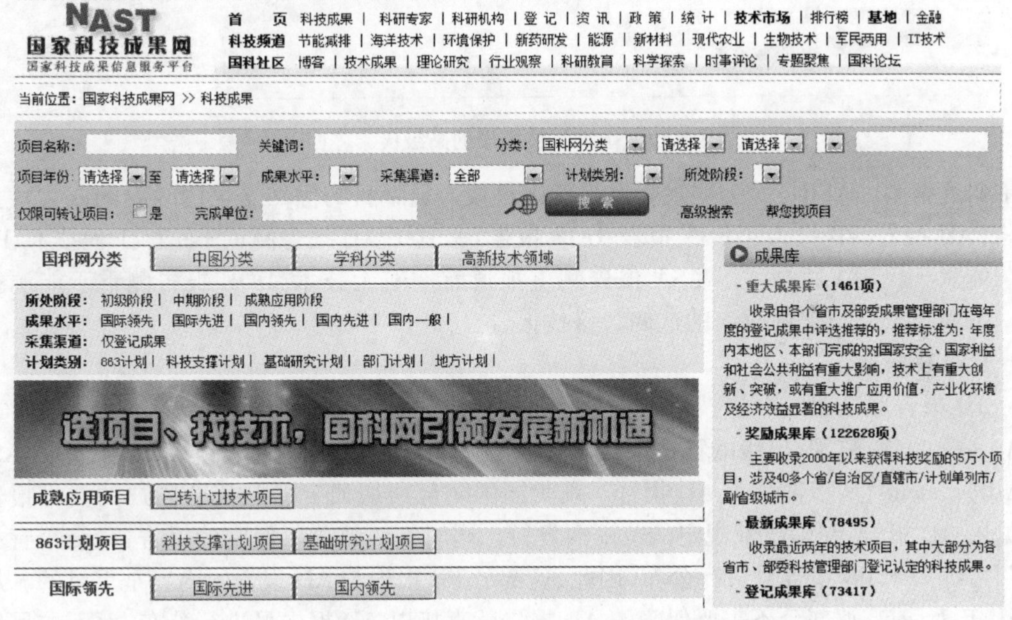

图 4-2　国家科技成果网检索界面

如上述方式不能满足查询要求,可进入高级检索页面,该页面提供对成果库中绝大多数字段的检索。可选择需要查询的字段,键入检索词,点击“加入”按钮输入一个检索条件。如需要可再点击 AND 或 OR 按钮,之后输入另一个检索条件,以此方式组成一个复杂的检索表达式,进行检索。高级检索页面见图 4-3。

4.1.4　国外科技报告及其检索

许多发达国家都有自己的科技报告,如英国航空航天委员会的 ARC 报告、法国原子能委员会的 CEA 报告、德国航空研究报告(DVR)、瑞典国家航空研究报告(FFA)、日本原

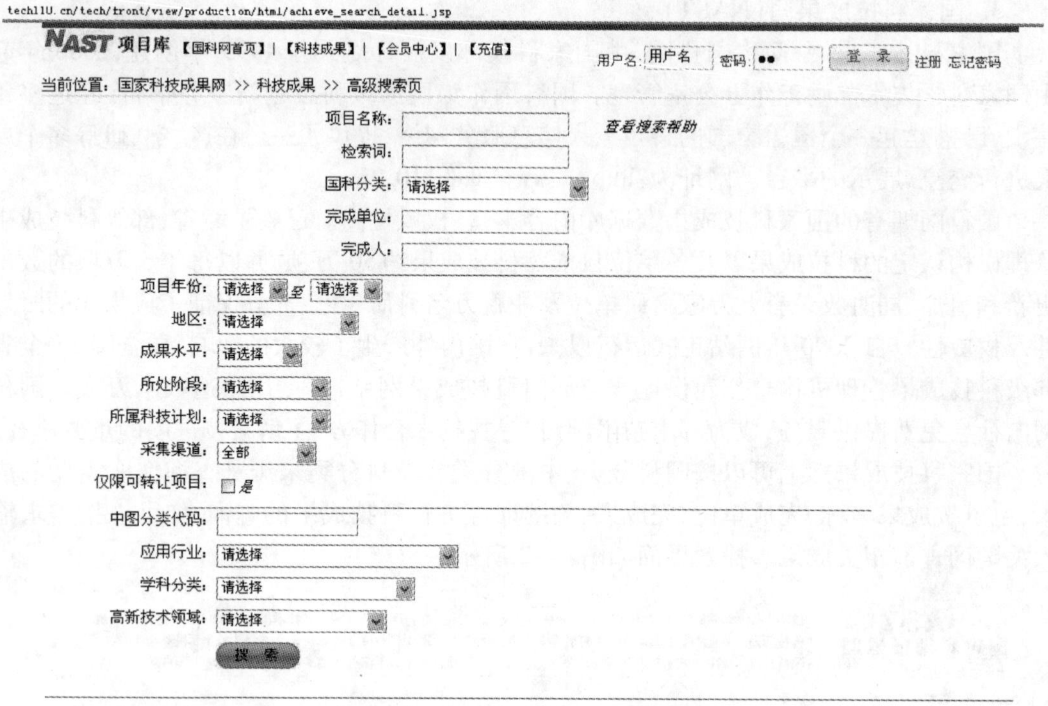

图 4-3 国家科技成果网高级检索界面

子能研究报告(JAERI)等。但最受世界各国科技人员瞩目的仍然是美国政府的四大科技报告(AD 报告、PB 报告、NASA 报告、DOE 报告)。其中 AD 报告侧重于军事工程技术、PB 报告侧重于民用工程技术、NASA 报告侧重报道航空航天技术、DOE 报告侧重于能源技术。下面主要介绍美国政府的这四大科技报告。

1. AD 报告

AD 报告原是美国军事技术情报处(Armed Services Technical Information Agency, ASTIA)负责收集、整理、出版的科技报告。它产生于 1951 年,由 ASTIA 统一编号,称为 ASTIA Documents,所以简称为 AD 报告。凡美国国防部所属研究所及其合同户的技术报告均编入 AD 报告,在国防部规定的范围内发行。当时有一部分不保密的报告,又交给有关部门再编一个 PB 报告号进行公布,因此,这部分 PB 报告与 AD 报告的内容是重复的。从 1961 年 7 月起,那部分不需要保密的 AD 报告就直接以 AD 报告号进行公布,而不在另编 PB 报告号,所以从那时起,PB 报告的数量便明显减少了。1963 年 3 月,ASTIA 改组为国防科学技术情报文献中心(Defense Documentation Center for Scientific and Technical Information, DDC),1979 年又更名为国防技术情报中心(缩写 DTIC),但 AD 报告的名称没有改变,仍然继续使用。

AD 报告主要来源于美国陆海空三军的科研单位、公司、企业、大专院校、外国研究机构及国际组织等 1 万多家单位,其中主要的单位有 2000 多个;另外还有一些美国军事部门译自苏联、东欧和中国的译文。AD 报告的内容不仅包括军事方面,也广泛涉及许多民用技术领域。AD 报告的文献类型除大多数是科技报告(占 68%)外,还有期刊论文(占 29%)以及会议录(占 3%)。

DTIC 收藏和公布的 AD 报告，密级分为机密（Secret）、秘密（Confidential）、非密限制发行（Restricted or Limited）、非密公开发行（Unclassified）4 种。公开报告的总数占 AD 报告总数的 45%，每年公开发行的约有 1.8 万件，每年编目公布的有 4 万余件。

AD 报告就其数量和质量而言，比 PB 报告、DOE 报告和 NASA 报告更为重要，控制的也较严格。

2. PB 报告

PB 报告的收录范围几经变化：20 世纪 40 年代的 PB 报告（10 万号以前）主要是来自战败国的科技资料，内容包括科技报告、专利、标准技术刊物、图纸以及对这些战败国科技专家的审讯记录等；随着时间的推移，逐渐被美国本国的资料取代。50 年代（10 万号以后）主要报道美国政府系统的解密、公开的科技报告及有关单位发表的科技文献；60 年代以后其内容逐步从军事科学转向民用工程技术，并侧重于土建、城市规划、环境污染等方面，而有关电子技术、航空、原子能方面的资料较少，只占百分之几。

PB 报告包括的文献类型有专题研究报告、学术论文、会议文献、专利说明书、标准资料、手册、专题文献目录等。PB 报告全部为公开资料，无密级。

3. NASA 报告

NASA 报告是美国国家航空与宇航局（National Aeronautics and Space Administration，NASA）收集、整理、报道和提供使用的一种公开的科技报告。NASA 的前身是成立于 1915 年的美国国家航空咨询委员会（National Advisory Committee for Aeronautics，NACA），它是美国最主要的航空科学研究机构。1957 年苏联成功地发射了第一颗人造地球卫星，这使得美国政府大为震惊。为了挽回美国在火箭技术方面落后于苏联的局面，美国国会决定改组 NACA，于 1958 年 10 月正式成立 NASA，负责协调和指导美国航空和空间技术的科学研究机构。在工作过程中，它所属的机构或合同户产生了大量的科技报告，都冠以 NASA（或 NACA）的字样，以此称之为 NASA（或 NACA）报告。NASA 专门设有科技信息处从事科技报告的收集、出版工作。

NASA 报告内容侧重在航空、空间科学技术领域，同时广泛涉及许多基础学科。主要报道空气动力学、发动机及飞行器结构材料、实验设备、飞行器的制导及测量仪器等，是航空及航天科技工作的重要参考文献。由于航空本身就是一门综合性的科学，与机械、化工、冶金、电子、气象、天体物理、生物等学科都有密切的联系，因此，NASA 报告实际上也是一种综合性的科技报告。目前，该报告的年发行量约为 6000 件，有 NASA 的专利文献、学位论文和专著，也有国外的文献、译文。

4. DOE 报告

DOE 报告的名称来源于美国能源部（Department of Energy，DOE）的首字母缩写。这套报告在较长时间内一直使用 AEC 报告的名称，它原是美国原子能委员会（Atomic Energy Commission，AEC）出版的科技报告，累积数量较大。AEC 成立于 1946 年 8 月，1974 年 10 月撤消，建立能源研究与发展署（Energy Research and Development Administration，ERDA）。该署除继续执行前原子能委员会有关职能外，还广泛开展能源的开发研究活动，这样 AEC 报告的报道工作也于 1976 年 6 月宣告结束，代之以 ERDA 报告。1977 年 10 月“ERDA”又改组扩大为美国能源部，但原有的能源研究报告编码体系并没有马上改变，仍然称作 ERDA 报告。直到 1978 年 7 月，才较多地出现具有 DOE 字码编号的能源研究报告。其文献主要来自能源部所属的技术中心、实验室、管理处及信息中心，其中主要是能源部所属的八大管理所、五大能源技术中心和18个大型实验室所产生的科技报告，另外也有一些国外能源部门的资料。AEC报告的内容主要是关于原子能及其开发应用方面，但也涉及了其他各门学科；ERDA报告和DOE报告的内容范围则已由核能扩大到整个能源领域方面。

5. 美国政府四大科技报告的检索

从1997年以来，美国政府四大科技报告的通报和索引的纸质印刷版停止出版，现在使用最多的是网络版和光盘版。

1）NTIS美国政府报告数据库

NTIS(National Technical Information Service)是美国商务部国家技术情报服务局出版的美国政府报告文摘数据库，它主要收录了1964年以来美国政府立项研究及开发的项目报告，另外也少量收录了西欧、日本以及世界各国(包括中国)的部分科研报告。包括项目进展过程中所做的一些初期报告、中期报告、最终报告等，反映了政府最新重视的项目进展。该库75%的文献是科技报告，其他文献有专利、会议论文、期刊论文、翻译文献；25%的文献是美国以外的文献；90%的文献是英文文献。专业内容覆盖科学技术各个领域。

NTIS数据库其对应的印刷版检索工具是美国《政府报告通报及索引》(《Goverments Reports Announcements and Index》,《GRA&I》)，它是检索美国政府四大科技报告的主要检索工具。它还有缩微版、磁带版、光盘版及网络版各种不同的出版形式。

通过NTIS的主页(http://www.ntis.gov)可以免费检索1964年以来NTIS数据库中近200万篇科技报告的题目、作者、出版年以及简单的摘要信息。它所提供的报告包括几乎全部的PB报告、所有公开或解密的AD报告、部分的NASA报告、DOE报告和其他类型的报告。平均每年数据更新3万条。

登录NTIS网站，在菜单条“NTIS Database”下点击“Technical Reports Search”，即可进入检索界面。也可直接在中间检索框中输入检索词进行检索。这里提供了快速检索(Quick Search)和高级检索(Advanced Search)两种检索方式(图4-4)。

图4-4 NTIS美国政府报告数据库网站主页

快速检索可以选择题名、作者、关键词、摘要、产品编号和 NTIS 登记号这几种检索途径，直接在检索框中输入检索词查询(图 4 – 5)。

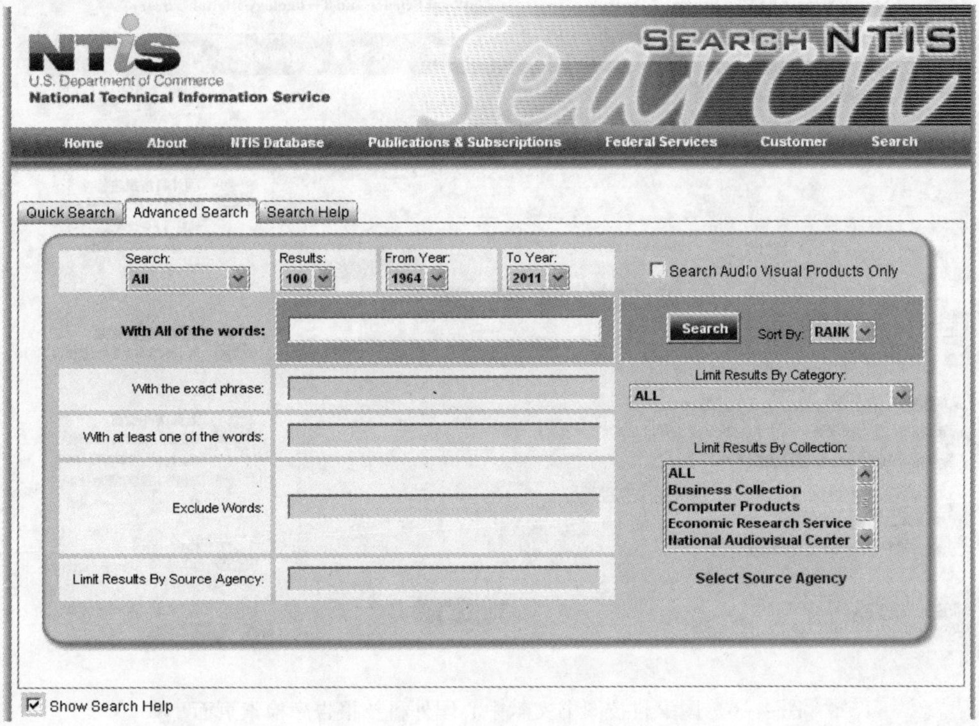

图 4 – 5　NTIS 高级检索界面

高级检索时可以选择检索字段，限定时间范围以及来源机构等，还可对检索结果进行排序。但不能同时选择多个检索字段进行组合检索，只能逐条排除。

检索结果默认为报告号和报告题名，点击“more details”可看到文摘、著者和年代信息。通常想要获得报告全文需要购买。

2) 国家科技图书文献中心国外科技报告数据库

该数据库主要收录 1978 年以来的美国政府报告，即 AD、PB、NASA 和 DOE 研究报告，以及少量其他国家学术机构的研究报告、进展报告和年度报告等。学科范围涉及工程技术和自然科学各个专业领域，每年新增报告 2 万余篇，数据每月更新，网址为：http://www. nstl. gov. cn。点击“国外科技报告”可进入国外科技报告的检索，可以提供题名、著者、关键词、出版年等多种检索途径，并可以输入多个条件进行组配检索，另外还可根据需要设置“馆藏范围”、“时间范围”、记录类型等多种限制条件。检索结果默认显示题名、著者和总页数。点击题名可看到关键词、文摘、出版地、文种、出版时间、分类号和收藏单位等详细信息。若想阅读全文需购买(图 4 – 6)。

3) NTRS 数据库

NTRS(NASA Technical Reports Server)数据库是检索世界航空、航天资料主要的综合性检索工具。它为研究人员，学生，教育工作者和公众提供了美国航空航天局的当前和历史的宝贵技术文献和工程成果的资源。目前它收录了 50 多万篇与航空、航天有关的引文数据，超过 20 万篇的在线全文文档和超过 50 万的图像和视频。收录文献类型主要包括

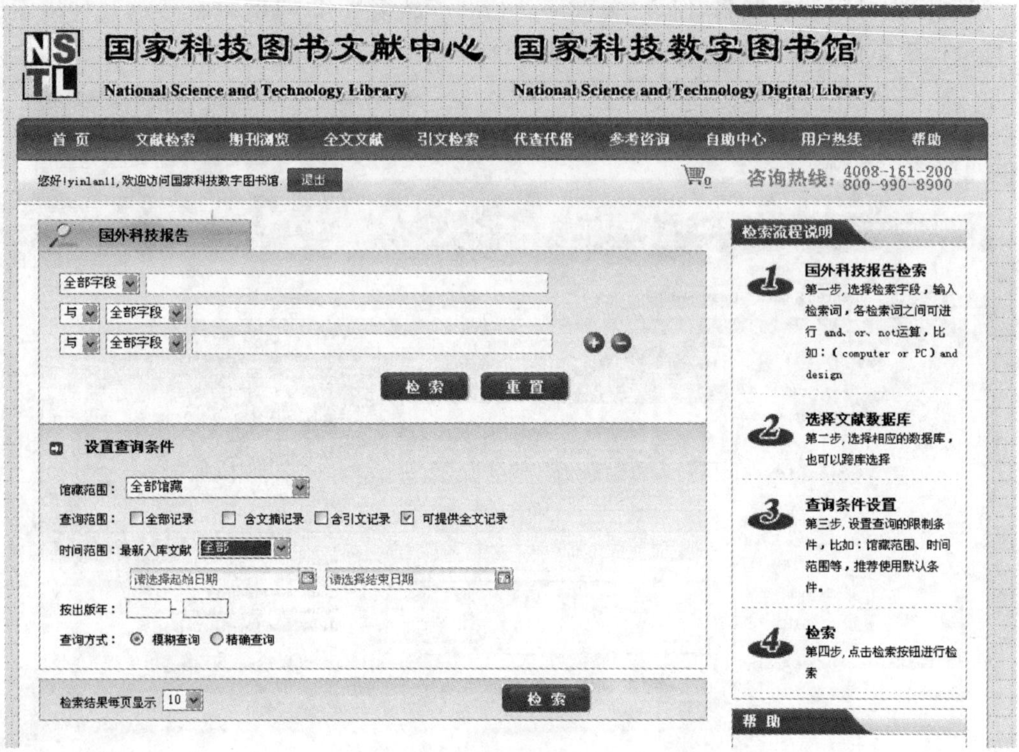

图 4-6 国家科技图书文献中心国外科技报告库检索页面

科技研究报告、会议论文、期刊论文、图片、电影和技术的影片。NTRS 数据库主要包括三部分内容:美国国家航空咨询委员会 NACA1916——1958 年间所收集的文献,美国国家航空宇航局 NASA 从 1958 年至现在所收集的各种科技文献,以及美国航空宇航局影像交换与服务部 NIX 所收集的图像、照片、电影、视频等资料。NIX 也是一个独立的系统,用户还可以直接去 NIX 网站搜索图像。NTRS 数据库可以通过美国宇航局科技信息站点进入(图 4-7)。网址为:http://www.sti.nasa.gov。

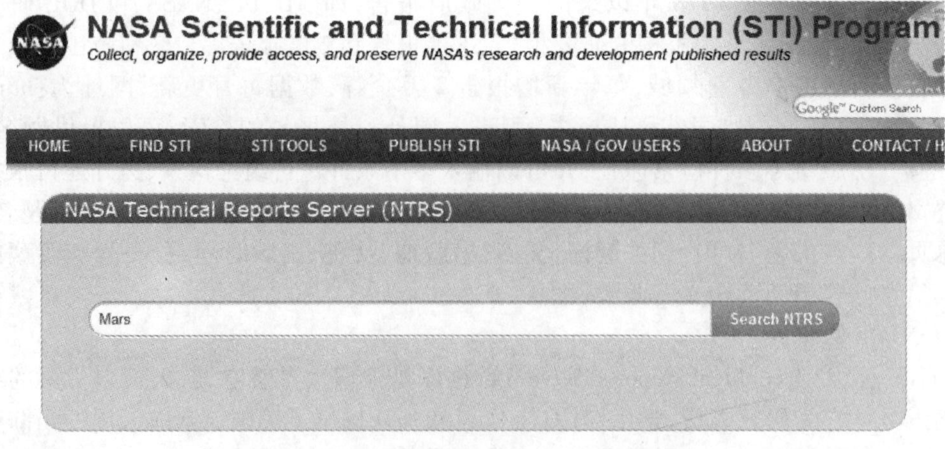

图 4-7 美国宇航局科技信息网站检索界面

在中间“NASA Technical Reports Server（NTRS）”处输入要检索的关键词，即可进行检索。例如：想要检索有关“火星探测”方面的 NASA 科技报告，可以在检索框中输入检索词“Mars”，检索到的结果列表如图 4－8 所示，默认显示题名、著者、文摘、收集单位、出版年、报告号等信息，点击题名可看到更为详细的记录，并可看到 PDF 格式的全文内容。

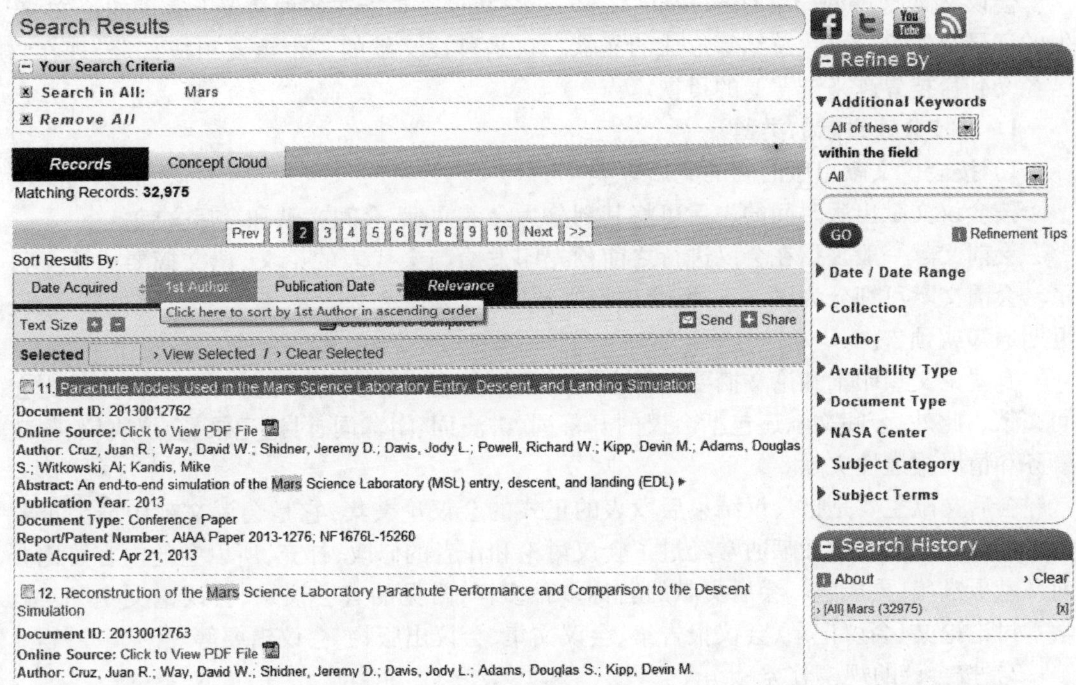

图 4－8　NTRS 数据库检索结果示例

6. 科技报告原文的获取

中国科学技术信息研究所是我国收藏国内外科技报告的最主要单位，也是提供国内科技成果报告的机构，因此，国内科技成果报告可向中国科学技术信息研究所索取或邮购。国家科学图书馆（原中国科学院文献情报中心），是国内收藏 PB 报告最全的单位；中国国防科技信息中心，收藏有大量的 AD 报告和 NASA 报告，AD 报告的公开、解密部分的收藏量已达到 40 多万件；核工业部情报所，它收藏有较多的 DOE 报告。另外，上海科技信息研究所也有美国四大科技报告的原文馆藏。若我们所需的科技报告国内没有收藏，或是公开的美国科技情报，可以根据 NTIS 订购号（入藏号）直接向 NTIS 订购该报告的复印件或缩微片。

4.2　科技会议文献

4.2.1　科技会议和会议文献

随着科学技术的迅猛发展，科技会议已经成为科学技术交流的一种重要渠道。据统计：全世界各个国家的不同学术团体、科研部门、高等院校、有关主管部门以及国际学术组织每年召开有关科学技术的学术会议多达上万个，会议上宣读的论文每年达数十万篇，正式发行的各种专业会议文献5000多种。许多学科中的新发现、新进展、新成就以及所提出的新研究课题和新设想,都是以会议论文形式向公众首次发布的。因此,科技会议已成为我们了解世界各国科技发展水平、科研动向的重要途径,同时也是我们获取科技情报的一个重要来源。

会议文献(Conference Document/ Conference Paper)是指在各种会议上宣读的论文、产生的记录及发言、论述、总结等形成的文献。它是科技文献的一个重要组成部分,现在它已经受到科技界越来越普遍的重视。

1. 科技会议文献的类型

1)按会议文献出版时间的先后分类

按会议文献出版时间的先后可将其划分为会前文献、会间文献和会后文献。

会前文献一般是指在会议进行之前预先印发给与会代表的论文、论文摘要或论文目录。会前文献可细分为以下4种:会议论文预印本、会议论文摘要、议程和发言提要、会议近期通知或预告。

有些论文预印本和论文摘要在开会期间发给与会者,这就使得会前文献转变成为会间文献。此外,会间文献还包括会议的开幕词、讲演词、闭幕词、讨论记录、会议决议、行政事务和情况报道性文献。

会后文献主要是指会议结束后发表的正式的会议论文集,它是会议文献中最为重要的一部分。因为会后文献通常经过了会议讨论和作者的修改、补充,所以它的内容要比会前文献更准确、更成熟。会后文献的名称多种多样,常见的有会议录、会议论文集/汇编、学术讨论论文、会议记录、会议报告集、会议文集、会议出版物、会议辑要等。

2)按会议的规模分类

科技会议文献按照会议的规模可分为国际性会议的会议文献、全国性会议的会议文献、地区性会议的会议文献和基层会议的会议文献。

2. 科技会议文献的特点

(1)科技会议文献的内容新颖丰富,学术水平高,信息含量大,可靠性高,是了解某学科发展水平或研究动态的重要信息源,但观点可能不太成熟。

(2)科技会议文献传递信息比较及时,出版及发行方式灵活,出版速度较快,且内容专业性强,兼有直接交流和文献交流两种交流方式的长处。

(3)科技会议类型较多,科技会议文献出版形式多样,命名方式复杂,造成会议文献的收藏比较分散。因此检索会议文献比较复杂,需要注意使用多种工具,从不同途径进行全面的检索。

3. 会议文献的出版形式

会议文献的出版形式很多,通常有以下几种。

(1)图书。大多数会后文献都是以图书的形式出版,通常称为会议录或会议专题论文集,多数以其会议名称作为书名,或是另加书名,将会议名称作为副书名。一般按会议届次编号,定期或不定期出版。

(2)期刊。有相当一部分的会后文献在有关学术期刊上发表,主要是刊登在一些由学会、协会主办的学术刊物上。如美国机械工程师协会(ASME)等均出版有固定的期刊,专门刊登单篇的科技会议论文。这些期刊往往以汇刊(Transaction)的形式命名。另外,还有不少期刊以专辑(Special Series)或增刊(Supplement Series)的形式专门报道某次会议上的重要论文。

(3) 科技报告。部分会后文献被编入科技报告,以科技报告的形式出版,如美国政府的四大科技报告经常会编入一些会议文献。

(4) 视听资料。会后文献出版较慢,因此国外有的学术会议在开会期间进行录音、录像,会后直接以视听资料的形式加以出版,这样能达到及时传递信息的目的。

4.2.2 国内会议论文的检索

1. 万方数据知识服务平台

万方数据知识服务平台中的会议论文库,收录了由中国科技信息研究所提供的,1985 年至今世界主要学会和协会主办的会议论文,以一级以上学会和协会主办的高质量会议论文为主。每年涉及近 3000 个重要的学术会议,总计 250 万余篇,每年增加约 20 万篇,数据每月更新。并且它是一个全文资源库,可以看到会议论文的全文内容。

该数据库网址为:http://c. g. wanfangdata. com. cn/Conference. aspx。

检索时可以直接在检索框中输入关键词进行快速检索,也可以按照学科分类进行浏览检索,还可以按照会议主办单位进行浏览检索。

在按学科分类进行浏览时,看到的是相关学科召开的会议名称,点击会议名称,可看到在该会议上所发表的会议论文。而且还可以限定会议召开的时间,从而缩小检索范围(图4-9)。

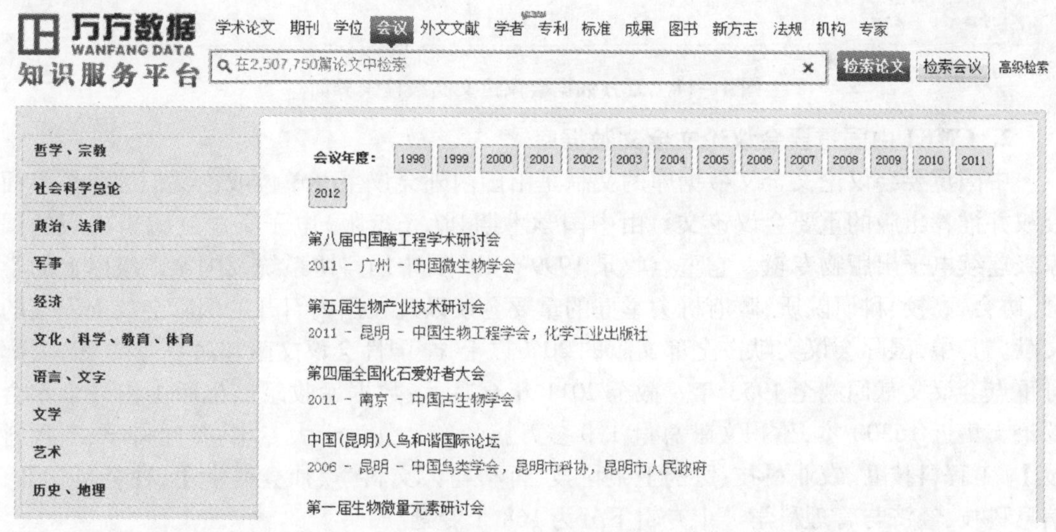

图4-9　万方数据会议论文按学科分类浏览界面

按照会议主办单位浏览检索,先点击主办单位的类型,进去后再找到具体主办单位的名称,即可查到该主办单位主办会议上发表的会议论文(图4-10)。

此外,这个平台还提供了高级检索和专业检索等检索方式。以满足不同用户的需求(图4-11)。

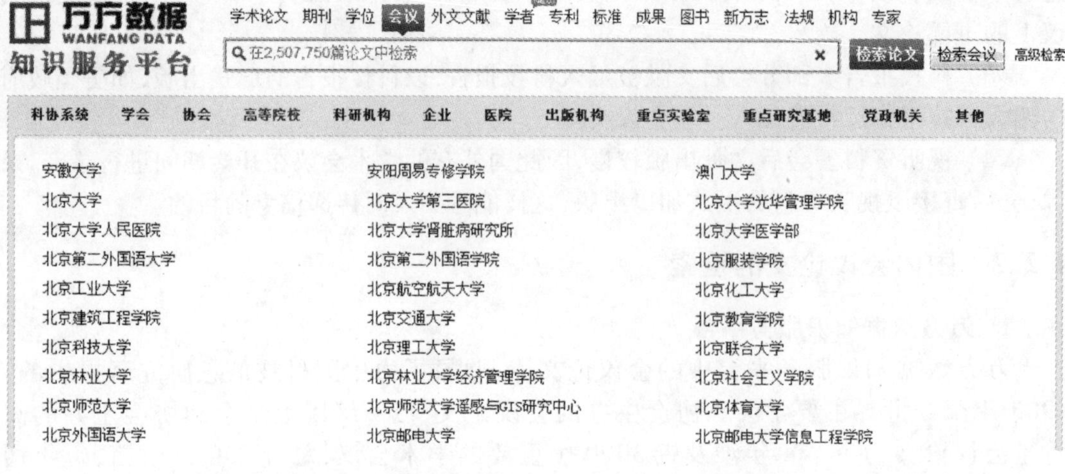

图 4－10 按主办单位选择“高等院校”浏览界面

图 4－11 万方数据会议论文高级检索界面

2. CNKI 中国重要会议论文全文数据库

中国重要会议论文全文数据库的文献是由国内外会议主办单位或论文汇编单位书面授权并推荐出版的重要会议论文。由中国学术期刊(光盘版)电子杂志社编辑出版的国家级连续电子出版物专辑。它重点收录 1999 年以来,中国科协系统及国家二级以上的学会、协会,高校、科研院所,政府机关举办的重要会议以及在国内召开的国际会议上发表的文献。其中,国际会议文献占全部文献的 20% 以上,全国性会议文献超过总量的 70%,部分重点会议文献回溯至 1953 年。截至 2011 年 6 月,该数据库收录已出版国内外学术会议论文集近 16300 本,累积文献总量 170 多万篇。产品分为十大专辑:基础科学、工程科技Ⅰ、工程科技Ⅱ、农业科技、医药卫生科技、哲学与人文科学、社会科学Ⅰ、社会科学Ⅱ、信息科技、经济与管理科学。十专辑下分为 168 个专题。

CNKI 数据库平台的网址为 http://epub.cnki.net/kns/default.htm,可以在检索框上方选择“会议”,进行会议文献的检索,也可在检索框下面的浏览栏中点击“会议”,进入会议文献检索界面。它默认的检索方式是标准检索。可以对会议召开时间、数据更新时间、会议名称、会议级别、支持该会议的基金、报告级别、论文集类型、语种、作者以及作者所在单位等条件进行限定。此外,它还有快速检索和专业检索两种方式,并提供了作者、科研基金以及来源会议等多种检索途径,以满足不同检索用户的需求(图 4－12)。

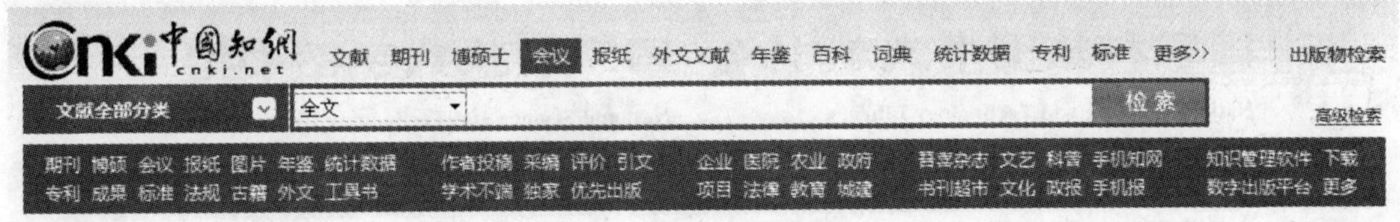

图 4－12　CNKI 中国知网数据库检索界面

在这个数据库当中,也可以从学科分类的角度,利用它的会议导航、论文集导航,找到相关的会议或论文集,进而找到需要的会议文献。找到具体文献后,点击题名进去可看到中英文题名、作者、作者机构、中英文摘要、关键词以及这次会议的名称,召开时间、地点、主办单位、会议出版物的名称等相关信息。并提供 CAJ 和 PDF 两种格式的全文下载。此外,该平台还提供了会议论文链接的文献网络图示,参考文献、相似文献、同行关注文献、相关作者文献、相关机构文献等相关文献的链接,帮助用户方便地找到其他相关的文献,扩大检索范围,提高检索效率(图 4－13)。

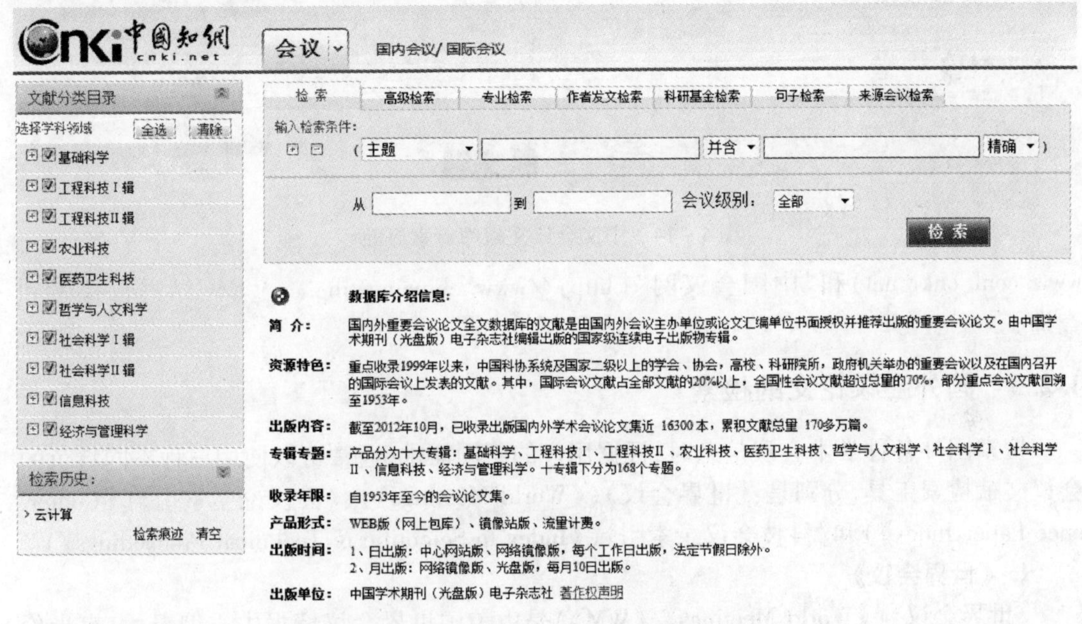

图 4－13　CNKI 会议文献检索界面

3. 国家科技图书文献中心

该中心的中文会议论文数据库主要收录了 1985 年以来我国国家级学会、协会、研究会以及各省、部委等组织召开的全国性会议上发表的论文,并且该数据库的收藏重点主要为自然科学各专业领域,每年涉及 600 多个重要的会议,年增加论文 4 万多篇,数据按月或季度更新。该库只能查到论文的简单题录和文摘信息,若想获取原文,可付费申请原文传递。

该文献中心的网址为:http://www.nstl.gov.cn/(图 4－14)。

另外,如想要了解我国国内已经召开或即将召开的相关会议的消息,可以利用“中国学术会议在线”(http://www.meeting.edu.cn)、“中国学术会议网”(http://

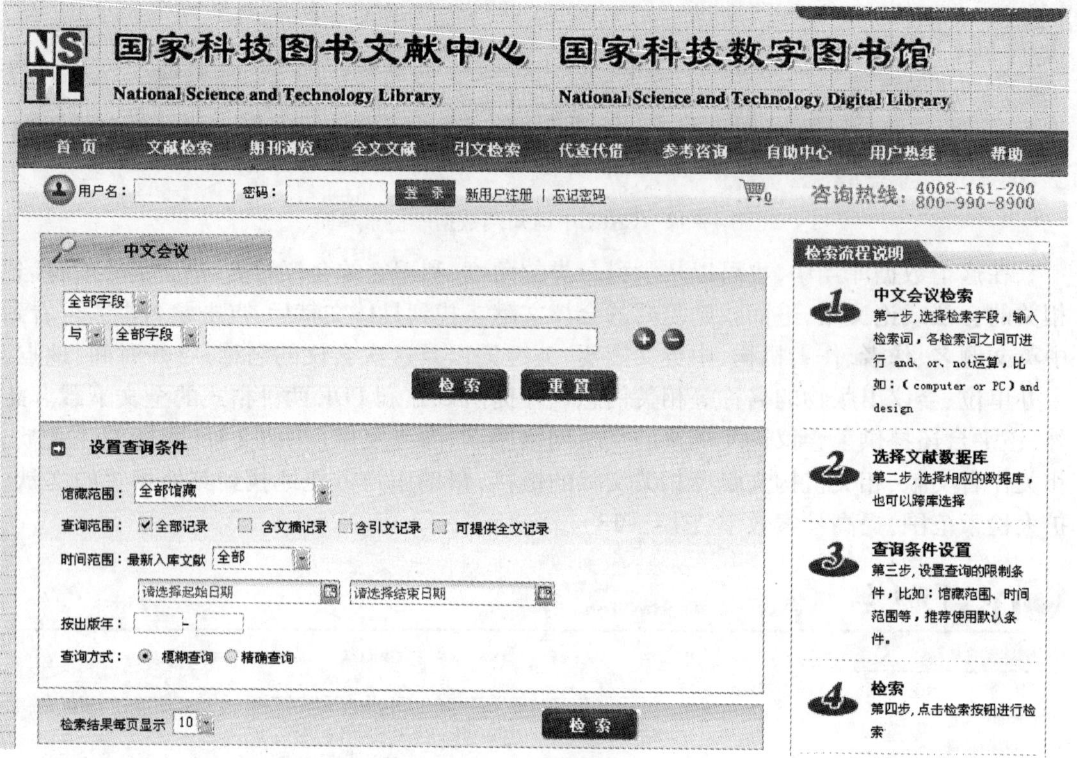

图 4－14 中文会议文献库检索界面

www. conf. cnki. net）和“中国会议网”（http://www. chinameeting. cn）等网站进行检索和查询。

4. 2. 3 国外会议论文的检索

检索国外各种学术会议信息时，根据用户的不同需求，通常可以使用三种不同特色的会议文献检索工具，分别是：《世界会议》（《World Meetings》）、《会议论文索引》（《Conference Paper Index》）和《科技会议录索引》（《Index to Scientific & Technical Proceedings》）。

1. 《世界会议》

《世界会议》（《World Meetings》，《WM》）是由美国世界会议情报中心编辑，麦克米伦出版公司（Macmillan Publishing Company）出版的刊物，按季度发行。它专门预报未来两年内即将在世界上某个国家或地区召开的国际性会议的会议消息。按其报道的地区与内容不同共分为 4 个分册，每个分册独立发行。

《世界会议：美国与加拿大》（《World Meetings：United States and Canada》），1963 年创刊，预报美国和加拿大地区两年内将要召开的各种世界性科技会议的信息。

《世界会议：美国与加拿大以外各国》（《World Meetings：Outside United States and Canada》），1968 年创刊，预报美国和加拿大以外国家和地区两年内将要召开的各种世界性科技会议的信息。

《世界会议：医学》（《World Meetings ：Medicine》），1978 年创刊，预报两年内即将召开的有关医学方面的国际会议的信息。

《世界会议:社会与行为科学、教育与管理》(《World Meetings:Social & Behavioral Science,Education & Management》),1971 年创刊,预报两年内即将召开的社会科学方面的国际性会议的信息。

上述各分册均按季度出版,新的一期的内容是在上一期的两年会议信息中删去前面3个月的信息,并追加后3个月的信息而成的。上述4个分册在国家图书馆均有收藏。

《世界会议》的4个分册的编排结构和著录格式基本相同,均由正文部分和索引部分组成。用户在检索时首先要正确地选择所需的分册。

正文部分以一年4个季度来编排,按开会时间的季度分列其下,列出将要召开的会议名称。具体的著录项目包括有:①世界会议登记号;②会议名称;③会议召开地址;④会议召开时间;⑤主办单位;⑥联系单位或个人;⑦会议介绍(包括专题、类型、论文数和语种);⑧出席人数、限制;⑨截稿日期;⑩会议出版物信息;⑪举办展览事项。

索引部分包括以下6种索引:① 关键词索引(Keyword Index);② 会议日期索引(Date Index);③ 会议地址索引(Location Index);④ 会议出版物索引(Publication Index);⑤ 论文截稿日期索引(Deadline Index);⑥ 主办单位名录索引(Sponsor Directory and Index)。读者可根据索引条目中的文摘号(会议登记号)的指引查到正文中的有关条目,获取相关会议信息。

2.《会议论文索引》

《会议论文索引》(《Conference Paper Index》,《CPI》)由美国剑桥科学文摘社(Cambridge Science Abstracts Inc.)编辑出版,1973 年创刊,1978 年改为现在的名称,是一种双月刊。另外每年12月还单独出版一本年度累积索引。它主要报道有关科技、工程、医学、生物学、地球科学及环境科学等方面的会议论文,这些论文有的是已经收录在会议录中的,有些可能只是一个预告,不过都有论文的标题和著者等简单的题录信息,因此它是一种题录型的报导工具。CPI所报道的会议文献,时间上既包括已经发表的,也包括即将发表的,内容上既比《世界会议》报道得深入,包括了会议上发表的论文的题录信息,又比《科技会议录索引》报道的内容新,速度快。它的年报道量达到10万篇,是目前检索最新会议论文的主要工具之一。

《CPI》的双月刊由正文和索引两大部分组成。正文的著录按会议的学科分类编排,共分为17个大类,按照大类类目名称字顺排列。同一大类下,按照会议登记号顺序排列。同一会议下,按照文献号的顺序排列。每个条目著录有会议事项(包括会议的名称、召开日期及地点)和资料订购信息,紧接着会议消息之后列出在该会议上即将发表或已经发表的每篇论文的题目、著者以及著者所在单位等信息。索引部分包括会议查询表、主题索引和著者索引。

会议查询表(Conference Locator)位于正文的前面,按照类目名称字顺排列。在类目下按照会议名称的不同,分别著录页码、会议名称、会议地点和会议时间。跨类的会议,在不同的类目下重复出现。

主题索引(Subject Index)按照关键词的字顺排列,每个关键词之后为题目的后续部分,后续部分太长时则将尾部截去;如果关键词就在题目后部,则题目结束后加逗号,接着排题目的前部,到规定长度时再将余下的部分截去。一篇论文可在若干个关键词下找到。

著者索引(Author Index)按照著者姓名的字顺排列。著者姓名后著录文献编号。

《CPI》的年度累积索引主要由会议分类索引、会议日期索引、著者索引和主题索引4个部分组成。

3.《科技会议录索引》

《科技会议录索引》(《Index to Scientific & Technical Proceedings》,《ISTP》),由美国科学信息研究所(ISI)编辑出版。是一种综合性的检索会后正式发表的会议录的权威性刊物。1978年创刊,月刊。它不仅报道会议录的出版情况,也报道会议录中各篇会议论文的题录信息。报道的学科范围几乎囊括了科学和工程的各个领域,如生命科学、物理与化学科学、农业、生物和环境科学、临床医学、工程、技术和应用科学等。每年报道会议约4200个,会议论文近17万篇,收录的重要会议论文占75%~90%,并出版有年度累积索引。《科技会议录索引》收录会议文献齐全,检索途径多,出版速度快,可以快速有效地查找某个会议的议题和内容,并提供会议论文作者的详细地址,检索者可直接写信向作者索取文献资料。

《ISTP》由正文部分和6个索引组成。正文部分是会议目录部分(Contents of Proceedings),按会议编号(P * * * * * *)的数字顺序排列,每个编号下先著录会议名称及相关会议事项、会议录名称及其出版情况,然后列出该会议录中全部会议论文的题录信息。

《ISTP》的辅助索引包括类目索引(Category Index)、著者和编者索引(Author & Editor Index)、会议主办单位索引(Sponsor Index)、会议地点索引(Meeting Location Index)、团体索引(Corporate Index)和轮排主题索引(Permute Subject Index)。

4. ISI Proceedings 数据库

ISI Proceedings 数据库是美国科技信息研究所(ISI)著名的学术会议录文献索引数据库,它基于 ISI Web of Knowledge 平台,包括科技会议录索引(ISTP)和社会科学与人文会议录索引(ISSHP)两大会议录索引的 Web 版。ISI Proceedings 汇集了世界上最著名的会议、座谈、研究会和专题讨论会的会议录资料。收录了来自于60000多个会议的350多万条记录。每年增加近26万条记录,其文献来源包括专著、期刊、报告、学会协会或出版商的系列出版物以及预印本等,其中66%是以图书形式出版的会议录,其他的34%来自于期刊。此外还收录了自1999年至今的文后的参考文献和来自于740多个专题的会议摘要,其中90%以上的记录都含有参考文献。覆盖文献包括了英语和非英语文种,数据最早回溯至1990年。数据每周更新。ISI Proceedings 数据库提供了综合全面、多学科的会议论文资料,共覆盖科技与人文社科约250多个不同学科,是目前世界上了解会议文献信息的最主要检索工具。

目前,ISI Proceedings 数据库采用 IP 控制,已购买的单位通过 IP 地址可以直接访问,无需用户名和密码,并采用专线传输,不需花费国际流量通信费。但由于 ISI Web of Knowledge 平台有并发用户数限制,读者检索后应尽快退出,以便其他人连接使用(退出时需点击“LOG OFF”)。

ISI Proceedings 数据库提供快速检索(Quick Search)、普通检索(General Search)和高级检索(Advanced Search)三种检索方式。

1) 快速检索(Quick Search)

这种检索功能相对简单,在检索框中直接输入检索词,若检索词不止一个,可使用逻辑运算符(AND、OR、NOT)连接,然后点击“Search”按钮,进行检索。检索时可对年代范围进行限定。

2）普通检索(General Search)

点击 General Search 进入普通检索界面。这种检索方式提供了多个检索入口,包括主题(Topic)、作者(Author)、集体著者(Group Author)、来源文献题名(Source Title)、出版年(Publication Year)、会议(Conference)、作者或机构所在地址(Address)多种检索途径,用户可根据自己已知的信息选择适当的检索途径,输入检索词进行检索。此外,检索时还可限定检索结果的语种、文献类型和排序方式。

3）高级检索(Advanced Search)

点击 Advanced Search 进入高级检索界面,该种检索方式是利用界面右侧给出的字段标示符,在检索框中创建一个复杂的检索式,从而使文献检索更准确,更完备。它比较适合于较专业的研究人员和检索人员。高级检索支持通配符和布尔逻辑运算符。另外和普通检索一样,检索时可限定检索结果的语种、文献类型和排序方式。

4.3 专利文献

4.3.1 专利及专利文献概述

1. 关于专利

专利(Patent)是一种法律制度,是一个国家的专利主管机关对本国或外国科学技术领域中的发明,用法律手段给予的保护,凡获得此种保护权的发明即可称为专利。专利属于知识产权范畴。

专利不是发明完成后就自动取得的,它需要经过申请和审批的过程。一项发明创造要取得专利的保护必须先由申请人按照专利法的规定,向专利局提出申请,专利局接受申请后,经法定程序的审查,对符合条件的发明才授予专利。

1）专利的类型

专利的类型通常与专利法的保护对象相对应,一个国家或地区的专利法所保护的对象有多少种,它的专利类型就有多少种。比如美国专利分为发明专利、植物专利和外观设计专利三种,而英国的专利就仅有发明专利一种类型。而我国、日本、德国、意大利等相当一部分国家则将专利分为以下三种:

(1) 发明专利。它包括产品专利和技术方案专利。在我国它的保护期一般为20年。

(2) 实用新型专利。它是指对产品的形态、结构或结合所提出的适于使用的新技术方案。我国对此种专利的保护期一般为10年。

(3) 外观设计专利。指对产品的形状、图案、色彩或结合作出的富有美感的并适于工业上应用的新设计。它的保护期在我国一般为10年。

2）专利的特点

专利是一种无形资产,具有以下特点。

(1) 独占性。是指专利是专利权人所独有的,专利权人有独占实施其发明创造的权利。专利法明确规定,未经专利权人许可,任何单位和个人不得实施其专利,否则就是侵权,要负法律责任。

（2）地域性。是指专利权是有地域限制的，一个国家或地区所授予的专利权，仅在该国或地区的法律管辖范围内有效。而在其他国家和地区，就需要重新申请，获得当地的批准，才能受到专利权的保护。

（3）时间性。任何一种专利权，都有一定的有效时间，也就是专利的保护期。专利权人只能在这段有效时间内享有排他性的专利权，一旦期满，专利权便自动失效，其他人可免费使用其专利中的技术等内容。

（4）新颖性。是指专利所反映的发明创造应该是前所未有的，在内容上具有新颖性。

（5）先进性。是指专利发明的技术水平应超出现有水平，居于领先地位。

（6）实用性。是指一项发明创造应该能够在实际生活或工作中被实施应用，如果一项新发明没有任何实际的用途，那么它就变得毫无价值了。

2. 关于专利文献

专利文献是指在专利形成过程中产生的一系列官方文件和有关出版物的总称。它是专利制度的产物，同时也是专利制度的一个重要基础。专利文献充分体现了专利制度的4个基本特征，即法律保护、科学审查、公开通报和国际交流。

专利文献具体包括发明说明书、专利说明书、专利局公报、专利文摘、专利分类表、专利检索工具，以及申请专利时提交的各种文件、法律性文件和诉讼资料等。

1）专利文献的特点

（1）专利文献系统详尽、数量庞大，是一个重要的信息源。目前，全世界有90多个国家用大约30种官方文字出版专利文献，它的数量在2008年以后每年出版接近300万件。而且据世界知识产权组织的统计，世界上每年发明创造成果的90%～95%都能在专利文献中查到。并且，许多发明成果仅仅通过专利文献公开，并不见诸于其他科技文献，因此专利文献是许多技术信息的唯一来源。

（2）专利文献中信息广博。专利文献所涉及的发明创造信息几乎涵盖了所有应用技术领域，从尖端的纳米技术到日常生活用品，可以说无所不包。此外它还是技术信息、法律信息和经济信息的统一体。每一项专利的内容均是人们从事科学技术活动所取得的智力成果，而这些发明创造的技术内容都是第一时间在专利文献中予以披露的。同时专利文献也是具有法律效力的文件，其中提出了权力要求和转让的对象、范围及条件。专利文献与市场经济活动结合紧密，其所记录的内容应用性强，有很高的经济价值。

（3）专利文献的格式统一规范，高度标准化。为了便于国际交流，各国专利说明书都采用国际统一的格式出版，著录项目都标以统一的识别代码，并且具有统一的分类体系，便于检索、阅读和实现信息化。对于具有一定专利文献知识的人来说，即使文字不通，通过代码或格式也可以识别专利说明书各部分的内容。

（4）专利文献出版速度快，时效性强。据报道，全世界技术成果的90%～95%首先会发表于专利文献，因此专利文献是跟踪技术创新领域最新进展的一个重要媒介。

（5）专利文献是公开的。不存在保密问题，易于获得和应用。

（6）专利文献的管理科学。检索工具全面，便于检索和利用。

（7）专利文献交叉重复多。据统计，每年公布的专利文献中大约有2/3是重复的。专利文献交叉重复多的特点是同专利的地域性特点相联系的。

2）专利文献的用途

（1）通过查询专利文献，可掌握当前科技发展的最新水平和动向，从而帮助我们确定新的研究课题和方向。比如：日本近代著名发明家田佐吉，曾因为发明了用蒸汽机驱动的织布机而轰动世界纺织界。而他这一研究项目的确定，就是在认真检索研究了大量的英国专利文献后作出的。同样，如果现在我们想要进行某一领域的科学研究或技术革新，可以对目前在该领域处于领先地位的国家和公司所拥有的专利文献进行分析研究，这样不仅可以了解其技术战略的发展及变化，而且可以对各种技术方案的优劣进行比较，为制定我们自己的研究发展计划提供依据。而且专利文献所提供的信息还能够帮助我们制定出切实可行的科技发展计划，使我国的技术研究和开发工作既能借鉴国外好的东西，又能标新立异，有自己的独到之处。

（2）在专利的申请和审查过程中，可通过专利文献的检索，证实“新发明”的新颖性、创造性和实用性。一般来说，在我们要进行一项发明创造或科研立项时，首先要到专利局去进行“查新”的工作。也就是查阅一下以往的专利文献，以确认我们将要进行的这项发明或科研项目是否是“前所未有”的，内容上是否具有新颖性、创造性和实用性。同时还可能为我们待开发、待研究的问题找到可以借鉴的解决方案。例如：我国核工业部第五研究所，在研制石油工业急需的粉状聚丙烯酰胺的过程中，就调研了大量国外有关的专利文献，并从中掌握了聚丙烯酰胺及其衍生物制备的历史、发展过程、现有工艺、已达到的水平及发展方向等信息。在此基础上，他们改进了聚合及成粉工艺，使研究取得了突破性进展，并最终获得成功。生产出的产品达到国际先进水平，填补了国内的空白，满足了我国石油工业发展的需要。但是如果没有国外几十年的技术积累，我们要从头做起，那将不可想象要花费多少资金和时间。而且如果我们不是在世界各国最新成就的基础上开始研究，我们也很难在技术上有任何意义上的赶超。由此可见，专利文献中提供的信息可以帮助我们在研究开发工作中避免重复劳动，少走弯路，做到投入少，见效快。

（3）在进行国际贸易、产品经营和市场预测时，可通过对专利文献的比较、分析、研究，掌握进出口的技术和产品的技术水平和先进程度，提高自身的市场竞争能力，避免蒙受不必要的经济损失。例如：在20世纪80年代初，我国在引进英国皮尔金顿公司的浮法玻璃生产线的过程中，我国有关的科技信息部门详细地检索了该公司相关的专利文献，发现该公司有关浮法玻璃技术的137项专利在谈判时已经有51项超过了保护期，占37.4%。从而在谈判中以此为依据，迫使英方将索要的货款由原来的2500万英镑降为52.5万英镑。从而保护了国家和企业的利益，节省了外汇资金。另外，随着我国科技、经济的快速发展，已经有越来越多的企业的产品和技术走向世界，打入国际市场，在这种形势下，我们更要注意利用专利文献来搞清有关产品和技术在相应国家的专利申请情况，及时地申请我们自己的专利，从而避免不必要的侵权纠纷，而且也可以指导企业利用已获得的专利去更有效地占领市场。

3）专利文献的分类

（1）一次专利文献。一次专利文献泛指各种类型的专利说明书。包括授予发明说明书、发明人证书、医药专利、植物专利、工业品外观设计专利、实用证书、实用新型专利、补充专利或补充发明人证书、补充保护证书、补充实用证书的授权说明书及其相应的申请说明书。

(2) 二次专利文献。二次专利文献是指各种刊载专利文摘、专利题录、专利索引以及专利事务的专利局官方出版物。主要包括专利公报、专利文摘出版物及专利索引。

(3) 专利分类资料。专利分类资料是用于按发明技术主题对专利申请进行分类和检索专利文献的工具。包括专利分类表及分类表索引等。

3. 专利说明书

专利说明书就是我们通常所说的一次专利文献,它是专利文献的主体,出版量很大。它的主要作用,一方面是公开相关的技术信息,另一方面是限定专利权的范围。专利说明书是我们进行专利文献检索的主要对象,因为任何专利信息用户在检索专利文献时,最终要获取的就是这种全文出版的专利文献。因为只有在专利说明书中才能找到专利权人申请专利的全部技术信息以及准确的专利权保护范围的法律信息。

1) 专利说明书的种类

专利说明书是专利申请人向各国专利局提交的书面文件。它不仅是记述一项申请的发明创造详细内容的技术文件,也是体现申请案的专利权种类及法律状况的法律文件。

专利说明书按专利权种类可分为发明专利说明书、实用新型专利说明书和外观设计专利说明书,另外在有些国家还有植物专利说明书、增补专利说明书、再公告专利说明书等等。

专利说明书按法律状况可分为申请说明书、公开说明书、审定说明书以及(经过批准的)专利说明书等。一些国家有某些特殊的专利说明书,通常以特定的代码来表示其法律状况和版次。

2) 专利说明书的结构

为了便于文化传播和国际交流,各国的专利说明书都有统一固定的格式,通常由标识部分(扉页部分)、正文部分和权项 3 部分组成。

(1) 标识部分。也称扉页部分,位于说明书首页,著录了本专利的申请、分类、摘要等法律、技术特征。为了便于人们识别项目内容以及计算机处理,每个著录项前都有一个通用数字代码,称作 INID(Internationally agreed Numbers for the Identification of Data)国际标准代码,它是由世界知识产权组织(World Intellectual Patent Organization ,简称 WIPO)制定,从 1973 年开始使用。这种代码由圆圈或括号所括的两位阿拉伯数字表示。常用的代码如下:

[11]专利号(文献号)

[12]文献种类的简述

[19]公告专利文献的国家或机构,即专利国别

[20]国内登记项

[21]专利申请号

[22]专利申请日期

[32]优先权申请日期

[45]已批准专利的说明书印刷和出版日期

[51]国际专利分类号(IPC 号),简写成 Int. Cl^n,Cl 右上角的数字,表示 IPC 的版次。

[52]本国专利分类号

[53]国际十进分类号

[54]发明题目

[55]主题词

[56]已发表的有关文献

[57]专利摘要或专利权范围

[58]审查时所核查范围

[71]申请人姓名(或公司名称)

[72]发明人姓名

[73]受让人姓名(或公司名称)

[74]律师或代理人

专利说明书标识部分的著录事项相当复杂,包含着较丰富的信息,这是其他文献所没有的。它为我们检索同类专利或相关专利,提供了重要的线索。

(2) 正文部分。主要描述了该发明的目的、构成和效果,说明该发明与已有技术的联系、区别,以及该发明的应用领域和范围。多数有附图和最佳实施方案的说明。

(3) 权项部分。是以正文内容为依据,用最简洁的法律语言归纳本发明的核心技术特征,明确划定要求保护的范围,具有直接的法律效力,是确定专利权范围及判定侵权依据的法律性条文。

此外,有的专利说明书还附有必要的简图和检索报告(即相关文献目录)。

专利局将专利说明书审查后予以公布,目的是宣告某项新技术的专利权已归谁所有,同时把这项新发明的内容公诸于世。

4. 国际专利分类法

专利分类法是从内容主题出发来检索专利文献的重要途径。为了促进世界各国的科学技术交流和贸易往来,需要有一种国际上通行的专利分类法,国际专利分类法就是在这种情况下诞生的。国际专利分类法(International Patent Classification, Int. CL 或 IPC)于1968年9月1日正式在国际范围内生效,以后大约每5年进行一次修订。目前已经有越来越多的国家采用国际专利分类法来对专利文献进行分类和标引,包括70多个国家及4个国际组织,我国于1985年4月1日开始采用《IPC》来对我国的专利文献进行分类和标引。

1)《国际专利分类表》(《IPC》)

《国际专利分类表》采取功能分类和应用分类相结合,以功能分类优先的原则来划分类目,并采用等级分类体系。所谓功能分类原则,就是根据发明的“直接功能”或“效用或产品”来编制分类表和进行发明的分类,它不注重发明用在什么地方,而仅考虑其技术作用或者称之为功能;而应用分类原则是根据发明的用途或应用领域来进行分类,不注重发明本身的功能,而主要考虑发明应用的部门或者对象。例如:小孩用的水枪、汽车车身的冲洗工具、农业用的喷灌设备、工业用喷头喷枪。如果按照功能分类的原则,应该分到一个类目下,即“流体的喷洒和扩散”,因为它们的功能都是将流体通过一个通道向外喷洒和扩散。但是从应用的角度考虑,它们会被分到各种类目下,例如:被分别分到儿童玩具、汽车附属工具、农业机械、相应工业等类目下。

《IPC》由9个分册构成,前8个分册分别对应《IPC》的8个部类,最后一个分册是《使用指南》,它是使用国际专利分类表的指导性分册,它对国际专利分类表的编排、分类原则、分类方法和分类规则等作了解释性说明,并将8个部类中的前三级类目按字顺编成索引。《IPC》除了英文与法文这两种官方文字的版本外,还出版有许多种文字的译本,从第二版以后都有中文译本出版。目前使用的是2006年1月1日开始生效的《IPC》第8版,它的英、法文版可在Internet上查阅,网址为:www. wipo. int/classifications/ipc。《IPC》的等级展开分别为部(Section)、分部(无类号,属于非实质性类目)、大类(Class)、小类(Subclass)、主组(Main Group)和分组(Subgroup)。

(1) 部是《IPC》的最高分类等级,共有8个,每一个部都有自己的名称和分类号。名称由一个单词或者几个单词组成,它们的类号分别用A~H这8个字母来表示。

① SECTION A — HUMAN NECESSITIES(人类生活需要)。

② SECTION B — PERFORMING OPERATIONS; TRANSPORTING(各种操作;运输)。

③ SECTION C — CHEMISTRY; METALLURGY(化学;冶金)。

④ SECTION D — TEXTILES; PAPER(纺织;造纸)。

⑤ SECTION E — FIXED CONSTRUCTIONS(固定建筑物)。

⑥ SECTION F — MECHANICAL ENGINEERING; LIGHTING; HEATING; WEAPONS; BLASTING(机械工程;照明;加热;武器;爆破)。

⑦ SECTION G — PHYSICS(物理)。

⑧ SECTION H — ELECTRICITY(电学)。

(2) 分部是各部主要内容的一些概括性分类标题,不编类号,只是为了方便用户检索使用,属于非实质性类目。在《IPC》的8个部中,除H部电学之下未设分部外,其他部下均设有不同的分部,共21个。

(3) 大类是分部的展开,仍然属于较概括性的分类。类号为在所属部的类号后加上两位阿拉伯数字组成,共100多个。如B64 航空器、航空;宇宙航行学。

(4) 小类是大类的进一步展开,较具体的规定了所包含的主体范围,类号由大类的类号再加上一个大写字母组成,共600多个。如B64C 飞机;直升飞机。

(5) 主组是小类的细分,具体规定所适用的技术主题,其类号由小类号加上1~3位数字(这个数字通常为奇数),然后是斜线"/",再加上两个"0"组成,共7000多个主组。主组分类号所使用的数字不连续,是为了以后增加新类目时比较方便。如B64C25/00 起落装置。

(6) 分组是对主组的进一步细分,更为具体的规定了所适用的技术特征。其类号是把"/"后的两个"0"换成非全为"0"的2~4位数字。分组还可以进一步细分为一级分组、二级分组等,直至八级分组。分组的等级关系由类目前面的错位及"·"的数目表示,有几个"·"就为几级分组,而从类号上是没有反映的。

例如:

B64C25/02	·	起落架
B64C25/08	··	非固定的,如可抛弃的
B64C25/10	···	可收放的,可折叠的或类似的
B64C25/18	····	操作机构
B64C25/26	·····	操纵或锁定系统

《IPC》的标记制度采用字母数字混合编码,层累制与顺序制相结合的编号方法,即从部到主组,用层累制编号,主组以下则采用顺序制编号。

一个完整的国际专利分类号表示形式中除了上述几个级别的标记外,前面还要加上"Int. Cl"标记,n 代表按第 n 版《IPC》分类表进行分类。如 Int. Cl^8 B22D41/14 等。检索不同时间的专利文献,应使用相应版次的《IPC》,否则就可能查不出所需的分类号。

2)《IPC 关键词索引》

《IPC 关键词索引》(Official Catchword Index to the International Patent Classification)是一部英文版的单独出版物,是使用《IPC》的辅助工具。索引将 6 万多个技术性词汇,称为主词,按英文字顺排序,每一词下列出一些限定性、修饰性词组,称为二级主词,并在它们之后列出与之相对应的 IPC 分类号。提供了由主题词出发初步确定 IPC 分类范围的手段。通常与《IPC》表配套使用。

4.3.2 中国专利及专利文献的检索

1. 中国专利

1980 年中国专利局成立,从 1985 年4 月1 日开始实施专利法。采用国际上通行的法律和经济的手段对科技成果进行管理,在法律保护下实现新技术信息的传播和技术的有偿转让。1994 年 1 月 1 日,中国成为《专利合作条约》(PCT)成员国。中国专利局(现为国家知识产权局)成为该条约国际专利申请受理局、国际检索单位和初步审查单位。中文正式成为 PCT 申请的工作语言之一。现在中国已成为专利申请最多的国家之一。

我国专利法实行的是"早期公开,延迟审查"制度,保护的对象包括发明专利、实用新型专利和外观设计专利三种。

2. 中国专利文献的检索

检索中国专利文献,一方面可以利用国家知识产权局出版的几种印刷版检索工具进行检索,此外还有几个专门提供专利文献检索和服务的网站可供利用。

1)《中国专利公报》

原中国专利局于 1985 年 9 月 10 日主编发行了首批《中国专利公报》。它由《发明专利公报》、《实用新型专利公报》和《外观设计专利公报》3 种刊物组成。起初每月出版一次,从 1986 年起改为周刊,每年为一卷。并且在《公报》出版之日,同时还要出版该期公报中所报道的各项专利的说明书或已批准专利权的专利说明书的单行本。各公报的报道内容以固定顺序排列,正文均按国际专利分类号顺序排列,以文摘的形式报道发明专利。

2)《中国专利索引》

《中国专利索引》是《中国专利公报》的分年度累积本,是题录型的索引。包括《中国专利索引——分类年度索引》、《中国专利索引——申请号、专利号索引》和《中国专利索引——申请人、专利权人索引》。

《分类年度索引》报道本年度所有公开或公告的、授权的发明专利、实用新型专利和外观设计专利。它按 IPC 号或外观设计(专有的)分类号排序,著录项包括分类号、公开号(或授权公告号)、申请号(或专利号)、申请人(或专利权人)、发明名称和卷期号。

其中的公开号或授权公告号是按文献流水号的顺序编排,均采用 7 位数字。数字前的"CN"是国际标准化组织(ISO)制定的标识国家和地区名称的国际通用代码,"CN"代表中国。第一位数字用来区分三种不同的专利,"1"为发明专利,"2"为实用新型专利,"3"为外观设计专利。后6 位数字为专利申请公开或授权公告的流水号。编号后的字母用来区分其法律状态,"A"表示发明专利申请公开,"C"表示发明专利授权,"Y"表示实用新型专利授权,"D"表示外观设计专利授权。其中的专利号为授予专利权的编号,中国专利局对此号没有另行编排,而是沿用其相应的专利申请号。其中的卷期号为发布该申请案的专利公报的卷期号,1985 年发布的专利公报为第 1 卷,1986 年为第 2 卷,依此类推。

《申请号、专利号索引》以申请号或专利号的顺序排列。申请号是中国专利局对所受理的某件专利申请给予的编号,由 8 位数字组成,前两位数字表示申请年代,第三位数字用来区分 3 种不同的专利,"1"为发明专利,"2"为实用新型专利,"3"为外观设计专利。后 5 位数字表示当年各项专利申请的流水号。小数点后面的尾数是作为计算机的校验码。

《申请人、专利权人索引》以申请人或专利权人的姓名或译名的汉语拼音顺序排列。第一个字相同时,按第二个字排序,依此类推,如遇有同音字,按计算机字库中同音字顺序排列;在申请人相同的情况下,按申请号递增顺序排列。以阿拉伯数字或英文字母等非汉字起首的,均集中排在该部分内容的最前面;名称为日文汉字或计算机用《中华人民共和国国家标准信息交换用汉字编码字符集(基本集)》以外的汉字,由于其发音不易为大多数人所熟悉,计算机也不便于排序,均放在该部分内容的最后面。

3)《中国专利分类文摘》

《中国专利分类文摘》是专利局文献馆对原有的专利公报重新加工、编辑成册的二次文献,它集《专利公报》和《年度索引》的优点于一身,同时还增加了大量的法律信息,是一种检索中国专利文献的高效的工具。它按 IPC 的 8 个部分为 8 个分册,1985 年期出版《发明专利分类文摘》,1989 年起增加了《实用新型分类文摘》。其编排方式是按 IPC 号顺序将一年度公开的专利申请加以报道,正文形式与《中国专利公报》相同,并有申请号、申请人、公开号等索引。

4) 中国国家知识产权局网站

中国国家知识产权局网站是政府性官方网站,提供中文简体、中文繁体和英文 3 种版本,除了提供专利检索和查询服务,还包括政务信息、服务信息、最新资讯、专利相关网上事务、专题栏目信息和相关子站链接。网址为:http://www.sipo.gov.cn(图 4-15)。

图 4-15 国家知识产权局网站主页

在主页上面部分,可以看到专利检索与查询的按钮,点击该按钮即可进入专利检索与查询界面,该界面共分为专利检索与服务系统(公众部分)、中国专利查询系统、中国专利检索系统和专利查询四个部分。

其中专利检索与服务系统(公众部分),收录了103个国家、地区和组织的专利数据,其中涵盖了中国、美国、日本、韩国、英国、法国、德国、瑞士、俄罗斯、欧洲专利局和世界知识产权组织。该数据库中的中国专利数据每周六更新,国外专利数据每周三更新。可以实现常规检索、表格检索、概要浏览、详细浏览、批量下载等等功能。

中国专利查询系统包括2个查询系统,即电子申请注册用户查询和公众查询系统。电子申请注册用户查询是专为电子申请注册用户提供的每日更新的注册用户基本信息、费用信息、审查信息(提供图形文件的查阅、下载)、公布公告信息、专利授权证书信息;公众查询系统是为公众(申请人、专利权利人、代理机构等)提供的每周更新的基本信息、审查信息、公布公告信息(图4-16)。

图4-16 国家知识产权局专利检索与查询界面

中国专利检索系统收录了从1985年9月10日以来公布的全部中国专利信息,包括发明、实用新型和外观设计三种专利的著录项目及摘要,并可浏览到各种说明书全文及外观设计图形。数据库数据每周三更新。检索时可根据情况选择申请号或专利号、申请日、申请人或专利权人、发明人、发明名称、摘要或分类等多种检索途径进行检索(图4-17)。

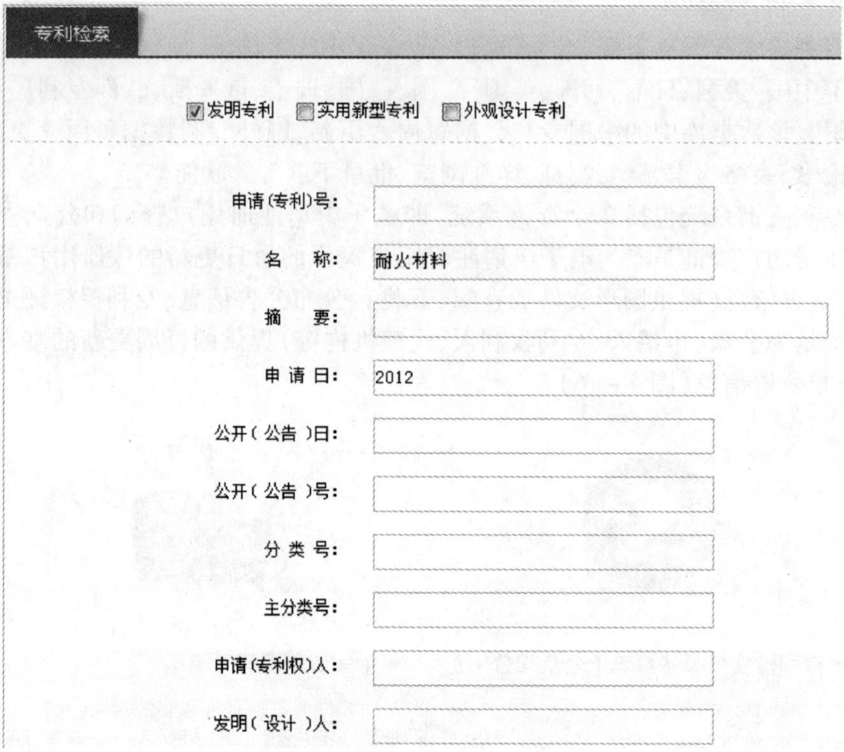

专利检索

☑发明专利 ▢实用新型专利 ▢外观设计专利

申请(专利)号：

名 称：耐火材料

摘 要：

申 请 日：2012

公开(公告)日：

公开(公告)号：

分 类 号：

主分类号：

申请(专利权)人：

发明(设计)人：

图 4－17 中国专利检索界面

在该检索界面内也可以对专利的类型进行限定，并输入多个检索条件进行检索。例如想要检索 2012 年申请的有关耐火材料的发明专利，就可以勾选发明专利的类型，然后在专利名称框中输入“耐火材料”，在申请日框中输入“2012”，即可得到想要查找的检索结果列表。选定某一特定文献后，点击其专利名称，即可进入看到该专利文献更详细的信息及文摘内容。如还想进一步阅读全文，可点击页面上方的“申请公开说明书”或“审定授权说明书”。说明书为 TIF 格式文件，在线浏览说明书必须安装本网站提供的专用浏览器。建议 IE 升级到 6.0 以上(图 4－18)。

▪ 发明专利 (**70**)条

序号	申请号	专利名称
1	201210092945.1	一种以使用后的不定型耐火材料为主料的再生耐火浇注料
2	201210089971.9	采用辐射交联法制备可瓷化硅橡胶耐火材料
3	201210101786.7	一种铝－尖晶石－刚玉复合耐火材料及其制备方法和应用
4	201210104103.3	一种铝－尖晶石－镁砂复合耐火材料及其制备方法和应用
5	201210287056.0	一种耐火材料及其制备方法
6	201210225181.9	烧结点火炉耐火材料劣化倾向的动态监测方法
7	201210233674.7	一种生产熔铸氧化铝耐火材料用刚玉砂型及其生产工艺
8	201210142851.0	含碳耐火材料的物质组分及产品的制造方法
9	201210289867.4	树脂结合铝镁质耐火材料
10	201210344349.8	耐火材料专用复合减水剂的制备方法

图 4－18 检索到的专利文献题录列表

专利查询部分包括9个查询系统：专利公开公告、法律状态查询、收费信息查询、代理机构查询、专利证书发文信息查询、通知书发文信息查询、退信信息查询、事务性公告查询、年费计算系统，为公众（申请人、专利权人、代理人、代理机构）提供每周更新的专利公报信息、法律状态信息、事务性公告信息、缴费信息、专利证书发文信息、通知书发文信息、退信信息，以及代理机构备案信息、年费缴纳与减缓信息（图4－19）。

申请（专利）号：**201210287056.0**

+大 中 小

申请公开说明书（5）页

申 请 号:	201210287056.0	申 请 日:	2012.08.14
名 称:	一种耐火材料及其制备方法		
公开（公告）号:	CN102765955A	公开（公告）日:	2012.11.07
主 分 类 号:	C04B35/66(2006.01)I	分案原申请号:	
分 类 号:	C04B35/66(2006.01)I		
颁 证 日:		优 先 权:	
申请（专利权）人:	湖南仁海科技材料发展有限公司		
地 址:	湖南省邵阳市新邵县坪上镇竹畔村		
发明（设计）人:	陈历蕃；潘建中；潘建华	国 际 申 请:	
国 际 公 布:		进入国家日期:	
专利代理机构:		代 理 人:	

摘要

本发明公开了一种耐火材料及其制备方法，该耐火材料包括以下重量比的成分：碳化硅20%-50%；氧化铝40%-75%；白泥2%-18%；硅微粉1%-10%；硅溶胶溶液1%-20%；硫酸钠0.5%-15%。该制备方法包括以下步骤：按所述耐火材料成分的重量配比称取各种材料，在容器内将碳化硅、氧化铝、白泥、硅微粉混合均匀，再加入硫酸钠和硅溶胶溶液搅拌均匀；将搅拌均匀后的材料放入高速混碾机中进行进一步混合；将高速混碾机中混合后的材料压制成型、干燥；接着将成型、干燥后的毛坯放入窑内烧结。本发明提供的耐火材料耐高温、耐腐蚀、抗氧化、抗热震性好。

图4－19　国家知识产权局专利检索结果示例

5）中国知识产权网

中国知识产权网（http://www.cnipr.com）是由国家知识产权局知识产权出版社在政府支持下，于1999年6月10日创建的知识产权类专业性网站，它负责报道知识产权方面的相关资讯，并提供各种专利信息产品与服务，为国内外的政府机构、企业、科研机构等单位提供了一个专业、全面的服务平台。其独立开发的《CNIPR专利信息服务服务平台》收录了1985年《中华人民共和国专利法》实施以来所公开的全部中国发明专利、实用新型专利、外观设计专利和发明授权专利，此外还收录了90多个其他国家（地区）和组织的专利数据资源，集成了专利检索、分析、预警、信息管理和机器翻译等功能，是全面掌握专利信息动态，帮助政府、企业制定知识产权战略和经验发展战略的有效工具。该网站提供中文、日文和英文三种版本方便不同用户使用。

该网站上的专利信息检索系统提供了快速检索和高级检索两种检索方式。快速检索时，即在主页上方的快速检索框中输入检索的关键词，点击“检索”按钮即可完成检索（图4－20）。

如点击快速检索框右侧的“高级检索”，即进入高级检索界面。在高级检索方式中，用户可选择所要检索的专利文献类型，专利国别或地区，并可实现多个字段的组配检索功能，每个字段检索框右侧都给出了检索式的格式要求和示例。如有需要，还可增加更多的

图 4-20　中国知识产权网快速检索方式

检索字段。此外，在这个平台上还可以检索失效专利，或对某个已知专利的现在的法律状态进行查询（图 4-21）。

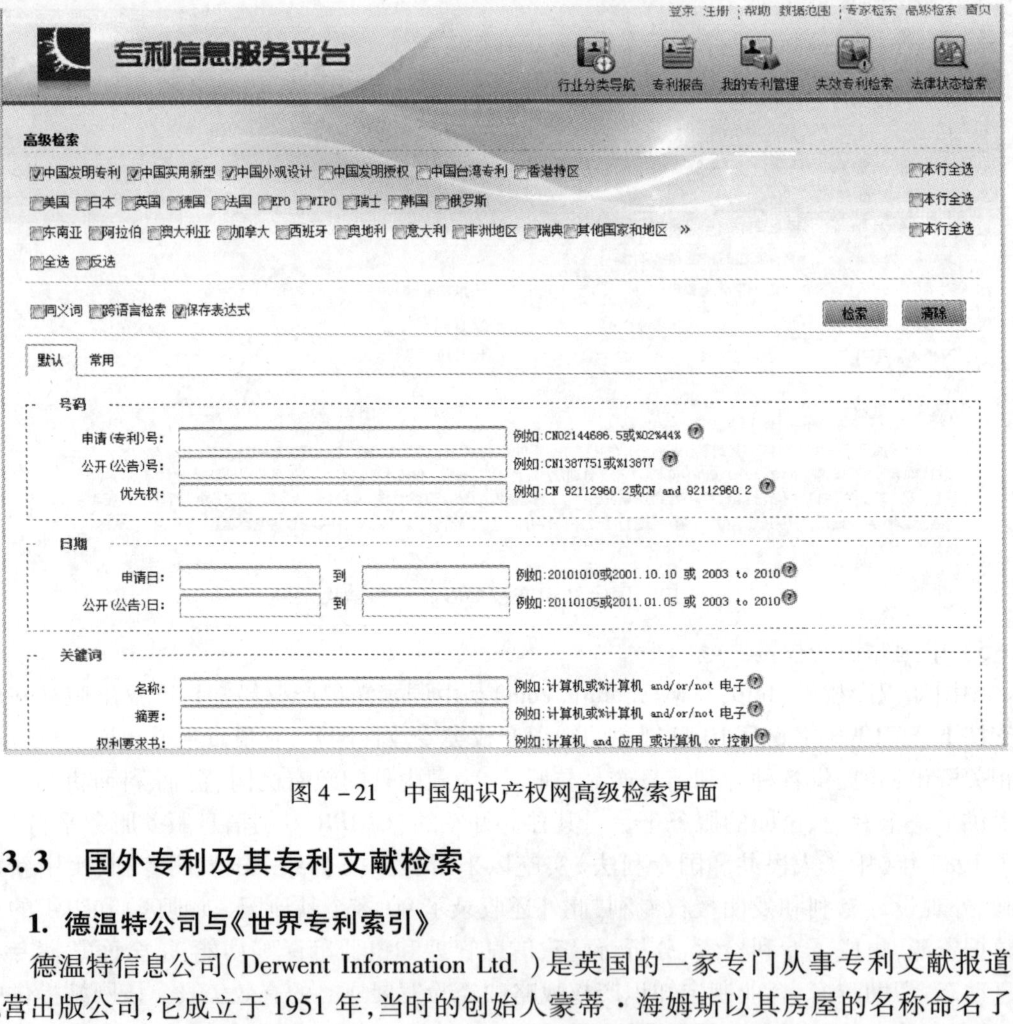

图 4-21　中国知识产权网高级检索界面

4.3.3　国外专利及其专利文献检索

1. 德温特公司与《世界专利索引》

德温特信息公司（Derwent Information Ltd.）是英国的一家专门从事专利文献报道的私营出版公司，它成立于 1951 年，当时的创始人蒙蒂·海姆斯以其房屋的名称命名了该公司。德温特公司开始时仅以英文文摘的形式报导为数不多的欧美主要国家有关化学方面的专利。在 20 世纪 50 年代，主要出版一些分国专利文摘，首先创刊了《英国专利文摘》，然后陆续出版了美国、日本、德国、法国、苏联、荷兰、比利时等 7 个国家和两个国际专利组织（国际专利合作条约 PCT 和欧洲专利条约 EPC）的专利文摘。到了 60 年代，德温特公司开始出版按专业来报导专利文献的文摘刊物，如《聚合物专利文摘》、《药物专利文摘》、《农业化学专利文摘》，它们是日后《化学专利索引》产生的重要基础。到了 70 年代，德温特公司报道的专利文摘刊物扩展到化学专业的所有领域，从 1970 年开始，出版

《中心专利索引》(简称 CPI),1986 年改名为《化学专利索引》(简称仍为 CPI)。1974 年创刊《世界专利索引》(简称 WPI)和优先案索引。到了 80 年代,《世界专利索引》又相继划分出《电气专利索引》(简称 EPI)和《综合与机械专利索引》(G&MPI)。至此,德温特公司专利检索体系逐渐成形。目前,德温特公司已发展成一个颇具规模的跨国性专利信息出版机构,它的专利文献的报道和检索体系是目前世界上规模最大也较好使用的。它统一采用英文这一种语言来报道和检索世界各主要国家的专利文献,所收录的范围包括世界上 37 个国家和地区,2 个国际组织(欧洲专利条约 EPC 和国际专利合作条约 PCT)的专利文献,以及两种出版物(英国的《研究公开》和美国的《国际技术公开》)中发表的专利文献。这一系列专利文献检索刊物被统称为《世界专利索引》,简称《WPI》。目前,《WPI》的年报道量约 100 万余件,占世界专利文献总量的 70% 以上,从 1987 年起开始报道中国专利。《WPI》的报道速度较快,各国专利公布后一般在 1 ~3 个月内即予以收录,以周刊的形式出版,统一采用英语语种报道。目前德温特的主要产品包括:印刷版型出版物、缩微平片、缩微胶卷、文摘卡片、机读磁带、CD - ROM 光盘和数据库等。

、《WPI》具有内容全面、报道速度快、文字统一,分类和著录格式统一,采用主—副标题、辅助索引多、出版形式多样化等特点。《世界专利索引》出版物包括以下系列。

① 题录系列:《世界专利题录周报(WPIG)》(或称《WPI 周报》)

② 文摘系列:《一般/综合与机械专利索引(G&MPI)》、《化工专利索引(CPI)》、《电气专利索引(EPI)》。

③ 索引系列:《优先案索引》(WPI - Priority Index)。

④ 综合系列:《分国专利文摘(PABC)》。

1)《世界专利题录周报》(《World Patent Index Gazette - WPIG》)

《世界专利题录周报》,也称《WPI 周报》,它按学科分为 P(一般)、Q(机械)、R 或 S—X(电气)、Ch 或 A—M(化学化工)4 个分册,每个分册都包括有专利权人索引、IPC 号索引、入藏登记号索引和专利号索引这四种索引,它们的著录格式分别如下。

(1) 专利权人索引。

用途:用于从专利权人的途径查找有关的专利信息。

它是按照专利权人名称代码的字母顺序编排的,专利权人名称代码一律用四个大写英文字母来表示。德温特公司出版有《德温特公司代码手册》,其中收录了 1 万多家大公司或研究机构的代码,这些公司所使用的代码彼此不重复,德温特公司称这些公司为标准公司。比如:美国贝尔电话研究所的代码为 WELE,日本丰田汽车公司的代码为 TOYT。

对于没有收录进《德温特公司代码手册》中的公司或个人,检索时用户可自行给其指定代码,其基本规则是:取专利权人名称中具有实质意义的四个字母作为代码。例如:

名称	代码
MOLTECH CORP	MOLT -
THE ECHLIN MFG CO	ECHL -
DAHLQUIST J G	DAHL/
REP J R	REPJ/

这些非标准公司的专利权人代码,经常会有重复的,因此在查阅时,要注意把专利权人代码、专利权人全称进行对照核实。为了尽量减少专利权人名称代码的重复,并使这些

代码易于区分,德温特公司在某些代码之后,加上后缀符号,以表示不同的含义。代码之后为空白,表示标准公司;代码之后加"-",表示小公司;代码之后加"/",表示个人;代码之后加"=",表示苏联机构。

(2) 国际专利分类号索引(IPC 号索引)。

用途:用于从技术课题所属的分类号来查找有关的专利信息。

IPC 号索引按照国际专利分类号的顺序排列,通常分到主组这一级别。

(3) 入藏登记号索引。

用途:主要用来查找相同专利。

德温特入藏登记号索引是按照入藏的年份来进行排序的,每一个年份之下再按登记号的数字顺序排列。

(4) 专利号索引。

用途:从已知的国别和专利号来查找到相应的德温特入藏登记号或相应的专利权人代码,然后再转查到相关的索引,最终得到所需的专利信息。

专利号索引按照专利国别的英文字母代码和专利号大小的顺序排列。

2)《WPI 文摘周报》

《WPI 文摘周报》按学科由《一般/综合与机械专利索引(G&MPI)》、《化工专利索引(CPI)》、《电气专利索引(EPI)》3 部份刊物组成,共 22 个分册。

《WPI 文摘周报》的专利文献的报道一般分三部分进行,第一部分报道基本专利,第二部分报道日本的专利,第三部分报道相同专利。每一部分中按德温特分类号的顺序排列,同一分类号下再按国家(或组织)代码及专利号排序,主要专利国在前,其他专利国在后。

《WPI 文摘周报》的著录格式及内容如下:

专利权人代码　　德温特分类号　　德温特入藏登记号　　专利号

专利标题(说明书文种代码)

专利权人名称(优先权项)

其他相关的德温特分类号　　此专利说明书公开日期　　国际专利分类号

专利文摘

专利说明书的页数与附图情况

引证文献

第二入藏号　　检索代码(它仅为 EPI 中的专利设置)

《G&MPI》中包含有专利权人索引和入藏登记号索引;《CPI》中除了上述两个索引外,还有专利号索引;《EPI》中则又增加了一个 EPI 分类目次表。

3) 德温特世界专利创新索引(Derwent Innovation Index,简称 DII)

它将"世界专利索引(WPI)"和"专利引文索引(PCI)"的内容整合在一起,收录全球 40 多个专利机构的 1400 多万项基本发明,3000 万个专利,利用 Web of Knowledgece 平台,为研究人员提供世界范围内的化学、电子与电气以及工程技术领域内综合全面的发明信息,数据每周更新。DII 检索的准确性体现在:方便精确的检索机制和清晰简洁的专利发明解释,并因此著称于世。

2. 英国专利及其专利文献的主要检索工具

英国是世界上较早实行专利制度的国家之一,其专利法建于 1852 年。英国专利的审批制度与其他国家不同。专利申请人在申请专利时不必递交说明其发明详细内容的完整的说明书,只需递交临时说明书,而完整说明书可以在一年内再递交。其目的在于鼓励人们尽快申请,以取得优先权。另外英国专利法只保护发明专利这一种专利,未设置实用新型保护制度,外观设计根据《外观设计注册法》进行保护。

目前英国专利使用英国专利分类法和国际专利分类法两种分类法。检索英国专利文献主要有以下几种途径。

1) 英国《专利与外观设计公报》

它创刊于 1854 年,是英国专利局的官方出版物,是题录型工具,公布语言为英语,现为周刊,每周三公布。自 2008 年 3 月起,原《专利与外观设计公报》中的发明和外观设计内容拆分成两部分分别单独设立公报来进行报道,即《专利公报》和《注册外观设计公报》。

2) 英国知识产权局网站(http://www.ipo.gov.uk/)

进入英国知识产权局网站,可以进行专利和外观设计的检索。

3. 美国专利及其专利文献的主要检索工具

美国是世界上最早建立专利制度的国家之一,其专利法建于 1790 年,到现在已有 200 多年的历史。美国每年发表的专利文献的数量非常大,目前其专利文献总量已达到数百万件,是世界上拥有专利最多的国家。在专利制度上,美国采用完全审查制,专利商标局所出版的各种专利说明书都是经过严格审查,批准予以公布的出版物,其审查期为 1 ~2 年。专利的分类采用美国制定的分类法,任何国家的发明人都可以在美国申请专利,且美国的专利不实行强制实施。

1) 美国专利说明书的种类

(1) 发明专利。它是美国专利文献的主体,约占总量的 95% 以上,有效期为 17 年。

(2) 植物专利。该专利从 1931 年起实施,主要内容包括新培育出的农作物、果树、花卉等植物品种。该专利的专利号前冠有“PLT”字样,有效期为 17 年。

(3) 外观设计专利。该专利从 1842 年起实施,主要为保护工业制造品的外观、形状上的创新性设计。其保护期分为 3 年半、7 年和 14 年三种。专利号前冠有“D”字样。

(4) 再公告专利。该专利从 1936 年起实施。它是专利发明人发现原专利有重大错误或遗漏,或是权力要求没有写到应有的程度,而自愿放弃原专利,重新提出专利申请并获批准出版的专利说明书。专利号前冠有“Re”字样。

(5) 防卫性公告。该公告从 1968 年起实施,它是发明人考虑到自己的发明不值得或不愿意申请正式专利,通过这种公告,公开自己的发明,防止别人以同样的发明申请专利。这样既不破坏该项发明的新颖性,也不妨碍自己对该项发明的利用。当然,别人也可以无偿利用该公告中的技术。防卫性公告的编号前都有“T”字样。

(6) 自愿公开试验计划。从 1975 年起实施,其目的是为了减少专利申请案的审查积压。具体办法是选择一部分申请案,征得申请人同意,不经过审查提前公告,公开出版其说明书。这类说明书采用申请号编号,前面冠以“B”字样。

(7) 再审查证书。美国专利商标局于 1981 年公布了“在审查制度”。即在专利批准的两年内,如果有人对某项专利有异议,在提交书面要求和交纳一定费用后,专利商标局将对此项专利进行再审查,若再审查通过,就出版“再审查证书”。证书仍沿用原来的专利号,只是在原专利号前冠以“BI”字样。

美国的专利说明书具有栏目醒目、技术水平高、信息可靠程度高和内容详尽的特点。

2）美国专利文献的主要检索工具

检索美国专利文献的主要检索工具和网站如下。

（1）《美国专利商标局公报》（Official Gazette of United State Patent & Trade Mark Office）。它是美国专利商标局的权威性刊物，凡经该局所批准的专利均首先公布于此。它分为专利和商标两个分册。人们习惯地把专利分册称为《专利公报》。《美国专利商标局公报》是一种文摘型刊物，周刊，每月为一卷，它的内容包括3大部分，即法律事项、专利文摘和索引。文摘部分的著录项目包括专利号、专利题目、专利发明人、受让人、优先权项、国际专利分类号和美国专利分类号等信息。每期专利文摘约有1800件专利，分为一般和机械、电气、化工3个部分，各部分按美国专利分类号的顺序进行排列，每件专利的专利号是顺序连续的。另外，专利文摘还报道再公告专利、植物专利、外观设计专利和防卫性公告的文摘。索引部分包括专利权人索引、分类索引以及发明人居住地理位置索引等多种索引。

（2）美国《专利年度索引》（Index of Patents）。它分为2册，《分类年度索引》和《专利权人年度索引》。

（3）美国专利商标局网站（http://www.uspto.gov/）。美国专利商标局网站收录了许多美国专利信息，不仅包含专利检索、专利公报、专利分类，还包括专利法律状态等，这些专利信息收录在网站的不同数据库中。经常使用的检索数据库包括专利授权数据库（PATFT：Issued Patents）、专利申请公布数据库（APPFT：Patent Applications）、专利分类检索数据库（Searching by Patent Classification）、专利申请信息查询数据库（Patent Application Information Retrieval）、专利权转移数据库（Patent Assignment Database）、专利律师和代理人检索数据库（Patent Attorney and Agent Search）、有效期延长的专利数据库（Patent Terms Extended）、撤回专利数据库（Withdrawn Patents）、图像档案库（Image File Wrapper）和专利公报数据库（Official Gazette）等。

4. 日本专利及其专利文献的主要检索工具

日本在第二次世界大战后，专利申请非常繁荣。目前，它已是世界上申请技术专利数量最多的国家之一。日本专利制度开始于1885年，从1971年起施行早期公开延迟审查制。所谓早期公开、延迟审查制，就是对申请人提出的专利申请，起初只进行初审，初审合格即予以公开，然后，在申请日之后3年以内，专利局随时应申请人的请求，对申请案进行实质审查，合格后发布公告，自公告起3个月内无人异议或异议不成立，即授予专利权。从1980年起，日本开始采用《国际专利分类表》来对专利文献进行分类和标引。

1）日本专利说明书的种类

（1）特许。类似于其他国家的“发明专利”，1885年开始办理，有效期为15年。

（2）实用新案。俗称“小专利”，相当于其他国家的“实用新型专利”，1905年开始公布，有效期为10年。

（3）意匠。相当于其他国家的“外观设计专利”。1888年起实施，有效期为15年。

（4）商标。主要涉及商标标志和图案，1884年开始实施，有效期为10年。

（5）公开特许和公开实用新案。这是在1971年开始实行早期公开、延迟审查制以后，未经批准，提前公开或延迟审查的“特许”和“实用新案”专利，即待查的专利说明书。

2）日本专利文献的主要检索工具

日本出版的主要检索工具有《日本专利分类表》、《日本专利分类与国际专利分类对照表》、《日本专利年度索引》、《日本专利快报》、《特许·新案集报》、《公开特许公报》、

《公开实用新案公报》、《意匠公报》等。

另外,可登录日本特许厅的网站进行日本专利文献的查询,网址为:http://www.jpo.go.jp/。日本特许厅将1885年以来的所有日本专利、实用新型和外观设计电子文献收录在网站上的工业产权数字图书馆(Industrial Property Digital Library,IPDL)中。IPDL设有英文和日文两种文字的版面,包含若干不同的数据库。

4.4　标准文献

4.4.1　标准和标准文献

1. 标准

在我国国家标准GB/T 20000.1—2002《标准化工作指南 第1部分:标准化和相关活动的通用词汇》中,对标准所下的定义是:为了在一定范围内获得最佳秩序,经协商一致制定并由公认机构批准,共同使用的和重复使用的一种规范性文件。它以科学技术和实践经验为基础,经有关方面协商同意,由公认的机构批准,以特定的形式发布,作为有关各方共同遵守的准则和依据。其目的是为了获得最佳秩序和社会效益。标准涉及到工农业、工程建设、交通运输、对外贸易及文化教育等领域,包括质量标准、安全、卫生、环境保护、包装储运等标准,其中既有技术标准,又有计划、统计、信息传递、汉字编码等科学管理标准。这里介绍的主要是技术标准。

技术标准(Technical Standard),是对标准化领域中需要协调统一的技术事项所制定的标准。它是从事生产、建设和商品流通的过程中所共同遵守的一种技术依据。

2. 标准文献

标准文献是以文件形式表达出来的统一规定,是反映标准的技术文献。标准文献通常由标准级别、标准名称、标准号、标准提出单位、审批单位、审批年月、实施日期和具体内容组成。其中标准号由标准代号加上序号以及年份号组成。如ISO 5122—1979。

标准文献除了以标准命名外,还常以规范、规程、建议等名称出现。国外的标准文献常以Standard(标准)、Specification(规格、规范)、Rules、Instruction(规则)、Practice(工艺)、Bulletin(公报)等命名。

3. 标准文献的类型

标准文献按适用范围可分为国际标准、区域性标准、国家标准、专业标准、地方标准和企业标准。

(1)国际标准是指国际间通用的标准。如ISO —— 国际标准化组织标准、IEC —— 国际电子委员会标准。

(2)区域性标准是经该地区若干国家标准化机构协商一致颁布的标准。如EN —— 全欧标准。

(3)国家标准是指一个国家的全国性标准化机构颁布的标准。如GB——中国国家标准、ANSI——美国国家标准。

(4)专业标准是指某一专业团体对其所采用的零部件或原材料、完整的产品以及有关工艺设备所制定的标准。如API —— 美国石油学会标准。

(5) 地方标准是对那些没有国家标准和行业标准,而又需要在省、自治区、直辖市范围内统一的工业产品的安全、卫生要求等制定的标准。地方标准由省、自治区、直辖市标准化行政主管部门制定,并报国务院标准化行政主管部门和国务院有关行政主管部门备案,在公布国家标准或者行业标准之后,该地方标准即应废止。地方标准属于我国的四级标准之一。如 DB11 北京市标准。

(6) 企业标准是由公司企业自己规定的统一标准,在该公司企业内部实施。如 BAC —— 美国波音飞机公司标准。

此外,标准文献按其内容划分可分为基础标准、产品标准、工艺装备标准、原材料标准和方法标准。按其成熟程度又可划分为法定标准、推荐标准、试行标准和标准草案。

4. 标准文献的特点

(1) 每个国家的标准文献在编排格式、叙述方式上措辞严格,并需要按一定的程序制定和审批,它有自己独特的体系,具有统一的编号,即标准号。标准号是标准文献区别于其他文献的重要特征。

(2) 标准是从事生产、建设工作和商品流通的一种共同技术依据,是一种规章化的技术文件,因此它具有法律性质,对有关各方具有一定的约束力。

(3) 标准制定后,并不是一成不变的,它会随着国民经济的发展和科学技术的提高,而被不断地修改和补充。少数与实际要求不符,又没有修改价值的标准则会被替代和废止。

(4) 标准文献文字比较简练,篇幅短小,一个标准一般只解决一个问题。

(5) 标准文献运用范围明确专一,不同级别的标准,要在不同范围内贯彻执行。

(6) 标准文献资料数量很多,并且有一定的重复,而且它具有自己的检索系统。

5. 标准的作用

(1) 在科研、生产等活动中采用标准术语、符号、公式、标志灯,可以克服一定的技术交流障碍。

(2) 标准是鉴定工程建筑质量、检验产品、控制指标、统一实验方法的技术依据。

(3) 利用标准,可免去在设计中不必要的实验和计算,保证质量,节省人力、时间,降低成本。

(4) 引进设备时可按图纸中提供的标准文献进行装配和维修,有些零部件可按其技术标准进行制造。

(5) 国际贸易中可以利用标准文献作依据来检验商品,对不符合合同规定的商品索赔或退货。

(6) 可以通过标准文献了解某一国家或地区的经济、技术政策,生产加工工艺,标准化水平,自然条件、资源等情况。

4.4.2 中国标准及其标准文献的检索

1. 中国标准

1978 年 5 月我国成立国家标准总局,同年 9 月参加了国际标准化组织。根据我国国家标准化管理条例规定,我国标准分为国家标准、行业标准(专业标准)、地方标准和企业标准四个等级。其中国家标准的年限一般为 5 年,过了年限后,国家标准就要被修订或重新制定。中国标准有强制性标准和推荐性标准之分。那些具有法律性,在一定范围内通过法律、行政法规等手段强制执行的标准是强制性标准,其他标准是推荐性标准。

标准的编号方法为:标准代号 — 顺序号 — 批准年代,如 GB 8732—1988。推荐标准在标准代号后加"/T"表示,如 DB11/T 4768—2005。而企业标准代号一律以 Q 作为分子,以企业区分号为分母表示,如沈阳标准件厂的标准代号为"Q/HB"。

2. 中国标准文献的检索

标准文献在一般检索工具中收录不多,因此要利用专门的标准目录汇编及专业工具书,如手册、指南、年鉴,以及专业的标准网站等。

1) 传统手工检索工具

(1)《中华人民共和国国家标准目录及信息总汇》。由国家标准化管理委员会编辑,中国标准出版社按年度出版。它以目录的形式收录了截至到上一年度批准发布的全部国家标准信息,同时补充那些被替代、被废止的国家标准目录及国家标准修改、更正、勘误通知等相关信息。

(2)《中华人民共和国国家标准目录》。由国家标准化司编辑,中国标准出版社不定期出版。

(3)《中国国家标准汇编》。它是一部大型综合性国家标准全集。自 1983 年起,由中国标准出版社按国家标准顺序号以精装本和平装本两种形式陆续分册汇编出版。它收集了我国正式发布的全部现行国家标准,以国家标准顺序号编排。凡顺序号短缺处,除特殊注明外,均为作废标准号或空号。该汇编是查阅我国国家标准的重要检索工具。它在一定程度上反映了我国建国以来标准化事业发展的基本情况和主要成就。

(4)《中国国家标准分类汇编》。它也是一部大型国家标准全集,收集了全部现行国家标准,按专业类别分类,每卷分若干分册,从 1993 年起陆续出版。本汇编按《中国标准文献分类法》分类。其一级类设定为卷(有些内容较少的一级类也会合卷出版);二级类按类号顺序编成若干分册,二级类下则按标准顺序号排列。

(5)《中国标准化年鉴》。该年鉴由中国标准出版社出版。自 1985 年以来,每年出版一卷,中英两种文字对照编写。其主要内容是阐述前一年标准化工作的全面情况,包括标准化事业的发展情况、管理机构、法规建设以及科学研究工作的现状,并详细列出以《中国标准文献分类法》分类编辑的国家标准目录。每个专业内再按国家标准顺序号排列。最后附有以顺序号编排的国家标准索引。

2) 网络数据库和专业网站

(1) 中国国家标准文献共享服务平台(http://www.cssn.net.cn)。中国国家标准文献共享服务平台是国家标准馆的门户网站,是国家级标准信息服务门户,是世界标准服务网(www.wssn.net.cn)的中国站点,它于 1998 年 6 月 25 日开通。国家标准馆是我国唯一的国家级标准文献、图书、情报的馆藏、研究和服务机构,隶属中国标准化研究院,是国家标准化管理委员会的基础信息支撑机构,是我国历史最久、资源最全、服务最广、影响最大的权威性标准文献服务机构。国家标准馆自 2005 年开始进行的"标准文献共享网络建设",在整合全国已有标准文献资源的基础上,形成了规模庞大的标准文献题录数据库、全文数据库和专业数据库。目前标准文献题录数据库量已达 130 万余条,是我国迄今为止最全的标准文献信息库。为社会各界提供标准文献查询(查阅)、查新、有效性确认、咨询研究、信息加工、文献翻译、销售代理、专业培训以及其他专题性服务(图4－22、图4－23)。

图4－22　中国国家标准文献共享服务平台主页

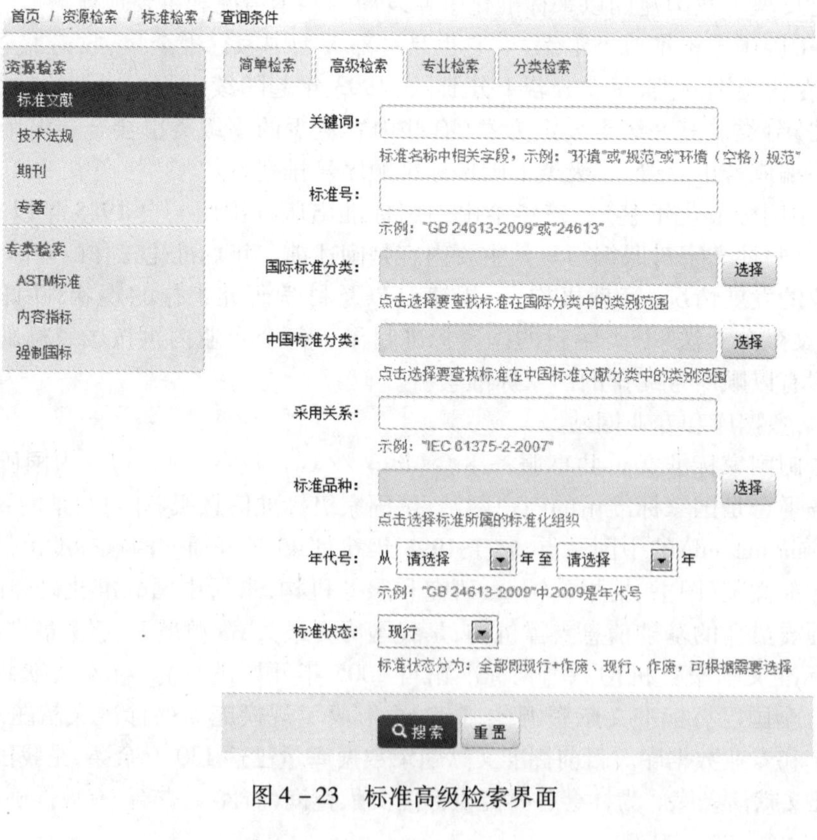

首页 / 资源检索 / 标准检索 / 查询条件

资源检索：标准文献　技术法规　期刊　专著
专类检索：ASTM标准　内容指标　强制国标

简单检索　高级检索　专业检索　分类检索

关键词：
标准名称中相关字段，示例："环境"或"规范"或"环境（空格）规范"

标准号：
示例："GB 24613-2009"或"24613"

国际标准分类：　选择
点击选择要查找标准在国际分类中的类别范围

中国标准分类：　选择
点击选择要查找标准在中国标准文献分类中的类别范围

采用关系：
示例："IEC 61375-2-2007"

标准品种：　选择
点击选择标准所属的标准化组织

年代号：从 请选择 年 至 请选择 年
示例："GB 24613-2009"中2009是年代号

标准状态：现行
标准状态分为：全部即现行+作废、现行、作废，可根据需要选择

搜索　重置

图4－23　标准高级检索界面

（2）标准网（http://www.standardcn.com/）。标准网是由机械科学研究院中机生产力促进中心建设并维护的我国工业行业的标准化门户网站。该网站主要提供轻工、纺织、黑色冶金、有色金属、石油、石化、化工、建材、机械、汽车、锅炉压力容器、电力、煤炭、包装、制药装备、黄金、商业、物流和稀土 19 个行业的行业标准管理与服务信息。可实现行业标准管理、标准信息发布以及标准化技术服务功能。检索时可通过标准编号或标准名称中的关键词进行检索，检索结果以列表形式展示。点击标准名称可看到更为详细的相关信息（图 4－24～图 4－26）。

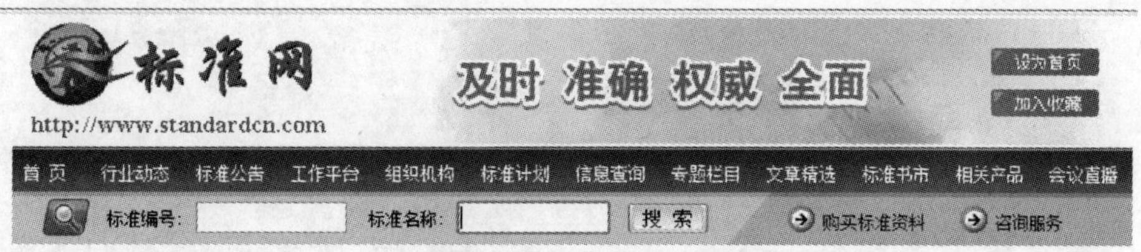

图 4－24　标准网检索主页

查询结果：检索到符合条件的数据26178条数据

标准编号	标准中文名称	标准英文名称
GB/T 12087-2008	淀粉水分测定 烘箱法	Starch - Determination of moisture content - Oven-drying method
GB/T 12339-2008	防护用内包装材料	Inner packaging materials in preservation
GB/T 12521-2008	空气潜水减压技术要求	Technical requirements for air diving decompression
GB/T 12766-2008	动物油脂 熔点测定	Animal fat and oil-determination of melting point
GB/T 6451-2008	油浸式电力变压器技术参数和要求	Specification and technical requirements for oil-immersed power transformers

图 4－25　标准网检索结果列表

标准编号	GB/T 12339-2008
标准名称	防护用内包装材料
英文名称	Inner packaging materials in preservation
代 替 号	GB/T 12339-1990
采用标准	JIS Z1705-1979, MOD
归口单位	全国包装标准化技术委员会
起草单位	深圳市美盈森环保科技股份有限公司、中机生产力促进中心、沈阳防锈包装材料有限责任公司
分 类 号	A82
国际分类号	55.040
发布日期	2008-05-27
实施日期	2009-01-01
内容介绍	防潮材料;包装材料;内部;分类系统;规范

图 4－26　标准网检索结果详细信息

（3）万方数据知识服务平台——中外标准数据库。该数据库综合了由国家技术监督局、建设部情报所、建材研究院等单位提供的相关行业的各类标准题录。包括中国标准、国际标准以及各国标准等 29 万多条记录。每月更新，保证了资源的实用性和实效性。目前已成为广大企业及科技工作者从事生产经营、科研工作不可或缺的宝贵信息资源。检索方式同万方数据的其他数据库一样,有简单检索、高级检索和分类浏览三种方式。简单检索方式简单易用,高级检索方式专业且功能强大,可以通过标准名称、标准编号、发布单位、发布日期、实施日期、中国标准分类号、国际标准分类号、国别等检索项进行检索。分类浏览可先按行业领域进行浏览查找,选定后再进去输入关键词检索(图 4-27)。

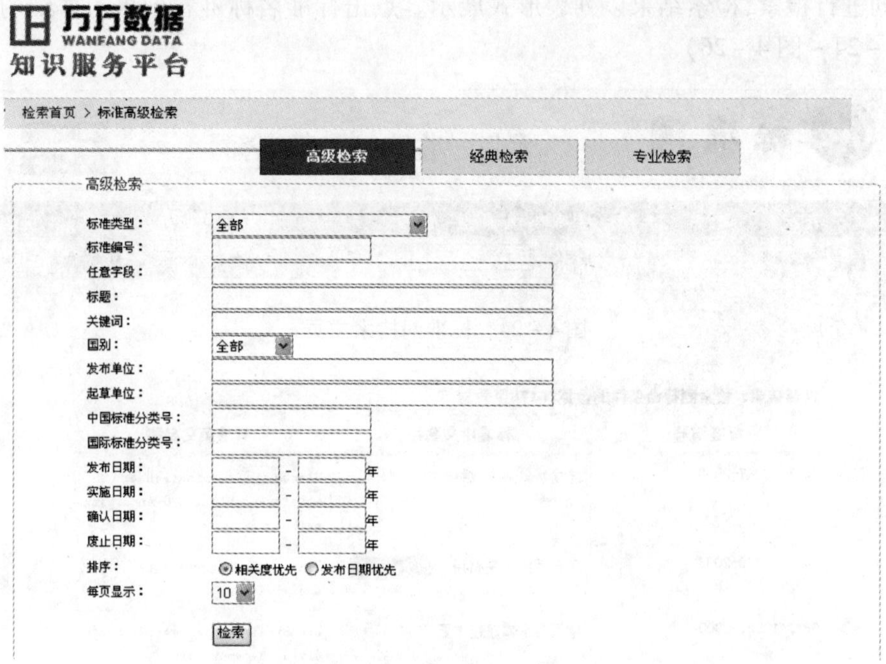

图 4-27　万方数据标准数据库高级检索界面

4.4.3　国外标准及其标准文献的检索

1. 国际标准化组织(International Organization for Standardization,ISO)及其标准文献的检索

国际标准化组织成立于 1947 年 2 月 23 日,是目前世界上最大的非政府性标准化专门机构,目前它已拥有 163 个成员,包括会员机构、通信员成员和订购成员。它在国际标准化工作中占主导地位。我国于 1978 年 9 月 1 日加入该组织。ISO 负责除电子领域外的一切国际标准化工作,它设立有 206 个技术委员会(Technical Commottee,TC),在每一个技术委员会下又设置了一些分委员会(Sub - Commottee,SC)和工作小组(Working Group,WG),由它们分工负责 ISO 标准的制定。其标准制定审批程序十分严密,每隔五年其标准就要重新修订审定一次。

国际标准的类型有正式标准(ISO)、推荐标准(ISO/R)、技术报告(ISO/TR)、技术数据(ISO/DATA)、建议草案(ISO/DRAFT)、标准草案(ISO/DIS)等。

其标准文献的检索工具主要有《国际标准化组织标准目录》(《ISO Catalogue》)。该目录为年刊,用英法文对照本形式出版。每年 2 月出版发行,报道上一年的全部现行标准。同时,每季度还出版一次补充目录。该目录由主题索引、分类目录、标准序号索引、作废标准以及国际十进分类号(UDC)与 ISO 技术委员会序号(TC 号)对照表 5 部分组成。用户可根据需要从主题、分类、标准序号等不同的途径进行检索。

除此之外,ISO 在线(http://www. iso. org)网站上设有 ISO 介绍、标准、标准的制定、新闻以及标准商店等栏目。ISO 拥有近 2 万个有关商业及技术领域的国际标准,这些标准都可以在 ISO Store 中找到。主要可浏览到 ISO 标准的目录信息和简单摘要。如需进一步订购全文,可选择加入购物车,填写相关的个人资料,付款方式等,通过 ISO 在各国的销售代理获取。ISO 在中国的销售代理是中国质量技术监督局(图 4－28)。

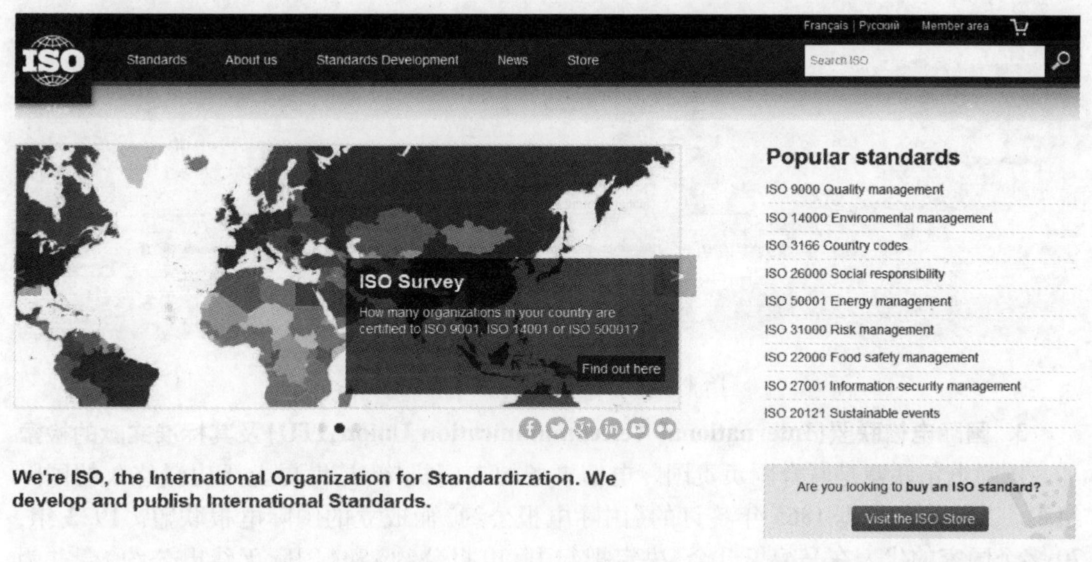

图 4－28　ISO 网站主页

2. 国际电工委员会(International Electro－technical Commission,IEC)及其标准文献的检索

国际电工委员会成立于 1906 年,是世界上最早的国际电工、电子技术领域的标准化专门机构,它的总部设在日内瓦。1947 年 ISO 成立后,IEC 曾作为电工部门并入 ISO,但在技术上、财务上仍保持其独立性。根据 1976 年 ISO 与 IEC 的新协议,两个组织都是法律上独立的组织,IEC 负责有关电气工程和电子工程领域的国际标准化工作,其他领域则由 ISO 负责。IEC 的宗旨是促进电工、电子领域中的标准化及有关方面问题的国际合作。中国于 1957 年成为 IEC 的成员。

《国际电工委员会出版物目录》(《Catalogue of IEC Publications》)是检索该委员会标准文献的主要工具。它创刊于 1906 年,每年出版一期,有英文、法文两种文本。它负责报道 IEC 84 个技术委员会(TC)和 128 个技术委员会分会(SC)所制定的标准的目录。该目录正文之前有目录表,按 TC 号顺序编排,TC 号后列出标准名称和页码。正文部分按 IEC 出版物序号编排。每条标准均列出 IEC 标准序号、标准名称、所属技术委员会的 TC 号和内容简介。正文后有主题索引,著录有标准号和说明语。

国际电工委员会(IEC)也有相应的网站,网址为:http://www. iec. ch。其中的网络商店(Webstore)中,用户可以对其出版的标准进行检索和购买。检索到的结果会首先显示标准号码、标准名称、版次、语种、全文文本格式信息,如继续点击 IEC 标准号码,可看到标准文摘、所属技术委员会小组、价格、ICS 类号以及订购全文的相关信息,有些还可对标准原文进行部分预览。如需订购全文,可根据订购信息向 IEC 各国的销售代理订购。IEC 在中国的销售代理是中国标准信息中心(图 4-29)。

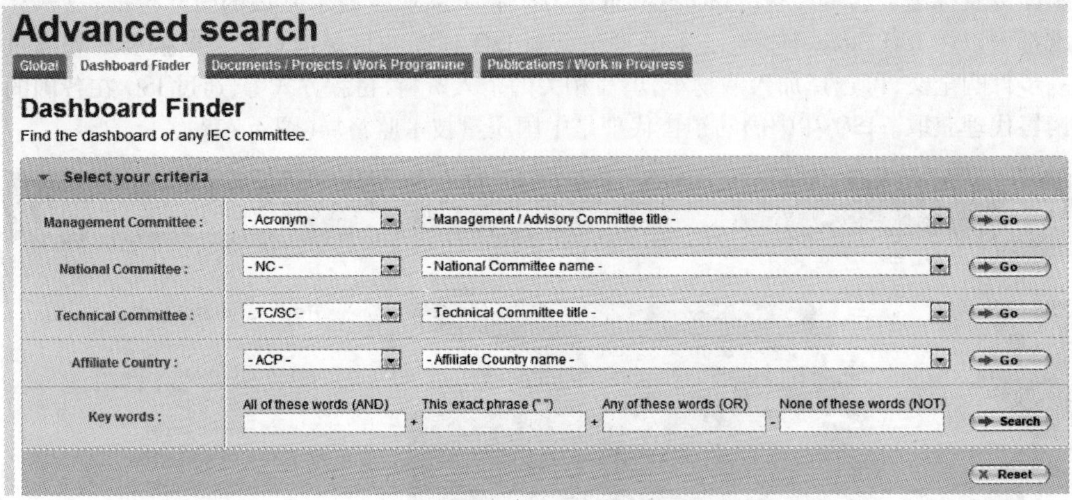

图 4-29 IEC 标准高级检索界面

3. 国际电信联盟(International Telecommunication Union,ITU)及其标准文献的检索

国际电信联盟是联合国负责国际电信事务的专门机构,是世界上历史最悠久的国际组织。其前身为根据 1865 年签订的《国际电报公约》而成立的国际电报联盟。1932 年,70 多个国家的代表在马德里开会,决定把《国际电报公约》和《国际无线电公约》合并为《国际电信公约》,并将国际电报联盟改名为国际电信联盟。1934 年 1 月 1 日新公约生效,该联盟正式成立。1947 年,国际电信联盟成为联合国的一个专门机构,总部从瑞士的伯尔尼迁到日内瓦。ITU 的网址为:http://www.itu.int/。

ITU 是电信界最权威的标准制定机构,电信标准部、无线电通信部和电信发展部承担着实质性标准制定工作。我国有信息产业部代表中国参加国际电信联盟的各项活动。

4. 美国国家标准及其标准文献的检索

在美国大约有 300~400 家国家机构、科学技术协会负责制定各种标准,标准总数达 2 万多个,其中绝大多数是专业标准。美国国家标准中只有一小部分是由美国国家标准学会(American National Standards Institute,ANSI)制定的,大部分是 ANSI 从各专业标准中选择的,对全国具有重要经济意义的标准,再经由 ANSI 各专业委员会审核后而提升为国家标准的。标准号的形式为:ANSI — 分类号 — 序号 — 年代。

美国国家标准的主要检索工具为《美国国家标准目录》。(ANSI Catalogue)。该目录每年出版一次,收集截止到出版前的所有现行 ANSI 标准。它的内容包括主题索引、标准号与标准名称两个部分。现在也可以登录美国国家标准学会的网站进行相关的检索。ANSI 的网址为:http://www.ansi.org/,(图 4-30)。

点击左侧"Access Standards"栏目下的"eStandards Store"进入电子标准商店,在这里可以进行标准的检索与浏览,也可以对感兴趣的标准订购或下载。检索时可选择标准号检索或关键词检索这两种途径。

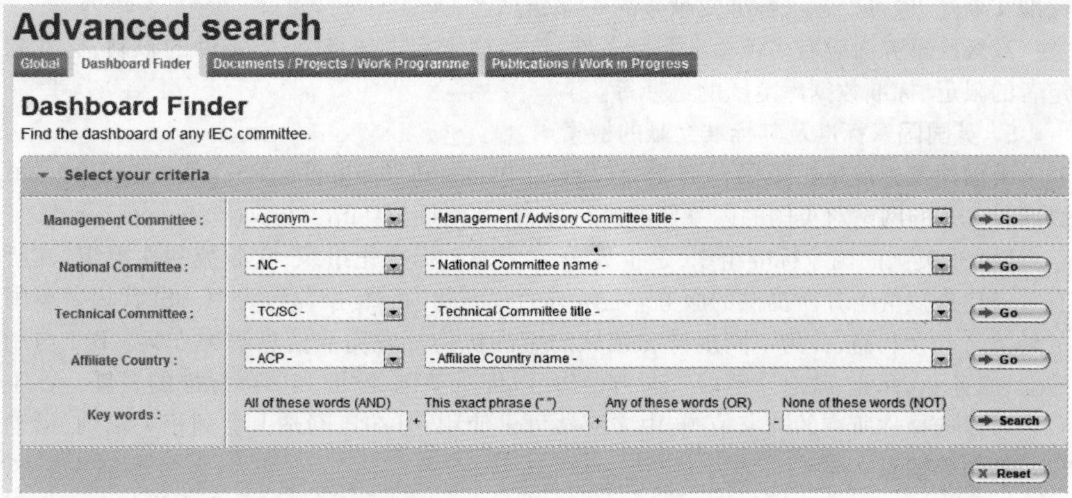

图4-30　ANSI电子标准商店检索界面

在“Access Standards”栏目下点击“NSSN：Search Engine for Standards”或选择“Standards Activities”栏目下点击“Search American National Standards”也可进入NSSN标准搜索引擎。NSSN(A National Resource for Global Standards)全球标准化资料库，它是由美国国家标准协会负责管理和维护的一个标准搜索引擎，通过它可在线免费查询全球600多家标准组织与专业协会制定的30多万条标准的目录，并提供获取全文的途径。NSSN提供简单检索和高级检索两种检索方式(图4-31)。

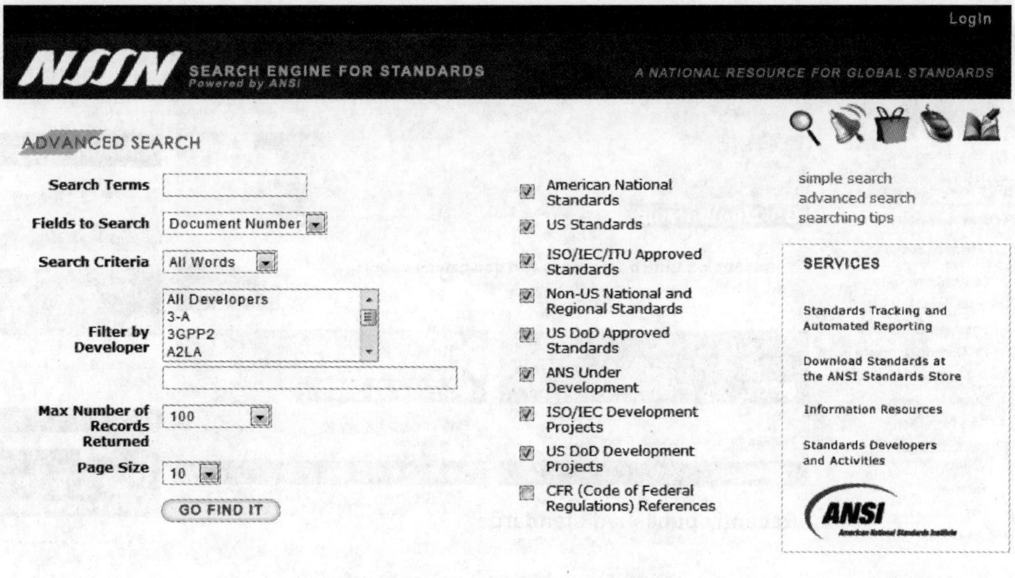

图4-31　NSSN高级检索界面

简单检索为默认检索方式，可以选择按标准名称、摘要或关键词(Find Title，Abstract or Keyword)检索，或选择按标准号(Find Document Number)。按名称或关键词检索时，输入的检索词不区分大小写，并且支持多个检索词用布尔逻辑算符连接构成的检索式，如逻辑算符缺省，则默认为各检索词之间是逻辑与的关系。按标准号检索时，可以输入完整的标准文献号,也可以输入标准文献号的一部分。

高级检索界面设有多项检索限制条件,包括检索字段选择、搜索条件的限制、标准制定者的限定、标准数据库范围的选择等。

5. 英国国家标准及其标准文献的检索

英国国家标准是由英国标准学会(British Standards Institution,BSI)负责制定的。可以通过 BSI 的网站对英国的国家标准进行检索,其网址为:http://www.bsigroup.com/。

BSI 是英国的国家标准组织,是世界第一个国家标准化组织,它非盈利性组织,其所有收益均再投资于其所提供的服务。在所有的欧洲和国际标准化组织中,BSI 代表着英国的经济与社会利益,并为不同规模和领域的英国机构开发商业信息解决方案。BSI 与制造业、服务业、商业、政府及消费者通力合作,以促进英国、欧洲和国际标准的发展。在主页上可以选择你所在的国家,它有中文网站可供使用,可在该网站上看到相关培训、活动以及新闻等信息。

如想要检索 BSI 标准文献,可点击其英文主页左上角的"BSI shop"或是在中文主页上点击"标准和刊物"栏目下的"网上商店",即可进入 BSI 商店的页面,在这里可以对标准文献进行检索和浏览。可在页面上方的检索框中输入关键词、标准号或 ICS 代码进行检索。检索词不区分大小写,但在需要空格的地方注意输入空格,否则无法完成正常检索。浏览时可按行业或学科进行浏览。检索到的结果会首先显示目录信息,包括标准号、标准名称、标准价格以及标准状态。再点击进去可以看到该标准的较为详细的题录信息(图 4-32)。

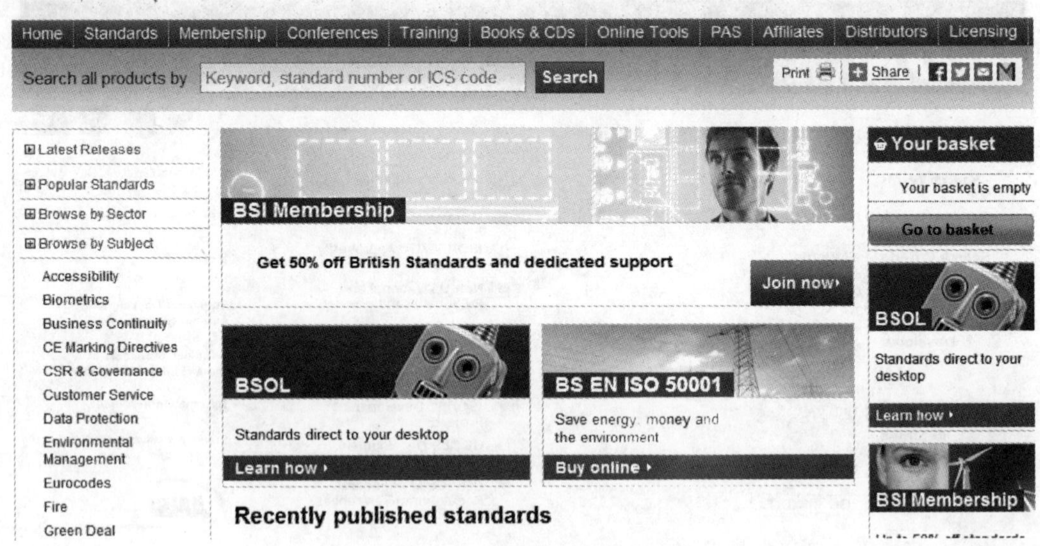

图 4-32 BSI Shop 显示页面

6. 日本工业标准(JIS)及其文献检索

日本工业标准是由日本工业标准调查会(Japanese Industrial Standards Committee,JISC)组织制定和审议,日本标准协会(Japanese Standards Association,JSA)发行的,它是日本国家级标准中最重要、最权威的标准。收集范围几乎包括日本所有工业领域的标准,还包括药品、化肥、农药、畜产品、水产品和农林产品的标准。标准的编号方法是 JIS—类号—标准序号—年代。主要的检索工具有《JIS 标准总目录》、《JIS 标准年鉴》等。现在我们也可通过 JSA 的网站:http://www. jsa. or. jp/或者 JISC 的网站 http://www. jisc. go. jp/来查询日本工业标准。这两个网站均可选用英文界面,并且在这里除了可以检索 JIS 标准以外,还可以检索到 ISO 标准和 IEC 标准。

4.5 学位论文

4.5.1 学位论文概述

学位论文是伴随着世界上学位制度的实施而产生的。它是高等学校毕业生和研究生为获得学位而提交的学术论文。它对科学研究和做学位论文均有参考价值。

学位论文在英国被称为 Thesis,在美国则称为 Dissertation,现在各国学位的设置不尽相同,但多数国家采用的是三级学位制,即学士、硕士和博士的制度。对应着也就有相应的学士论文、硕士论文和博士论文。它们在研究水平上存在着较大的差异,一般来说,博士、硕士论文的学术性比较强,内容比较专一,阐述较为系统、详细,其情报价值相对比较高,有时甚至不亚于科技研究报告。而学士论文的学术性就相对比较弱,参考价值比较低。

学位论文一般不公开出版,而是在各学位授予单位进行收藏,因此相对来说我们要得到学位论文的原件比较困难,但可以通过图书馆的窗口进行查阅。

美国的学位论文每年的发表量都很大,目前由美国大学缩微品国际公司(University Microfilms International,UMI)负责集中收藏、报道和提供服务。该公司除收集美国的学位论文以外,还收集、报道、提供其他国家的学位论文,产品包括缩微品和静电复印品。

英国规定英国的学位论文统一收藏于英国图书馆(British Library)的国家外借图书馆内,虽对读者不出借学位论文的原件,但可提供学位论文的复制服务。

日本规定日本国立大学的学位论文统一存储于日本国家图书馆内。

我国国内收藏学位论文较多的单位是中国科技信息研究所,它主要收藏了我国自然科学技术领域的硕士、博士以及博士后的学位论文。该所除了收藏我国的学位论文,也收藏了部分国外的学位论文(1961 年—1965 年的数量较多,其他年份较少)。另外在国家图书馆收藏有美国友好书刊基金会 1983 年赠送的美国 1938 年—1977 年博士论文的缩微胶卷。清华大学从 1986 年开始订购了美国部分著名大学,如麻省理工学院(1983 年以来的)、加利福尼亚大学伯克利分校、斯坦福大学(1984 年以来某些系的)博士论文的缩微平片。

4.5.2 国内学位论文的检索

1.《中国学位论文通报》

《中国学位论文通报》是检索我国国内自然科学类学位论文唯一的权威性印刷型检索工具。它由中国科技信息研究所出版,1985 年创刊,现为双月刊,是文摘性刊物。主要收录我国高等院校和研究机构的研究生的硕士、博士论文。该刊以题录、简介、文摘相结合的形式进行论文的报道,年报道量在1200条左右。文摘按类编排,在每期正文前有目次表,分类采用《中国图书资料分类法》。1999年后停止出版印刷本,开始出版光盘版和网络版。

该《通报》中还有机构索引和年度分类索引。机构索引按照机构名称的汉语拼音字母顺序排列,机构下列出该机构在本年度所有学位论文的文摘号。年度分类索引按《中图法》各大类排列,每大类下按类目级别排列,大类是一级类目,其下为二级类目等依此类推,每级类目下都有属于该类目的本年度的论文文摘号。

2. CNKI中国博硕士学位论文库

CNKI中国博硕士学位论文库,包括《中国博士学位论文全文数据库》(简称CDFD)和《中国优秀硕士学位论文全文数据库》(简称CMFD)两个库。它们分别是国内内容最全、质量最高、出版周期最短、数据最规范、最实用的博士学位论文全文数据库和硕士学位论文全文数据库。前者,收录了从1984年至今,来自全国985、211工程等重点高校,中国科学院、社会科学院等研究院所,共近404家培养单位的博士学位论文18万多篇;后者,收录了1984年至今,来自985、211高校、中国科学院、社会科学院等近621家重点院校、高校的优秀硕士论文150多万篇。其中包括一些重要特色学科,如通信、军事学、中医药等专业的优秀硕士论文。

CNKI的这两个学位论文库所涉及的学科领域非常广泛,包括基础科学、工程技术、农业、医学、哲学、人文、社会科学等各个领域。产品分为十大专辑:基础科学、工程科技Ⅰ、工程科技Ⅱ、农业科技、医药卫生科技、哲学与人文科学、社会科学Ⅰ、社会科学Ⅱ、信息科技、经济与管理科学。其数据库中心的数据可实现每日更新(图4-33、图4-44)。

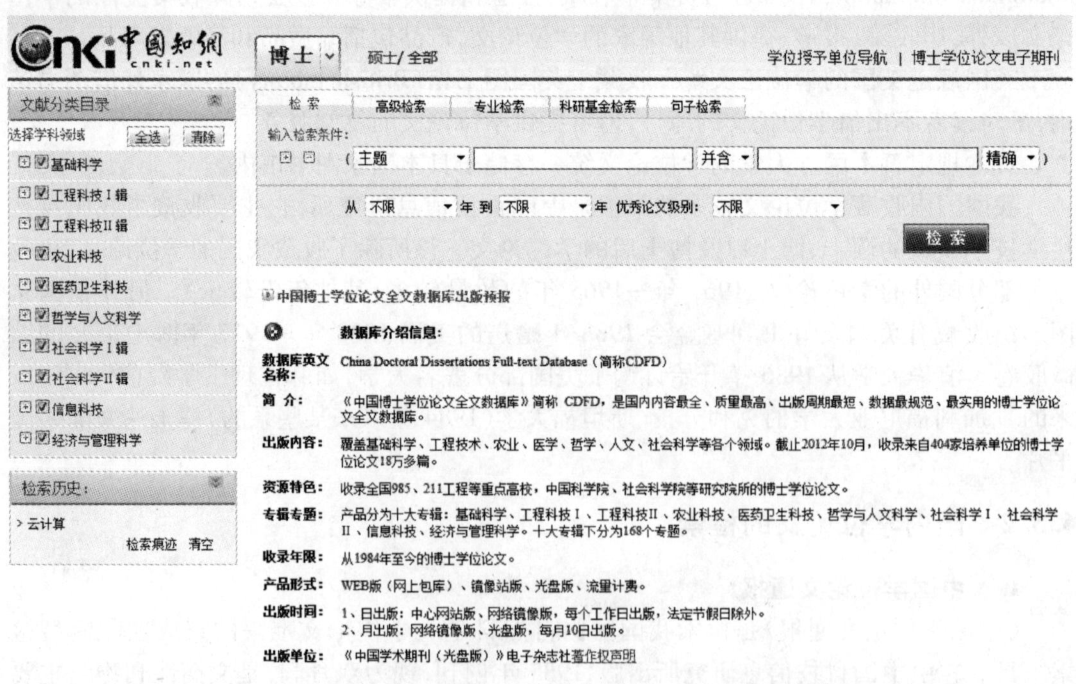

图4-33 CNKI中国博士学位论文全文数据库标准检索界面

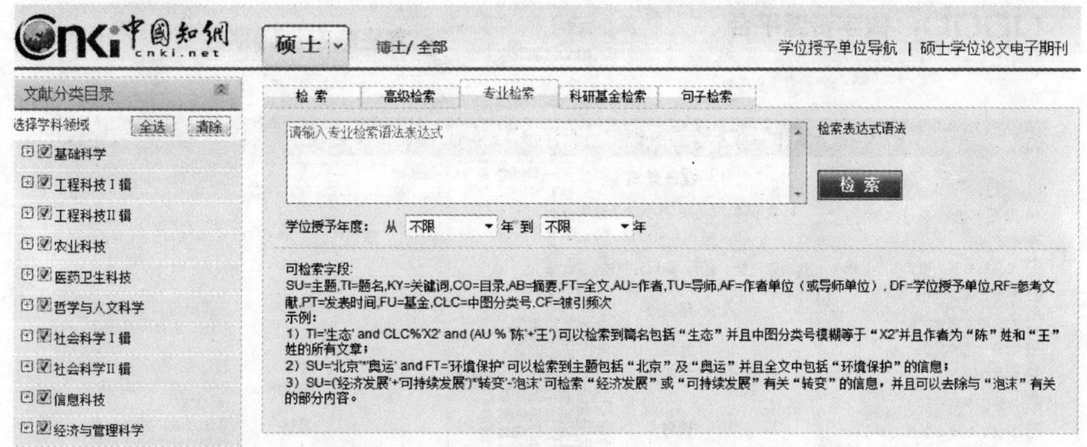

图 4-34 CNKI 中国优秀硕士学位论文全文数据库专业检索界面

3. 万方数据知识服务平台——学位论文全文数据库

该库是由国家法定学位论文的收藏机构——中国科技信息研究所负责提供学位论文,委托万方数据股份有限公司加工建成的学位论文全文数据库。它收录了自 1980 年以来,我国自然科学领域各高等院校、研究生院以及研究所的硕士、博士以及博士后论文共计 270 万余篇。其中 211 高校论文收录量占总量的 70% 以上,每年增加约 30 万篇。

4. 中国传媒大学学位论文库

该库为我校图书馆依托方正数字资源平台建设的自建数据库,始建于 2005 年。该库分为 2005 年以前和 2006 年至今两个子库。2005 年以前的学位论文库是回溯库,主要收录了从 1979 年到 2005 年期间图书馆收藏的毕业的硕士生和博士生所提交的学位论文,由于当时对毕业生论文的收取不是强制性的,因此收录不全。2006 年至今的学位论文库则主要收录了 2006 年以后各年毕业的硕士生和博士生所提交的学位论文,采取的是学生自行提交数据馆员后期整理、发布的模式,加之图书馆已设立了专门的部门负责催缴和审核,收取率大大提高。这两个库均为全文数据库,作为校园网用户,可免费看到全文(图 4-35)。

5. NSTL 国家科技图书文献中心——中文学位论文库

该中心的学位论文库包括中文学位论文和外文学位论文两个库,其中中文学位论文库主要收录了 1984 年以来我国高等院校、研究生院以及科研院所所发布的硕士、博士、博士后的学位论文,学科范围涉及自然科学各专业领域,并兼顾社会科学和人文科学,目前所收录文献的总量超过 110 万件。但这个库是一个文摘数据库,因此在这里用户只能看到学位论文的文摘信息,而没有论文的全文(图 4-36)。

4.5.3 国外学位论文的检索

1.《国际学位论文文摘》

《国际学位论文文摘》(《Dissertation Abstracts International》,《DAI》)由美国大学缩微品国际公司(UMI)出版。1938 年创刊,月刊,原名《缩微胶卷文摘》,1952 年改名《学位论

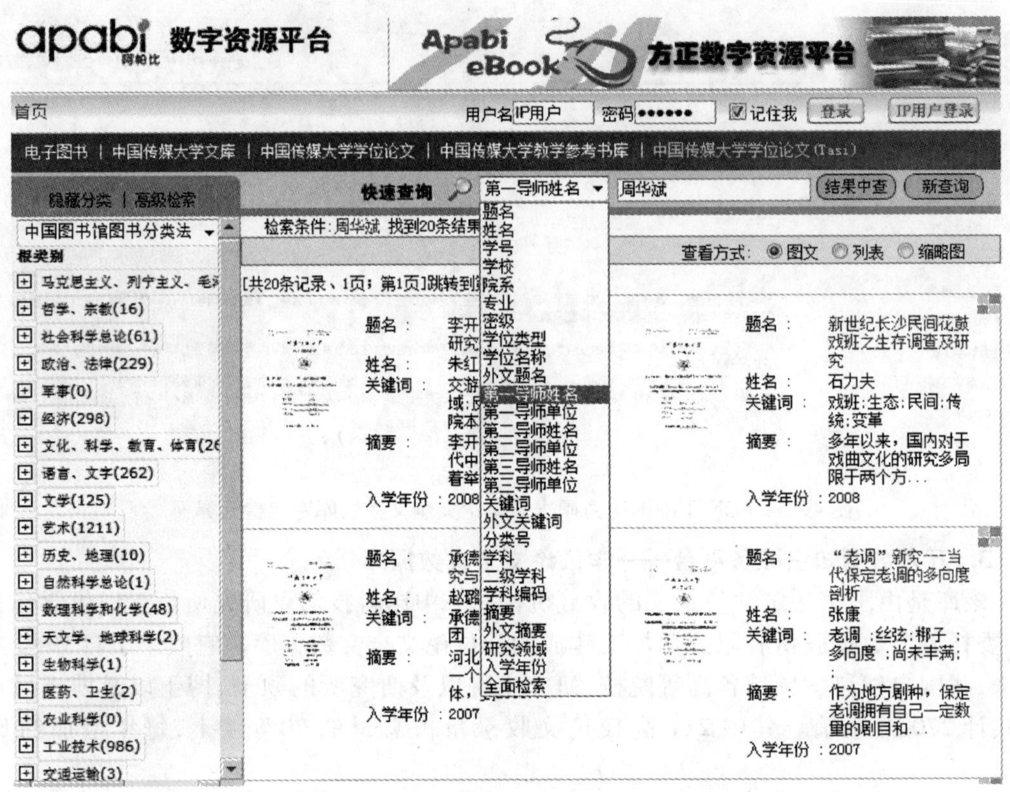

图 4-35 中国传媒大学学位论文库检索界面

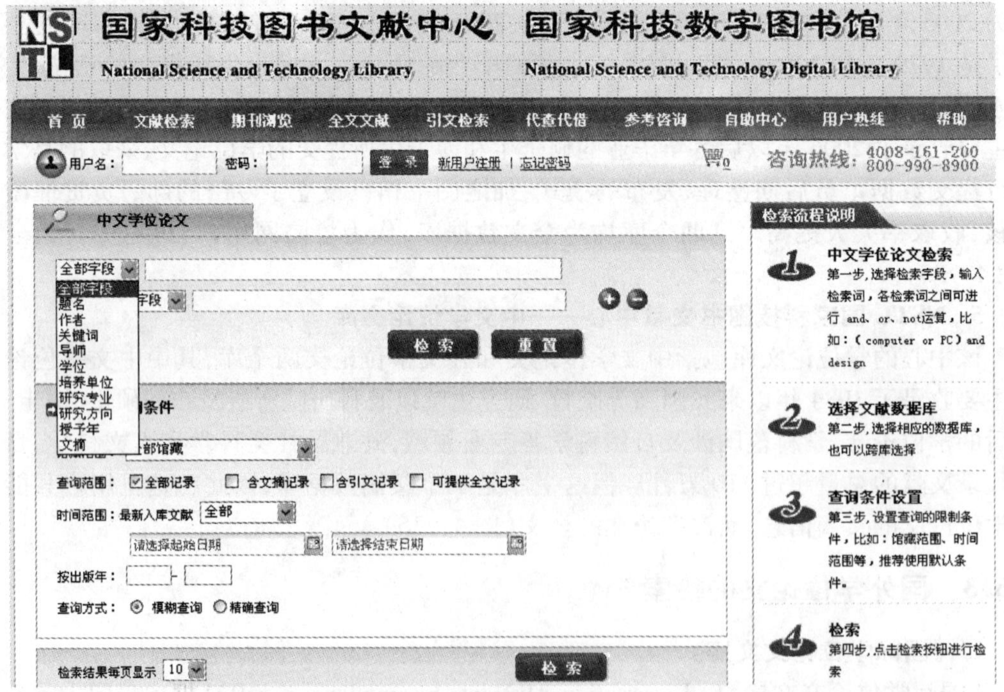

图 4-36 国家科技图书文献中心中文学位论文检索界面

文文摘》,1969 年改为现名。它收录了北美和世界各国 550 多所著名大学和研究机构的博士论文,年报道量约 45000 篇学位论文文摘,每条文摘字数不超过 350 个字。主题范围涉及农业、天文学、生物和环境科学、商业和经济、化学、教育、工程、美术和音乐、地理和地区规划、地质学、保健科学、历史和政治、语言和文学、图书信息科学、数学和统计学、哲学和宗教、物理学、心理学和社会科学。

美国大学缩微品国际公司是一个专门从事学位论文缩微复制、报道和检索等业务的学位论文服务中心。目前美国绝大多数(约 90%)有博士授予权的大学都与该公司合作,向它提供博士论文原件。它将这些博士论文缩微照相,制成缩微胶片或胶卷出售,同时将论文做成详细文摘在《DAI》上报道,供人们查找。

根据其报道的学位论文所属的学科和地域的不同,《DAI》共分为 A、B、C 三个专辑:

A 辑:人文与社会科学(Humanities and Social Sciences),月刊,跨年编卷号,当年 7 月至次年 6 月为一卷。报道美国和加拿大 450 余所大学及研究机构提供的人文和社会科学方面的博士论文。

B 辑:科学与工程(Science and Engineering),月刊,跨年编卷号,报道美国和加拿大 450 余所大学及研究机构提供的自然科学和工程技术方面的博士论文。自 1969 年起,增收欧洲一些大学的学位论文,当时收录欧洲各国的大学 20 所左右。

C 辑:世界各国(Worldwide)。随着收录欧洲学位论文的迅速增加,于 1977 年起又新增 C 辑"欧洲学位论文文摘"(European Abstracts),季刊,报道奥地利、荷兰、比利时、法国等 16 个欧洲国家约 70 所大学的博士论文。1989 年 50 卷起,C 辑收录学位论文扩大到世界范围,名称也改为"世界各国"(Worldwide),由 UMI 设在伦敦的分公司出版,收录除美、加之外的世界各国著名大学和研究机构的博士和博士后论文。

《DAI》中有较详细的文摘说明。正文部分按分类编排,每个条目的著录项包括论文篇名、著者、授予学位、授予学位的院校、年份、页数、ISBN 号、导师以及订购号和文摘。

正文之后有两个索引,关键词索引(Keyword Index)和著者索引。其中关键词索引中的关键词取自论文题目。关键词索引是按照关键词的字母顺序进行排序的,在每一个关键词之下列出了所有含有这个关键词的论文的题目,以及每篇论文的作者和相应的页码。可以根据页码到前面的正文部分了解这篇学位论文的更详细的信息和文摘内容。而著者索引是按照著者姓名的字顺来进行排序的,在每个著者姓名之后列出他所写论文所在的页数。

另外《DAI》还出版有年度累积著者索引,它是将 A、B 两辑的著者编排在一起来编制的。按著者的姓名字顺排列,在每个著者姓名之后首先列出收录该著者论文的《DAI》的卷期号,然后是论文所在的页码。通常表示位 p. 4043A 或 p. 3992B 页码后的 A、B 分别表示《DAI》的 A 辑和 B 辑。

2. ProQuest 博硕士论文数据库

ProQuest 博硕士论文数据库(ProQuest Digital Dissertations),即 PQDD 博硕士论文数据库,它是由美国 ProQuest 公司(即原来的 UMI 公司)出版的博硕士论文数据库,是《国际学位论文文摘》(DAI)的网络版数据库。它已收录了欧美 1000 余所大学的 270 余万篇学位论文的题录和文摘,是目前世界上最大和使用最广泛的学位论文数据库。它收录年代长,从 1861 年开始;数据更新速度快,每周更新;1997 年以后的论文有一部分不仅可以看到题录和文摘信息,还可看到前24页的论文,有少量论文还可免费获取全文。

2006年7月,PQDD博硕士论文库可在ProQuest平台进行检索,并更名为“ProQuest Dissertations and Theses”(简称PQDT),在该平台上,除了可以检索PQDT数据库中的内容,还可实现对ProQuest平台上其他数据库资源的跨库检索。

思 考 题

1. 特种文献资源通常都包括哪些文献资源?它们各自有哪些特点?

2. 专利以及专利文献都有哪些特点?列举出互联网上可免费检索中外专利文献的网站。并尝试检索你所在学校的专利申请情况。

3. 什么是标准及标准文献?网络上检索中外标准的网站有哪些?请尝试检索一条有关食品安全的ISO标准。

参考文献

[1] 秦殿启. 文献检索与信息素养教育[M]. 南京:南京大学出版社,2008.

[2] 王培义,蔡丽萍. 信息检索教程[M]. 北京:北京邮电大学出版社,2010.

[3] 梁国杰. 文献信息资源检索与利用[M]. 北京:海洋出版社,2011.

[4] 王知津. 工程信息检索教程[M]. 北京:机械工业出版社,2009.

[5] 周文荣. 信息资源检索与利用[M]. 北京:化学工业出版社,2000.

[6] 花芳. 文献检索与利用[M]. 北京:清华大学出版社,2009.

[7] 邓要武,王星华. 科技信息检索[M]. 北京:北方交通大学出版社,2001.

[8] 刘红光,周金元. 科技信息检索与利用[M]. 南京:东南大学出版社,2004.

[9] 顾文佳. 信息检索与利用[M]. 北京:经济科学出版社,2001.

[10] 杨铁军. 专利信息利用导引[M]. 北京:知识产权出版社,2011.

古籍资源的利用

5.1 中国古籍资源概况

5.1.1 资源概况

按照《古籍著录规则》的解释，所谓古籍是“中国古代书籍的简称，主要书写或印刷于1911年以前，反映中国古代文化，具有古典装订形式的书籍”。中华民族在五千年的历史长河中，文献典籍浩如烟海，汗牛充栋。一些具有总结性意义的古籍目录，为我们大致提供了某些类别、某些时段古籍资源的数量概况。

清代乾隆中期编成的《四库全书总目》，是中国古代最巨大的官修图书目录，记载各类古籍10254种，其中包括正式收入《四库全书》的典籍3461种，列为“存目”的6793种。这些古籍，可以认为是清代中期现存古籍中最重要的部分。

1931年—1945年由中国学者编撰、1993年开始由中华书局陆续出版的《续修四库全书总目提要》，收录各类古籍3万多种，被认为是基本反映了我国从古代到20世纪30年代存世典籍的概况。

一般认为，清代学者的著述占了现存中国古代典籍的大多数。1929年刊行的《清史稿·艺文志》著录90005多种；20世纪50年代武作成编纂的《清史稿艺文志补编》增补1万多种；2000年中华书局出版的王绍曾等人编纂的《清史稿艺文志拾遗》在上述二书的基础上，又增补54888部，375710卷。据此可以作出一个较为准确的估计：流传到今天的清代学者的著述，总数量在8万种以上。

1989年—1996年出版的《中国古籍善本书目》是全国现存善本古籍普查的总结性成果。该书目记载善本古籍6万多种，13万部，比较全面地反映了我国现存善本古籍的概貌。

1959年—1962年出版的《中国丛书综录》共收录古籍丛书2700多种，包括单种古籍达38000多种，被认为是对现存古籍丛书的总结性清理之作。

1985年出版的《中国地方志联合目录》收录我国在1949年以前编成的“旧方志”8200多种，被认为是对“旧方志”进行书目总结的集大成之作。

日前，历时二十年、洋洋三十册、2500余万字的《中国古籍总目》，由中国古籍总目编纂委员会编撰，上海古籍出版社出版完成。此书对现存中国古籍完成了迄今最大规模的调查与著录，第一次摸清中国的古籍家底约20万种。《中国古籍总目》的编纂出版，具有开创性与总结性,堪称中国古籍整理研究的重要成果。

以上具有总结性意义的书目成果所提供的数据,或是涉及某一方面的古籍,或是涉及某一时段的古籍,可以从某一方面、某一角度反映古籍资源的概貌。但是,中国古代到底出现了多少典籍,直到目前,并没有一个基于广泛的文献考订或资源普查而来的准确数字。

5.1.2 资源分类

对古籍资源的分类,反映的是不同历史时期人们对古籍资源的总体特点的认识和理解。

我国最早对古籍资源整体而系统的分类,出现在古代学术文化的第一个总结时期——汉代,标志是我国最早的系统目录《七略》的完成。《七略》原书早已亡佚,其分类体系被完整地保留在《汉书·艺文志》中。当时的典籍被分为6大类,史称"六分法"。具体类目名称包括六艺略、诸子略、诗赋略、兵书略、数术略、方技略。

中古时期,南朝梁著名学者阮孝绪编纂了另外一部总结性书目——《七录》,反映了流传到当时的文献典籍的概貌。《七录》名虽曰"七",但一般认为它是把所有典籍分为五大类别,史称"五分法",因为佛、道典籍在其分类体系中是单独立类的。《七录》分类体系的类目名称包括经典录、纪传录、子兵录、文集录、术伎录、佛法录、仙道录。

从《七略》到《七录》,中国古籍资源分类体系的变化折射出了资源内容特色的变化。主要体现在三个方面:首先,先秦时期数量还较少的历史著作,中古以来开始迅速增加。这一现象反映到书目成果中,就是《七略》中还只是在"六艺略"中的"春秋类"下的收录的历史类著作,到《七录》已经大为扩展,形成了专门的"纪传录",这是四部分类法中"史部"的前身。其次,在先秦时期蔚为大观的兵书、数术、方技类典籍,到中古时期大为减少,兵书被归并到诸子,形成"子兵录",数术和方技被合并为"术技录"。再次,东汉末年以来,佛教经典的移译和传抄大规模地展开,到中古时期,作为外来宗教的佛教基本上完成了本土化的过程。原本就是本土宗教的道教,魏晋以来在行动组织化的同时,也开始了巫仪方术著作的理论化与老庄道家著作的巫术化,基本完成了理论与实践体系的构筑。佛道典籍伴随着佛道事业的兴盛而大量出现,在作为文献典籍记录与总结的书目中的反映,就是《七录》中"佛法"与"仙道"单独立类。由此可见,具有总结性的书目分类体系的变化,实质上是学术兴替、学术成果时代特色变化的写照。

唐代堪称我国古代第二次大规模的学术文化总结时期。唐代初年,又一部具有划时代、总结性意义的书目成果——《隋书·经籍志》问世。《隋书·经籍志》最大的贡献之一,是使发端于三国时期的《中经》,经过西晋荀勖《中经新簿》、东晋李充《晋元帝书目》、南朝梁阮孝绪《七录》不断完善的典籍分类体系改革最终定型于"经史子集"四部分类法,史称"四部法"。至此以后,中国古代典籍的分类体系"世相祖述","以为永制"。由于四部分类法从本质上说是比较准确地从整体上抽象、反映了中国古代文献资源的内容特色,所以,直到今天,它依然是类分中国古籍的最主要的方法。除了上述六分法、五分法、四分法外,历代还有将古籍七分、九分以至十二分的,但都不占主导地位。

四部分类比较稳定,而四部之下的各种类目,历代都有所变动。清代编纂的《四库全书总目》分为四部44类,有较大的权威性。《四库全书》是按经、史、子、集四部44类67个子目编排图书的。现在就此书的体例,把经史子集四部简介如下。

(1) 经部。收录的是儒家经典。主要包括十三经、古乐、文字等方面书籍,以及解释经书的著作,儒家经典以“十三经”为代表,它包括《周易》、《尚书》、《诗经》、《周礼》、《仪礼》、《礼记》、《春秋左传》、《春秋公羊传》、《春秋谷梁传》、《论语》、《孝经》、《尔雅》、《孟子》。

(2) 史部。主要是各种体式的史书,如纪传体、编年体、纪事本末体、别史、杂史等。纪传体,以"二十四史"为代表,它们都是官修的正史;杂史,如《朝野佥载》。史部还包括地理著作、政书、目录书等。

(3) 子部。收集先秦以来诸子百家及释道宗教的著作。此部范围广,收书也比较复杂,有哲学书,也包括算术、天文、生物、医学、农学、军事、艺术、宗教的著作,也包括笔记小说和类书。子部中也有一些带有迷信色彩的书籍,如相宅、相墓、占卜、命书、相书等及其有关书籍。

(4) 集部。收历代诗文集、文学评论及词曲方面的著作。一人著作的集子称别集,多人著作合编一起的集子称为总集。别集,如李白的《李太白全集》、白居易的《白氏长庆集》等。总集,如《昭明文选》、《全唐诗》等。文学评论,如《文心雕龙》、《沧浪诗话》。集部以文学书为主,但又不限于文学书。

经、史、子、集四部分类法,是中国传统文化的产物,适用于传统文化典籍。今天,它仍是我们熟悉古籍,进而了解传统文化的一把钥匙。目前,我国各类图书馆普遍采用的是“中国图书馆图书分类法”,但是,由于不少古籍很难纳入中图法的分类体系,因此一般古籍图书馆(库)的库藏和检索,仍袭用传统的四部分类法。

5.2　何其芳藏古籍特色资源

5.2.1　图书馆古籍收藏概况

古籍,属于稀缺资源。各大图书馆的古籍资源其来源主要有三:①购买。以山东大学为例,有古籍4万3千多种其31万余册件。除正常、零星购买外,主要是购买到了多批大宗的著名藏书家的藏书,如购得青岛叶氏所藏地方志300多部,购得安邱曹愚盦藏书七大木箱近万册,购得诸城张镜夫千目庐所藏古籍3500多册等。②接受捐赠,山东大学历来以文史见长,很多国内知名学者都在这里工作过,他们中的很多人都把私人藏书捐赠给了山东大学图书馆,如丁山先生的家属将丁氏生前所藏之书及著作手稿分三次悉数捐赠,仅1952年一次捐赠就多达5000多册,蒋静贞先生捐赠藏书4653册,卢振华先生家属捐赠其所藏之书3000余册,郭宝钧先生家属捐赠800多册,另外社会捐赠图书亦复不少,如青岛华新纱厂经理捐赠私人藏书就有十多木箱数千册。③政府调拨,山东大学书馆曾接收过政府调拨过来的原青岛同善教会及原齐鲁大学图书馆等处所收藏的大批古籍。由此可见,现在各大图书馆的古籍资源,基本来源于私人藏书,或捐赠或购买。

国内主要图书馆古籍收藏一览表如表5-1所列。

表 5.1 国内主要图书馆古籍收藏一览表 (单位:册)

馆名	古籍数量(约)	善本数量(约)	特藏
国家图书馆	226 万	26 万	宋元版、《四库全书》、碑帖
北京大学图书馆	160 万	16 万	敦煌写卷、宋元版、方志
南京图书馆	140 万	10 万	宋元版、写本、写经
上海图书馆	130 万	15.8 万	宋元版、家谱
湖南省图书馆	95 万	5 万	地方文献
浙江省图书馆	83 万	14 万	嘉业堂藏书、《四库全书》
山东省图书馆	80 万	8 万	海源阁藏书、易经、地方文献
四川省图书馆	67 万	6 万	方志、中医药
辽宁省图书馆	56 万	12 万	清宫旧藏、地方文献
湖北省图书馆	43 万	3 万	地方文献
天津图书馆	40 万	8000 种	明清小说、方志
广东中山图书馆	40 万	3 万	地方文献
首都图书馆	40 万	3.4 万	明清小说、民间文学
北京师范大学图书馆	40 万	2.2 万	方志、丛书
中国人民大学图书馆	40 万	2500 种	
中国科学院文献情报中心	40 万		明代文集
南京大学图书馆	38 万	3 万	
复旦大学图书馆	36 万	7000 种	
大连市图书馆	30 万		明清小说
甘肃省图书馆	30 万	7 万	《四库全书》、地方文献
南开大学图书馆	30 万	2000 种	方志、工具书
中山大学图书馆	30 万	2.5 万	
华东师大图书馆	27 万	1000 多种	

5.2.2 何其芳藏古籍资源概况

1. 私人藏书概况

中国私人藏书起源于周代,可谓历史悠久,对我国文化的保存传播起了巨大的作用。战国时期,私人藏书随着诸子百家的蜂起而渐兴。隋唐以后,皇室藏书、书院藏书、私人藏书和寺院藏书并为我国封建社会藏书的四大体系。鸦片战争以后,封建政权日趋衰落,皇室藏书停滞不前,书院藏书一蹶不振,而私人藏书却一直延续不断。

近现代出现了许多有名的藏书家,比如郑振铎、张元济、黄裳、何其芳等。比如郑振铎藏书 17224 部,计 94441 册。其妻高君遵其生前遗愿,将全部藏书无偿捐献给国家,由北京图书馆收藏,并编成《西谛书目》5 卷出版,外文书另编书目,同时汇编《西帝题跋》。北京图书馆专家赵万里称:就数量和质量论,在当代私家藏书中,可算是屈指可数的。这些名人、专家的私人藏书,在他们所从事的专业领域,具有相当高的学术和研究价值,也是研究他们本人学术生涯的最好的资料。所以,对于拥有他们藏书的单位来说,要相当珍视这些私人藏书。

本小节以何其芳藏古籍资源为例,全面细致地了解我国私人古籍藏书的特点。

2. 私人藏书家——何其芳

何其芳(1912—1977),原名何永芳,藏书室名“无计为欢室”,藏书印有:“何其芳”白方和“无计为欢室所藏图书”朱方。重庆万州(原四川万县)人。著名诗人、散文家、文学评论家、红学家和藏书家。

何其芳一生著述颇丰,著作主要有散文集《画梦录》(1937 年获《大公报》文艺奖金)、《还乡杂记》(又名《还乡日记》)、《星火集》、《星火集续编》、《一个平常的故事》;有诗集《预言》、《夜歌》(又名《夜歌和白天的歌》),有小说、戏剧等合集《刻意集》;有论文集《关于现实主义》、《西苑集》、《论红楼梦》、《关于写诗和读诗》、《诗歌欣赏》、《文学艺术的春天》。另有与卞之琳、李广田合著诗集《汉园集》。

何其芳藏古籍书 3 万多册,主要是清版本、民国版本及少数明刻本,其中有 54 种带有其本人的批注,经、史、子、集、丛收藏俱备。他珍惜自己收藏的每一册书,是希望藏书能物尽其用,他生前曾自负地说:“我的这些书,供文学研究工作者用,是足够了。”何其芳逝世后,遵照生前“藏书不分散”的遗嘱,3 万 5 千册藏书集中捐赠给了中国传媒大学(原北京广播学院)。

3. “何其芳古籍藏书”的价值

(1)“何其芳古籍藏书”有助于图书馆馆藏资源的深度建设。何其芳所藏古籍文献对高校人文性学科特别是文学、影视、历史等方面的学科建设具有重要的研究资料。一个学科如果没有文献的纵向积累,开展学科深层次的研究就没有基础文献的支持。“何其芳古籍藏书”不仅加深了图书馆馆藏深度,更为相应专业的学科建设奠定了坚实的基础。

(2)“何其芳古籍藏书”有助于图书馆特色馆藏的建设。何其芳在文学创作及理论研究领域都颇有建树,一生著述颇丰。1938 年到延安参加革命,历任鲁迅艺术学院文学系主任,中国作家协会书记处书记,中国社会科学院文学研究所所长,《文学评论》主编。由此可见,何其芳长期活跃在文学创作及学术研究的最前沿,掌握着当时最先进的文学潮流及学术思想,所捐赠的书刊资料有较高的学术价值,是图书馆最具特色的馆藏资源。

可从以下五个方面开展特色馆藏资源建设:

第一,建立何藏古籍善本特色文献库。

通过整理何其芳藏书,我们发现就图书版本来说,可以建成古籍善本特色文献库。目前已由专家鉴定出 56 种古籍善本。图 5－1 和图 5－2 为两种善本书影。

第二,建立何藏《红楼梦》特色资源库。

何藏图书中有许多他本人的批注,特别是关于《红楼梦》的批注尤其重要,因为何其芳本身在红学研究方面颇有建树。1956 年何其芳写成的《论红楼梦》的长篇论文,发表于《文学研究集刊》第五册,后加删节,作为人民文学出版社的 120 回本《红楼梦》的代序。此文对《红楼梦》的思想意义、艺术价值和解放后红学研究中的一些重大问题,都提出了自己的见解,产生了广泛深远的影响。而何其芳又有“不动笔墨不看书”的阅读习惯,据 60 年代初期来到何其芳身边工作的王水照回忆,何其芳撰写《论红楼梦》长篇论文的经验

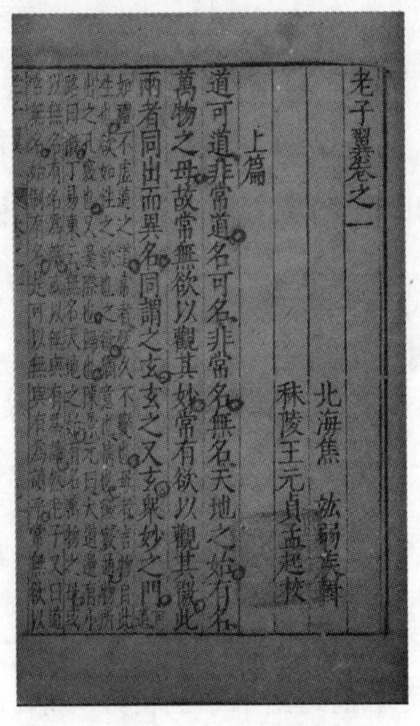
老子翼卷之一

上篇

北海焦竑弱侯輯

秣陵王元貞孟起校

道可道非常道名可名非常名無名天地之始有名萬物之母故常無欲以觀其妙常有欲以觀其徼此兩者同出而異名同謂之玄玄之又玄衆妙之門

图 5－1 明万历戊子年刻本卷端

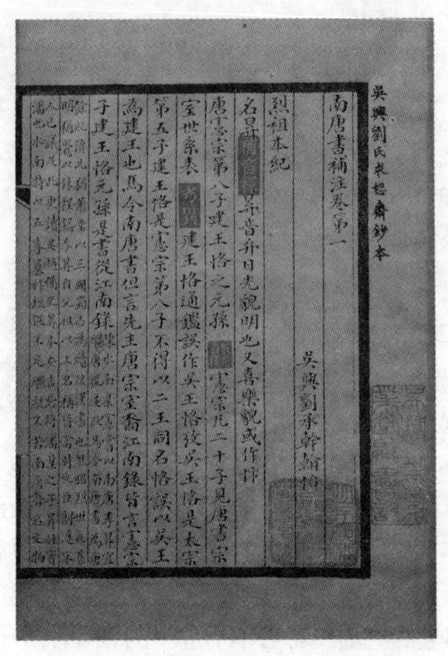
吴興劉氏求恕齋鈔本

南唐書補注卷第一

吴興劉承幹翰怡

烈祖本紀

图 5－2 刘承干求恕斋抄本卷端

是:“他说,他的具体工作方式主要是在原著上作眉批。他十分重视研读原著,重视把从原著中获得的直接感受和体会,及时准确地记录下来,然后加以整理、概括和连贯起来的思索。他不是把原著作为冷漠的解剖对象,而是去体验和认知其中活生生的形象世界。”因此,结合批注研究何其芳的红学思想具有十分重要的意义。

新中国成立后的初期《红楼梦》研究不仅是个学术问题,而且在政治上具有特殊的地位,1954 年毛泽东亲自发动和领导了《红楼梦》研究批判运动。何其芳当时任文学研究所所长是全国最高学术研究机构的领导者,他参与了许多《红楼梦》研究批判活动,其藏书中保留着丰富的《红楼梦》研究资料,具有强烈的时代感,有一些还是“内部”资料,极其难得。

另外,何藏《红楼梦》版本也相当丰富共有 19 种,涉及《红楼梦》的各个版本系统具有极高的版本研究价值(见拙文《何其芳藏〈红楼梦〉版本考证批语辑录》,《红楼梦学刊》,2011 年第 3 期)。我们依托何藏《红楼梦》版本及何批、时代感极强的《红楼梦》研究资料,完全可以建立何藏《红楼梦》特色资源库。

第三,建立何其芳文献研究中心。

何其芳藏书是他留给后人的珍贵遗产,具有独一无二的特点。我们可收集何其芳的著作及研究资料与何其芳藏书一起建立何其芳文献研究中心,形成独具特色而又内涵丰富的馆藏资源。

大致说来,何其芳文献研究中心的任务主要有两点:一是妥善保管何其芳藏书,尽可能的保持原貌;另一点是最大限度地开发利用何其芳藏书。我们知道,从个人藏书研究的角度来说,藏书作为独立的物质实体,本身不能体现出多大的学术价值,只有结合藏书者的个人创作及其相关研究资料才能使这些藏书变得“活”起来,具有生命力。因此,收集何其芳的作品及研究资料就具有极其重要的意义。

第四,收集何其芳的研究资料。

何其芳研究一直是现代文学史上的一个重要课题,收集其研究资料不仅能掌握何其芳的研究历史,还能结合其藏书深化现有的研究主题,发掘何其芳研究的新领域。目前就收集到《何其芳研究》期刊的早期资料,里面有许多关于何其芳的一手史料,是极难得的学术研究资料。

第五,发掘何藏古籍文献的价值。

为了充分发掘何藏图书的价值,在工作中要重点关注以下两个方面。

积极发掘善本文献。善本文献具有较高的历史文物性、学术资料性和艺术代表性,是这批藏书整理中重点关注的对象。善本文献的发掘不是一蹴而就的。目前经专家鉴定出56种古籍善本,其中多为清代刻本或抄本。就目前掌握的情况来看,何藏古籍中还有几十种明刻本,需要我们积极地去查证。

善本全部清理完毕,会请有关专家进行版本鉴定。确为善本者,另架集中存放,并逐一作出提要,汇编为《何其芳藏书善本提要》。

重视整理何其芳批注本。"何其芳藏书"中留有何先生的大量批注、评点,安排专人逐册翻阅,将留有何先生批注、评点书籍单独提出,另架集中存放,并逐书作出提要,结集为《何其芳批注本提要》,出版发行。某些重要的批注、评点,可以整理出版(或者影印出版,或者编辑《何其芳批注评点辑录》等)。

何其芳批注字体很清秀工整,但是极小,经常用一些简写字,整理他的批注本还是有一定困难的。尽管何其芳批注《楚辞》基本是采用集注的方式,较少发表自己的观点。但是,有《楚辞》研究专家表示,何批《楚辞》在楚辞学史上还是有重要意义的,代表着一种学术思想。

另外,因为何其芳批注属于其个人创作,根据著作权法的相关规定,目前还享有著作财产权(时间期限是作者去世后50年内),影印其批注本出版还要通过法律手段取得相应的出版权力。关于作家的著作权是个比较复杂的法律问题,在具体操作时,还要请教专业人士,我们要做到合理合法地开发利用何其芳藏书资源。对私人藏书的科学管理,合理使用,既保障了私人藏书的权益,最大限度地发挥了私人藏书的作用,且使其免遭自生自灭的厄运,造福社会,泽及后代。

5.3 常用古籍数据库

5.3.1 基本古籍资源

对一般的利用者来说,在现存的古籍资源中,最基本、较常用的包括以下内容。

(1) 十三经。中国古代集中代表儒家思想的十三部经典著作。

(2) 二十六史。中国古代最为著名的纪传体史书,古代历史著作的典型代表。

(3)《诸子集成》。汇集诸子著作的大型丛书。

(4) 诗文总集、别集。

(5) 古籍丛书、类书、政书、方志。

上述基本古籍资源,相当数量的都有经过今人整理的印刷版本。20世纪90年代中期以后,一批最重要的大规模的古籍资源还实现了数字化,研发出了较为完善的计算机全文检索系统。本节重点阐述有关这些基本古籍资源的检索、查考和利用问题。

5.3.2 常用古籍数据库

古籍数据库检索系统的开发始于20世纪80年代初,主要是以数据库的形式储存古籍文献的相关资料。它可以利用计算机在资料的储存、整理、检索、数据统计以及索引编制等方面的优越性,改进古籍文献检索方式,对古籍资源的利用、开发和保护非常有利。

古籍数据库检索系统从它的检索功能来看主要有书目检索数据库和全文检索数据库;从它的媒介来看主要有两种形式即光盘版和网络版。随着网络技术的迅速发展和普及,古籍资源的网络化成为一种趋势。它主要是将数字化的古籍资源在网络上有偿或无偿发布,供互联网用户使用。例如:国学网就拥有《十三经》、《资治通鉴》、《续资治通鉴》、《楚辞》、《全唐诗》、《全宋词》、《人间词话》等大量古籍的电子版。

下面介绍光盘数据库和网络数据库两大类。

1. 古籍光盘数据库

1)《文渊阁四库全书》电子版

《文渊阁四库全书》电子版,由香港迪志文化出版有限公司和上海人民出版社合作出版。分为"原文及标题检索版"(简称"标题版")和"原文及全文检索版"(简称"全文版")两个版本。全文版的主体是《四库全书》全文文本数据和原文图像数据。

(1) 标题版共有167张光盘,含有470万页的原文图像,可从四种角度检索《四库全书》中自已所需要的书目和原文:

① 四库分类检索:在经、史、子、集四部和四部以下的类或类下的属检索,均可列出书目以供选择,点击确认以后则可阅读原文。

② 书名检索:通过输入部分或全部书名文字,可查到所需书目及原文。

③ 著者检索:通过输入著者名称及朝代,可检索到所需书目及原文。

④ 卷内标题检索:通过输入卷内标题、作者或段落间语句等内容检索所需文献

(2) 全文版,共有175张光盘。全文版除了具备标题版的检索功能外,最主要的是拥有全文检索功能,通过输人任意关键词,可以在几秒或数十秒的时间内,检索到《四库全书》3461种著作79309卷里所有与关键词匹配的资料,检索的结果还可以随意复制到文档中进行编辑,也可以打印,异常方便。

全文版的检索方法,简单易学。从桌面点击其图标进入检索系统后,在选择菜单中点击"内容检索";进入后再点击左上角"选择"菜单,在"选择"菜单中点击"全文检索"后即会出现"请输人检索字串"框。在框内输入所要检索的字串后再点击"确定",稍待数秒钟系统会自动列出全部检索结果,然后逐一点击检索结果的目录,即可查到所需资料。

标题版和全文版都附有电子版《四库全书简明目录》、《中华古汉语字典》、《四库大辞典》、"古今纪年换算"、"二卜支公元年换算"和"八卦六十四卦表"等六种辅助工具,我们可以利用这六种辅助工具了解著者的相关文献资料,查询古汉语字义,进行古今纪年换算和干支/公元年换算。

标题版只能通过检索书名或篇名而阅读原文,不能全文检索,使用起来不太方便,而

且全文版既具备标题版的检索功能,又有其所不具备的更高效快速的全文检索功能,因此,一般使用全文版就足够了。

2)《四部丛刊》电子版

《四部丛刊》收书504种,原分装3134册虽然规模数量不及《四库全书》,但因都是据珍藏善本、稿本影印,故其版本价值远胜于《四库全书》,是20世纪以来使用率相当高的大型丛书之一,与《四部备要》同为学人所重、《四部丛刊》电子版(原文及全文检索版),由北京书同文数字化技术有限公司、万方数据电子出版社合作出版,共24张光盘其检索功能与《四库全书》基本相同,可进行书名检索、著者检索、分类检索和全文检索。其全文检索的方法,是通过输入关键词,可在《四部丛刊》全部内容内进行检索,也可以限定书名、著者、分类条件进行检索;还可以实现不同关键词的布尔组配检索。其检索步骤,与《四库全书》电子版相同。

《四库全书》和《四部丛刊》全文检索数据库中检索的结果,有两种文本显示,一是"原文图像",一是"全文文本"。"原文图像"是据原书摄影而成,而"全文文本"(《四部丛刊》称"文本页面"),则是经特殊处理识别后由原文转换而成的,可复制和重新编辑。一般查阅资料或复制资料,选择"全文文本"最方便。但如在学术论著中引用其资料,则需选择"原文图像",与原文校核后才能正式使用"全文文本"的资料。因为"全文文本"在识别转换时,与原文会有一定的误差。这点使用时要注意。

2. 古籍网络数据库

1)《国学宝典》

《国学宝典》是一套面向图书馆、研究机构及文史研究人员的中华古籍全文资料检索系统,由北京国学时代文化传播有限公司开发。分单机版、网络版、手机版及金典版四种。《国学宝典》自1999年推出V1.0单机版以来,每年都在不断补充和完善,现今单机版已升级至V9.0,无论是数据的数量和质量,还是软件的性能和功能,均可谓精进百倍,与往昔不作同日语。但单机版的普及范围毕竟仍相当局限,有鉴于此,《国学宝典》于2002年底开始逐步向网络迈进,2003年12月先行推出局域网版,2005年2月正式推出互联网版(www.gxbd.com)。网络版具有普及范围广,检索速度快,功能强,维护升级容易等特点。随着网络的飞速发展,手机日渐跻身而上,成为与计算机并驾齐驱的网络终端,《国学宝典》亦顺应科技潮流,于2006年12月推出手机版(wap.guoxue.com),是为网络版之兄弟版。2008年2月,《国学宝典》推出了以超小型笔记本电脑为载体的金典版,从而革新了单机版以光盘为载体的历史。

下面重点介绍《国学宝典》网络版,于2005年正式出版网络版,目前并入中国知网。该数据库的数量逐年不断增加,年更新1~2亿字内容。该数据库除收录基本古籍外,还设置有"四库大系"系统收录续修四库、四库未收、四库禁毁、四库存目等书,形成四库系列。该库对收录文献的版本要求是:①完整本而非选本或残本;②母本或现存最早的版本及精校本;③经整理的标点本。

《国学宝典》采用的是客户端/服务器模式(C/S模式),依托互联网,通过IE(http://www.gxbd.com/)直接访问数据库网站,不需下载安装客户端及浏览器,使用方便快捷(图5-3)。

《国学宝典》数据库基本按照古籍分类方法对收录的图书进行分类,主体设经、史、

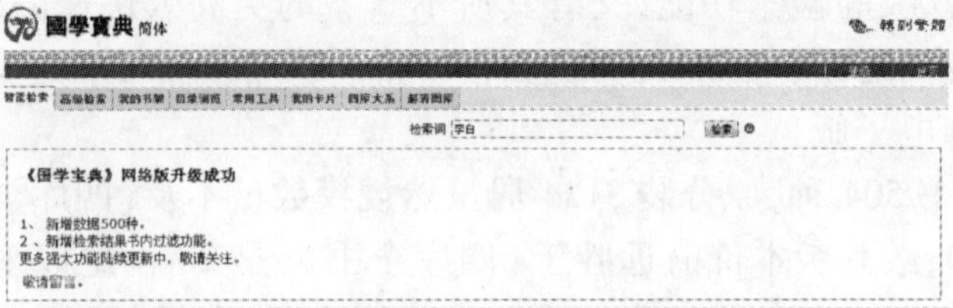

图 5 - 3　国学宝典主页

子、集四部,另加丛书、通俗小说各一部,共计六部。其中,经部 3 个专题,史部 4 个专题,子部 21 个专题,集部 7 个专题,丛书 1 个专题,共计 36 个专题。

目前,使用者可以在互联网上检索《国学宝典》数据库的所有资源,但是只提供 13 经、25 史、国学备览 81 部、部分小说、佛经共计 1080 部典籍的免费阅览。《国学宝典》的阅读功能特点是,数据库不提供原书影像,将古籍内容转换在同一阅读界面,可以直接在微软 Ooffice 中复制、粘贴并可编辑、打印。同时,它还提供了“我的书架”功能,将读者选中的文献加入后,下次进入系统可直接查看、阅读。其“我的卡片”功能是对某篇文献中的章节、字段标记后存入,可以批量导出、打印,类似于手工检索时期的读书卡片。该数据库在提供基本阅读功能的同时,还设置了“常用工具”功能该项功能包括人名辞典、国学辞典、帝王纪年、书名词典等方便读者在古籍阅读过程中随时查找有关人物的生卒、年号等。

《国学宝典》数据库已经纳入中国知网系列数据库(http://epub.cnki.net/kns/brief/result.aspx? dbprefix = GXDB_SECTION),检索系统统一为中国知网系列数据库风格。其基本检索为设定全文、书名、卷名、著者四种检索途径后,输入检索词进行检索,默认检索途径为全文。同时,它允许一次输入多个检索词并且默认多个检索词之间为逻辑与的关系。另外,还有高级检索和专业检索,高级检索比基本检索组合的检索词更多些。专业检索可检索字段:

FT = 全文,LY = 书名,JA = 卷名,AU = 著者或著者显示

示例:

(1) LY = '红楼梦' 可以检索到书名包括“红楼梦”的所有文章;

(2) LY = '四书' * '五经' 可以检索到书名包括“四书”及“五经”的信息;

(3) LY = ('三国演义' + '三国志') * '刘备' - '曹操' 可检索“三国演义”或“三国志”有关“刘备”的信息,并且可以去除与“曹操”有关的部分内容。

我们以基本检索《花间集》为例,详细了解中国知网《国学宝典》的检索阅读功能。首先,在中国知网主页文献类目栏点击“古籍”(变黄)(图 5 - 4),进入《国学宝典数据库》检索页。

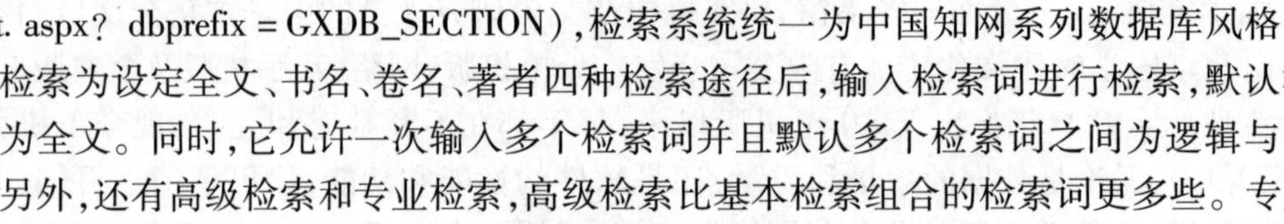

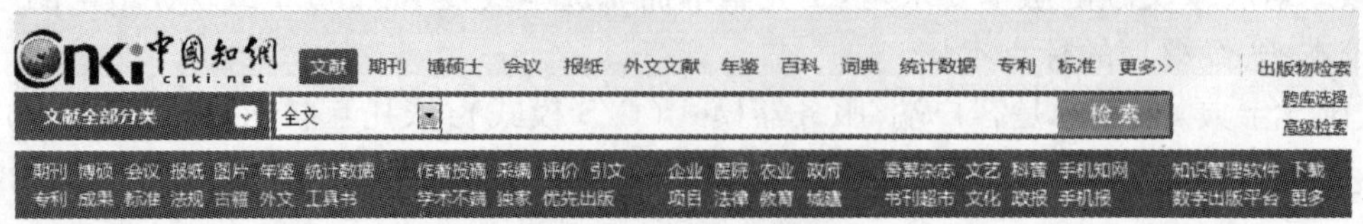

图 5 - 4　中国知网主页

在《国学宝典数据库》检索页，检索条件选"书名"，输入"花间集"，显示结果页面如图 5－5。从中可以看出《国学宝典数据库》的检索形式是：每个条目分段显示著作，阅读该段文字要点击右边的"阅读该段全文"。与《国学宝典》网站上的阅读功能特点类似，也是可以直接在微软 Ooffice 中复制、粘贴并可编辑、打印。

检索　高级检索　专业检索

输入检索条件：

（书名　花间集　并合　　精确）

检索　结果中检索

分组浏览：朝代　免费订阅　定制检索式

五代(640)

排序：主题排序　每页显示：10 20 50

找到 640 条结果　1/32　下一页

1 花间集

赵崇祚(五代)，　花间集叙

...●花间集叙...

阅读该段全文

2 花间集

赵崇祚(五代)，　花间集叙

...镂玉雕琼拟化工而迥巧裁花剪叶夺春艳以争鲜是以唱云谣则金母词清挹霞醴则穆王心醉名高白雪声声而自合鸾歌响遏行云字字而偏谐凤律杨柳大堤之句乐府相传《芙蓉曲渚》之篇豪家自制莫不争高门下三千玳瑁之簪竞富樽前数十珊瑚之树则有绮筵公子绣幌佳人递叶叶之花笺文抽丽锦......

阅读该段全文

3 花间集

赵崇祚(五代)，　花间集叙

...自南朝之宫体扇北里之倡风何止言之不文所谓秀而不实...

阅读该段全文

图 5－5　国学宝典数据库检索页

点击条目书名《花间集》，会显示相关版本信息及书目提要等信息（图 5－6）。《国学宝典》所收《花间集》是宋绍兴十八年刻本；《书目提要》对作者做了简单介绍，对作品引入名人评价，对版本做了定位。

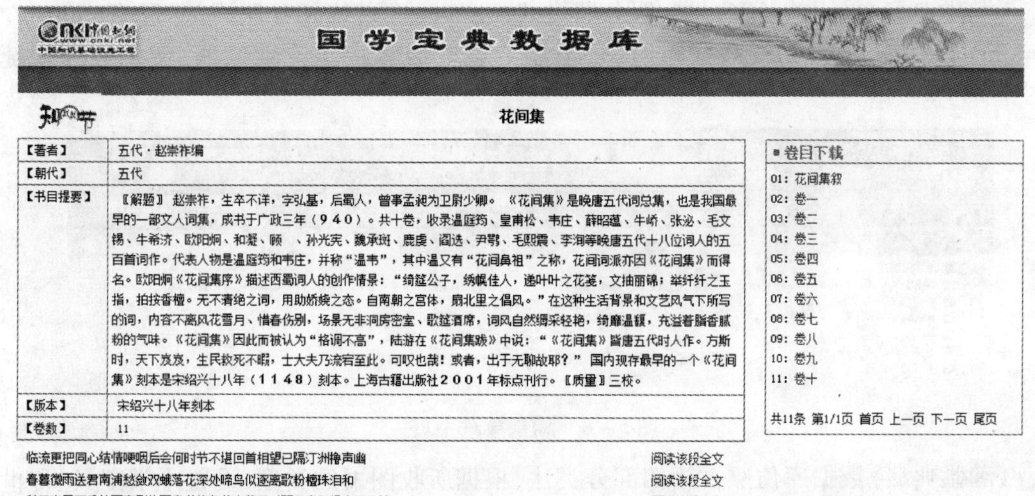

国学宝典数据库

花间集

【著者】	五代·赵崇祚编
【朝代】	五代
【书目提要】	〖解题〗 赵崇祚，生卒不详，字弘基，后蜀人，曾事孟昶为卫尉少卿。《花间集》是晚唐五代词总集，也是我国最早的一部文人词集，成书于广政三年（940）。共十卷，收录温庭筠、皇甫松、韦庄、薛昭蕴、牛峤、张泌、毛文锡、牛希济、欧阳炯、和凝、顾　、孙光宪、魏承斑、鹿虔、阎选、尹鹗、毛熙震、李珣等晚唐五代十八位词人的五百首词作。代表人物是温庭筠和韦庄，并称"温韦"，其中温又有"花间鼻祖"之称，花间词派亦因《花间集》而得名。欧阳炯《花间集序》描述西蜀词人的创作情景："绮筵公子，绣幌佳人，递叶叶之花笺，文抽丽锦；举纤纤之玉指，拍按香檀。无不清绝之词，用助娇娆之态。自南朝之宫体，扇北里之倡风。"在这种生活背景和文艺风气下所写的词，内容不离风花雪月、惜春伤别，场景无非洞房密室、歌筵酒席，词风自然绸采轻艳，绮靡温馥，充溢着脂香腻粉的气味。《花间集》因此而被认为"格调不高"，陆游在《花间集跋》中说："《花间集》皆唐五代时人作。方斯时，天下岌岌，生民救死不暇，士大夫乃流宕至此。可叹也哉！或者，出于无聊故耶？" 国内现存最早的一个《花间集》刻本是宋绍兴十八年（1148）刻本。上海古籍出版社2001年标点刊行。〖质量〗三校。
【版本】	宋绍兴十八年刻本
【卷数】	11

■卷目下载

01：花间集叙
02：卷一
03：卷二
04：卷三
05：卷四
06：卷五
07：卷六
08：卷七
09：卷八
10：卷九
11：卷十

共11条 第1/1页 首页 上一页 下一页 尾页

临流更把同心结情哽咽后会何时节不堪回首相望已隔汀洲橹声幽　阅读该段全文

春暮微雨送君南浦愁敛双蛾落花深处啼鸟似逐离歌粉檀珠泪和　阅读该段全文

愁肠岂异丁香结因离别故国音书绝想佳人花下对明月春风恨应同○其二　阅读该段全文

图 5－6　国学宝典题名检索页

在资源整合方面，因为中国知网有大量的期刊全数据库，所以在每个检索条目下会列出与检索条目相关的期刊论文供使用者参考。如图 5 - 7 列出了关于《花间集》的研究论文若干。

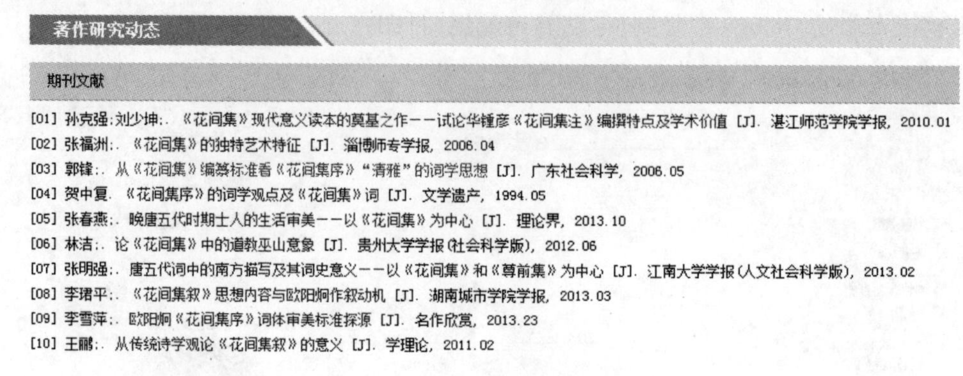

著作研究动态

期刊文献

[01] 孙克强;刘少坤;. 《花间集》现代意义读本的奠基之作——试论华锺彦《花间集注》编撰特点及学术价值 [J]. 湛江师范学院学报, 2010.01

[02] 张福洲;. 《花间集》的独特艺术特征 [J]. 淄博师专学报, 2006.04

[03] 郭锋;. 从《花间集》编纂标准看《花间集序》"清雅"的词学思想 [J]. 广东社会科学, 2006.05

[04] 贺中复. 《花间集序》的词学观点及《花间集》词 [J]. 文学遗产, 1994.05

[05] 张春燕;. 晚唐五代时期士人的生活审美——以《花间集》为中心 [J]. 理论界, 2013.10

[06] 林洁;. 论《花间集》中的道教巫山意象 [J]. 贵州大学学报(社会科学版), 2012.06

[07] 张明强;. 唐五代词中的南方描写及其词史意义——以《花间集》和《尊前集》为中心 [J]. 江南大学学报(人文社会科学版), 2013.02

[08] 李珺平;. 《花间集叙》思想内容与欧阳炯作叙动机 [J]. 湖南城市学院学报, 2013.03

[09] 李雪萍;. 欧阳炯《花间集序》词体审美标准探源 [J]. 名作欣赏, 2013.23

[10] 王鹏;. 从传统诗学观论《花间集叙》的意义 [J]. 学理论, 2011.02

图 5 - 7　国学宝典著作研究动态

2)《瀚堂典藏》

《瀚堂典藏》古籍数据库是由北京时代瀚堂科技有限公司推出的核心产品，其采用基于 Unicode 四字节编码和自然语言全文检索的典籍文献数字化构建。是一个集成性的巨型古籍数据库，它以精准校对的小学工具(文字、音韵、训诂)、古代类书、出土文献类数据为基础，大量纳入包括经史子集，以及中医药典籍、古典戏曲、敦煌文献、儒、释、道等历代传世文献，以及大型丛书、史书、方志等，涵盖文史哲等专业的教学和研究工作中所应用到的专业古籍文献数据。小学类文献、出土文献独具特色。除收录基本古籍外，该数据库还设置"近代报刊"专辑，收录了清末到民初 300 余种近代报刊。该数据库利用 Unicode 四字节编码技术基本解决了生僻汉字在计算机平台上无法录入、显示、编辑的难题，从根本上彻底突破了古籍整理和研究中生冷僻汉字数字化的瓶颈，因此只要使用时安装宋体，扩展 B sim - sunb. ttf 字符集，就可以查看到所有的生冷僻汉字，极大地方便了使用者。这一点是其他古籍数据库无法办到的。

《瀚堂典藏》采用的是客户端/服务器模式(C/S 模式)，依托互联网，通过 IE(http://www. hytung. cn/)直接访问数据库网站，不需下载安装客户端及浏览器，使用方便快捷(图 5 - 8)。

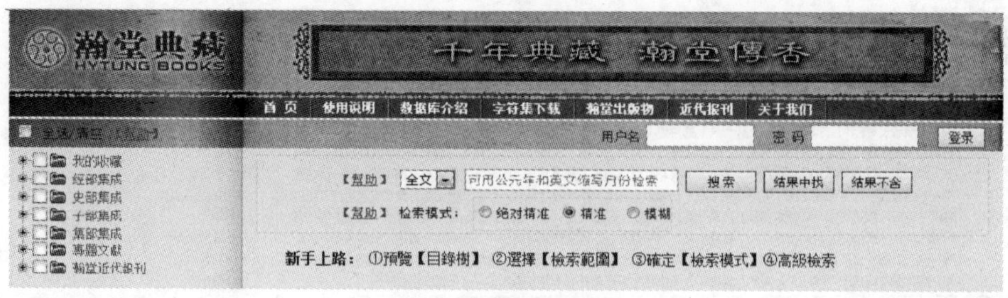

图 5 - 8　瀚堂典藏主页

《瀚堂典藏》数据库仿照古籍四部分类法，根据所收图书的类型，设置小学工具、传世文献、出土文献、专题文献四部，下设 13 个专题。

《瀚堂典藏》数据库的基本检索功能与《国学宝典》数据库相似，在设定全文、出处、标题、书目四种检索途径后，输入检索词进行检索，默认检索途径也是全文。不同的是，该数据库在检索条上通过设置“结果中找”按钮实现检索词之间的逻辑与组配，设置“结果不含”按钮实现检索词之间的逻辑非组配，从而达到缩小检索范围、筛选检索结果的目的。

《瀚堂典藏》数据库采用图文对照的方式阅读文献，检出文献同一格式显示，后附原书影像，可以连续翻阅，以便读者验证文本，快速查阅原文，该项功能较为强大，可以连续翻阅 1000 多万页古籍。其显示的文本字体，可以根据需要设置分大、中、小三种字号。同时，该数据库还设置读者“意见反馈”功能，读者使用过程中的意见和建议可以通过网络反馈给供应商，以便修改和升级。

3）《中国基本古籍库》

《中国基本古籍库》先后被列为“全国高等院校古籍整理研究工作委员会重点项目”和“国家重点电子出版物十五规划项目”，由北京大学教授刘俊文总策划、总编纂、总监制，北京爱如生数字化技术研究中心开发制作，项目于 2001 年 3 月正式启动，2005 年 10 月全部完成。《古籍库》确定的收书标准为：①千古流传、脍炙人口之名著；②虽非名著，但属于各学科之基本文献；③虽非基本文献，但有拾遗补阙意义之作，清末民初以前最重要的基本典籍，大致周备。该库对收录文献的版本要求是：①完本而非残本；②母本或晚出精刻精钞精校本；③未经删削窜改之本。

《中国基本古籍库》采用局域网访问模式，在局域网范围内，首先下载客户端软件并在本地安装，通过专用浏览器进行检索、阅读。比较而言，前两种数据库访问更为便捷。

《中国基本古籍库》没有采用传统古籍的四部分类法，而是重新设计为哲科、史地、艺文、综合四库，其中哲科库包史地库包括思想、宗教、政治、经济、法制、军事、科技、农业、医学等部，历史、地理、外国三部，艺文库包括语文、文学、艺术三部，综合库包括教育、体育、生活、术数、其他五部（类书杂纂、金石目录、西学译著），各部再分三级类目，总约 100 目。这种分类，便于现代学者特别是不熟悉古籍四部分类法的读者查阅。

《中国基本古籍库》的基本检索功能不同于前两种数据库，它的检索系统更偏重于习惯于古籍阅读的人群，首先在检索条上设置了“分类检索”、“条目检索”、“全文检索”、“高级检索”四种检索途径，然后打开某种检索途径后，再以“类目”、“书名”、“作者”、“时代”、“版本”等进行逻辑与组配，进行限定检索。

《中国基本古籍库》的阅读功能较为全面，除具备上述两种数据库的各项功能外，该数据库还提供了“标点批注”功能，方便阅读时读者对文献的断句；提供了“版式设置”功能，可以帮助读者根据阅读习惯设置横版、竖版以及字体、字号；设置了“纠错校勘”功能，对文献原文中存疑的内容进行查询。该数据库还有较为人性化的功能设置，通过“背景音色”功能，读者能够对显示界面进行设定，甚至播放背景音乐以助阅读。比较而言，《中国基本古籍库》的阅读功能较为全面，它不仅符合古籍的阅读习惯，还提供了标点、批注、校勘等的研究功能。

思 考 题

1. 有人说古籍代表的是过去的文化，与现代生活是脱节的，人们没有必要再去学习研究它们。请问这种观点对吗？试谈谈古籍在现代生活中传播的意义。

2. 古籍资源在现代生活中变得越来越珍贵,一般人很难见到。试谈谈你对古籍的认识。

3. 在日常学习工作中,你经常会用到哪些古籍数据库,试举出一到两个,并说出它们各自的特点。

参考文献

[1] 刘世德. 辛勤的种树人——怀念何其芳同志,红学探索——刘世德论红楼梦. 北京:文化艺术出版社,2006.

[2] 澳门图书馆暨咨讯管理协会. 两岸三地古籍与地方文献. 澳门:澳门图书馆暨咨讯管理协,2002.

[3] 国学宝典网站. http://www. gxbd. com/.

[4] 中国知网网站. http://epub. cnki. net/kns/brief/result. aspx? dbprefix = GXDB_SECTION.

[5] 瀚堂典藏网站. http://www. hytung. cn/.

第6章

现代移动数字图书馆技术绪论

美国图书馆协会将信息素养定义为国民具备信息需求意识并能有效搜索、评估和使用所需信息等的一系列技能。美国最著名的教育类数据库《教育资源数据库》(Education Resources Information Center,ERIC)对信息素养的解释是个人可以从各种信息来源进行检索、评估与使用信息的能力(The ablity to access,evaluate,and use information from avariety of sources)。对于高校教育系统来说应该着重在培养学生的信息素养方面入手,也就是寻找信息并有效地利用管理信息的技能,图书馆又是现代高校的文献信息资源中心,因此,现代化新型图书馆不仅要具备传统图书馆的借阅功能,更要着重建设信息资源以及信息资源检索环境,从新生开始使用图书馆伊始就要引导培养学生的信息素养,让他们用最简便的最快捷的方法找到自己所需要的信息和知识,并且有效地管理起来,让他们在现代化的图书馆中随时随地都能享受到图书馆的现代化服务。本章将会从当今最先进移动设备终端入手,由浅入深展开论述,介绍一种新型的图书馆服务方式,以引导学生自主地培养自己的信息素养,较深入地了解现代图书馆自动化管理系统和检索系统,同时给理工类同学介绍一些数据库软件的编程案例。

本书下面 3 章对某大学移动数字图书馆功能进行深入分析,针对现有数字图书馆在系统性能、兼容性等方面存在的一些问题进行了研究:首先,现有某大学数字图书馆对于异构 Web 检索支持较差,没有直接的检索入口,检索信息需要多次跳转而带来较大的时间开销;其次,现有的数字图书馆没有客户端的支持,这使得读者只能被动地使用图书馆,这也严重影响了整个系统的服务功能。针对这些问题设计了轻量级图书馆 Web 系统,从而提高了读者的整体检索效率,保证读者能够以较轻便的检索方式满足更高效的图书馆信息资源访问需求,并且设计了 Apple 移动终端设备个人图书管理客户端,保证了读者自主利用移动数字图书馆的需求。

新型移动数字图书馆的兼容性、性能提升和功能扩展性问题可以从轻量级 Web 检索终端开发和对 Apple 移动终端设备客户端设计两个方面来解决。一方面,为了解决兼容性和性能问题设计了轻量级图书馆检索 Web,采用轻量级图书馆检索 Web 之后,Web 提供了一键检索入口,充分利用优化的数据库视图和新设计的图书馆书库地图进行重要信息的归并和整理,通过 Javabean 循环嵌套查询技术和 C3P0 数据库连接池技术在保证数据库安全性和稳定性前提下实现一页显示所有重要检索信息,大大降低了读者检索信息和取书的时间开销,突出了移动高效的新型移动数字图书馆理念。此外,进行规范的 JSP 代码编写,保证了异构 Web 平台检索的兼容性。本书还针对轻量级图书馆检索 Web 进行了测试,各项检索效率指标均得到了比较好的测试效果。

另一方面,为了解决新型移动数字图书馆功能扩展性问题,本章还利用 Objective - C 语言、Cocoa 开发框架和 SQLite 数据库技术结合设计了基于 Apple iOS 系统的个人图书管理系统客户端,并且对于整个系统进行了高效的内存管理,能够稳定、高效地支持 iPhone、iPad 苹果移动终端设备,使读者可以自主管理自己的个人图书馆,完善整个新型移动数字图书馆的系统功能。此外,本书还对个人图书管理系统进行了真机测试,系统运行稳定,数据库的查询存取也具有较高的执行效率。

6.1 Apple 手持移动终端设备概述

6.1.1 Apple 手持移动终端设备技术特点及市场现状

2007 年 1 月 10 日,Apple 公司 CEO 乔布斯在旧金山的 MacWorld 2007 上发布了苹果公司的第一款手机产品, iPhone 终于由传言变为了现实。由此日开始,苹果手持移动终端设备开始走上了历史舞台,它带来的是一场移动终端设备的技术革命,可以说,iPhone 堪称是一款划时代的产品,它改变了人们对手机的传统观念。iPhone 运行苹果的 Mac iOS 操作系统,iPhone 处理器性能高、人机交互人性化、操作简便易上手、电池续航能力强大、第三方应用软件不计其数,这些都是这款产品的优势所在。

iPhone 在整机外观上也突破了人们的想象。它只有一个 Home 键和一个音量键,其他的按键全部虚拟化。为了方便操作,它采用了 Apple 的专利技术 Multi-Touch(多重触控、多点感应、多重感应)。这使得人们可以抛弃键盘和触控笔的限制,自由地用手指来操控 iPhone。此举意义深远,其他品牌纷纷效仿,掀起一股触屏风潮。

iPhone 随后又推出了 3G、3Gs、iPhone 4、iPhone 5、iPhone 5s 等一系列型号,更加强化了 Apple iPhone 在手持移动终端设备的重要地位,就在 2010 年的 3 月 3 日,苹果公司在美国旧金山芳草地艺术中心召开特别发布会,发布全新的 iPad 2 平板电脑,同时苹果 CEO 乔布斯在发布会上宣布,苹果 iPhone 手机销量已于目前突破 1 亿部。苹果公司财报数据显示,苹果 iPhone 手机出货量从 2009 年第一财季开始,基本上都保持了增长态势。最近半年,iPhone 销售量更是创下新高,连续两个季度突破 1000 万部。用户的强烈追捧促使 Apple 公司在 2010 又推出了一款重磅炸弹——iPad 平板电脑,这又是 Apple 公司在手持移动终端市场投放的一款主打产品。自 2010 年初发布以来,到 2011 年 3 月,iPad 的销量超过了 1500 万台,销售额达到 95 亿,占整个平板电脑市场份额的 90%。乔布斯表示,iPad 能够在短时间内取得如此好的销售业绩,离不开 App Store 和 Apple Store 的支持,iPad 已拥有 65000 个专门为其设计的应用,并拥有数百家 App Store,没有这两个因素,iPad 难以如此成功。

美国独立股权分析公司 Wedge Partners 分析师 Brian Blair 认为,在 2011 年,苹果 iPhone 和 iPad 的销售情况将一直保持良好的发展势头,预计苹果公司 iPhone 智能手机销量将达到 4500 万部,而 iPad 平板电脑的销量将达到 4800 万台。

2010 年 2 月 24 日,美国权威的调查机构 ChangeWave 发布了一条令人震惊的调查,在受调查的 3091 位被调研者中,有 82% 的用户在未来准备购进 iPad 个人平板电脑,只有 12% 的用户表示会考虑其他品牌,如图 6 - 1 所示,iPad 平板电脑销售业绩非常值得期待。

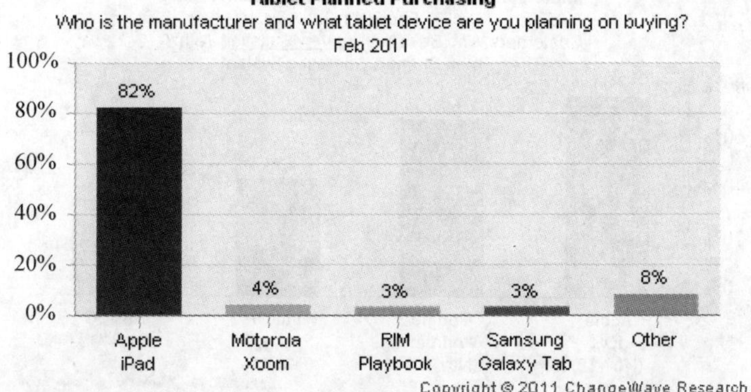

图6-1 ChangeWave对于未来平板电脑购买人群的调查报告

如此强劲的销售预期和用户如此强烈的追捧原因何在？正如苹果公司CEO乔布斯所说的："离不开App Store和Apple Store的支持！"用户购买回来的iPad不是装饰品，而是能够搭载各种软件应用的平台，硬件产品本身在如今竞争如此激烈的市场上已经没有了绝对优势，但是开源的编程环境，在iOS平台上数以万计的开发人员的共同努力下，打造出了基于iOS平台的大量的应用软件(Application Program，APP)下载，用户可以在方寸之间随时随地得到几乎你想要的任何软件，衣食住行、办公娱乐，无所不包，这才是移动数字终端的真正魅力所在。

6.1.2 Apple iOS操作环境

开发人员要做移动终端设备的软件开发，就要深入了解搭载应用软件的系统平台，iOS是由苹果公司为iPhone开发的操作系统。它主要是给iPhone、iPod touch以及iPad使用。就像其基于的Mac OS X操作系统一样，它也是以Darwin为基础的。原本这个系统名为iPhone OS，直到2010年6月7日WWDC大会上宣布改名为iOS。iOS的系统架构分为四个层次：核心操作系统层(the Core OS layer)、核心服务层(the Core Services layer)、媒体层(the Media layer)、可轻触层(the Cocoa Touch layer)。系统操作占用大概240MB的存储器空间。

iOS系统的用户界面的基础概念是能够使用多点触控直接操作。控制方法包括滑动，轻触开关及按键。与系统交互包括滑动(Swiping)、轻按(Tapping)、挤压(Pinching)及旋转(Reverse Pinching)。此外，通过其内置的重力感性器，可以令其旋转设备改变其y轴令屏幕改变方向，这样的设计令iPhone更便于使用。屏幕的下方有一个home按键，底部则是dock(常用程序图标栏)，有四个用户最经常使用的程序的图标被固定在dock上。屏幕上方有一个状态栏能显示一些有关数据，如时间、电池电量和信号强度等。中间的屏幕用于显示当前的应用程序。启动iPhone应用程序的唯一方法就是在当前屏幕上点击该程序的图标，退出程序则是按下屏幕下方的home键。

2010年2月4日，美国权威的调查机构ChangeWave发布了一项关于移动智能手机的操作系统满意度调查，iOS操作系统的满意率达到了74%，在几个主流的操作系统中处于领先位置，如图6-2所示。

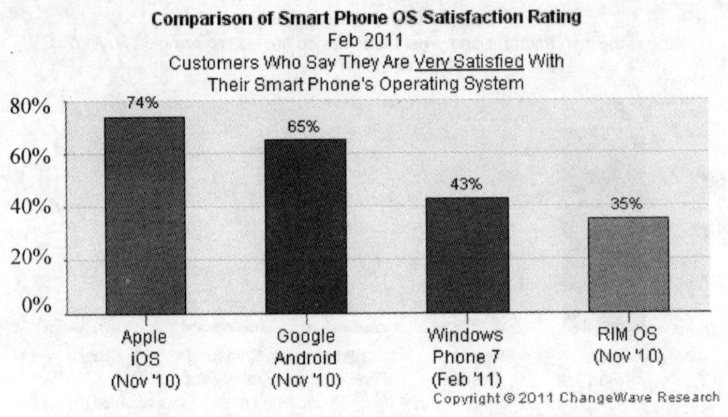

图 6-2 移动智能手机操作系统满意度调查

由此可见,Apple 公司在移动手持终端方面已经走在了世界的前列,处于领先地位,不管是硬件强大的工业设计模式还是基于稳定 iOS 系统的海量的 APP 软件应用下载模式,都成为世界各大厂商效仿的对象,因此开发基于 iOS 系统的 APP 软件是很有价值的,它的受众广泛,关注度高,特别是在教育行业还没有得到广泛应用的时候,开发一款有益于学校师生教学科研的软件势在必行,这样能够更好地发挥同学和老师的终端设备的功能。

6.2 移动数字图书馆功能及需求分析

6.2.1 移动数字图书馆功能分析

图书是人类智慧的结晶,图书馆是承载这些结晶的载体,同时图书馆也是让人类学习他人、交流知识的一个平台。在几年前,纸质书籍的借入借出还是图书馆的最主要的服务方式,而几年来随着计算机设备和各种网络的迅速发展,图书馆的馆藏资源和服务方式也在发生着巨大的变革,其中电子文献资源的建设又是现代图书馆馆藏资源建设的重点,特别是高校图书馆,电子文献建设方面的经费已经占到其总的文献采购经费的 1/3 以上,如表 1-1 所列,上海 9 所 211 大学 2007 年—2009 年文献购置费统计。

表 6-1 上海 9 所 211 大学 2007 年—2009 年文献购置费统计(万元)

年份	文献购置费	电子资源购置费	电子资源费占总经费比例
2007 年	13572	3951	29.10
2008 年	14180	5011	35.34
2009 年	13434	5619	41.83

由表 6-1 我们可以看出,电子资源费占总经费比例逐年升高,同时图书馆的纸质书籍的信息资源编目数字化程度也越来越高,读者要想从海量数据中找到自己所用的资源必须要借助图书馆门户网站的检索功能才能实现,但是,有限的图书馆信息检索点已经成为影响读者借阅、检索的瓶颈,在公共检索计算机前面排队的读者越来越多,那么

要解决这一难题就要利用读者本身或者图书馆提供随身移动检索终端来实现快速无障碍检索。

对于图书馆的服务对象“读者”来说，有相当多的读者都反映，他们利用图书馆的方式也在发生着改变，已经从传统的借阅纸质图书，选择自己所需要的知识，转向一种更快更迅捷的检索电子信息资源的方法，现在很多读者都把电子信息资源作为自己的首选获取知识的途径。图书馆的服务也因为受众的获取知识的途径改变而发生着改变，图书馆的服务已经从一个纸质图书的中介转变为一个具有优秀文献选购、信息加工、信息检索以及深层次的信息咨询服务为主的服务模式，读者在现代图书馆中不再是匆匆过客，他们正在感受着现代化图书馆给他们带来的高效、特色、方便的人性化服务。

移动数字图书馆就是在这些背景下应运而生的，它是现代数字图书馆信息服务的一种崭新的服务系统，是指依托目前比较成熟的无线移动网络、国际互联网以及多媒体技术，使人们不受时间、地点和空间的限制，通过使用各种移动设备（如手机、掌上电脑、E－Book、笔记本等）来方便灵活地进行图书馆图书信息的查询、浏览与获取的一种新兴的图书馆信息服务，同时，用户能够很方便在自己的移动终端设备上管理自己的图书和资料，以便在日后灵活地调用检索。

本书将移动数字图书馆分为两部分。

（1）移动OPAC（Online Public Access Catalogue，联机公共目录查询系统）的信息检索服务，用户可以通过图书馆提供的Wifi（Wireless Fidelity，无线保真）网络，直接通过手中的移动终端设备快速检索图书馆Web提供的相关书目信息、读者信息、数据库电子资源等，下文将这个系统称之为轻量级图书馆Web系统，这是培养读者信息检索素养的一条捷径。

（2）移动终端个人图书管理系统，用户可以通过此系统建立自己的小型图书馆，记录自己感兴趣的相关书籍信息，并随时可以在终端的小型数据库中进行检索、查看，这是提高读者信息管理素养的一项重要方法。

6.2.2　移动数字图书馆需求分析

移动数字图书馆概念的提出及它的功能要求是一个比较广义的概念，全国众多的图书馆进行移动数字图书馆建设有其一定的相似性，那么也就是在功能特点方面基本类似，但是每个高校图书馆所承载的文献信息资料不同，各个高校在学科建设方面都有所侧重，导致了图书馆自动化管理系统和电子资源数据库建设也不尽相同，首先导致了各个图书馆在定位自身的移动数字图书馆的功能特色方面就产生了差异。其次，现在国内不久前刚提出移动数字图书馆概念，而且基本是在广义的定义上进行的，大部分是没有成型的设计方案或者是基于手持PDA终端或智能手机终端实现的，但是这些终端的屏幕较小，利用Wifi浏览的时候对于电子文献和网页的浏览效果较差，之前本书已经对几种手持终端进行过比较，突出了Apple移动终端设备支持移动数字图书馆的优势。最后，在Mac系统领域特别是在国内有些高校已经意识到Apple移动终端设备带来的一场革命，例如：北京航空航天大学图书馆就购进了数台iPad进行电子资源检索服务，综上所述，要抓住这个契机对某大学图书馆进行一次完善，让老师和同学们感受到现在移动数字图书馆给他们带来的变革和高效，针对某大学图书馆的实际需求进行分析，将整个检索系统、个人图书管理系统移植到 Mac 平台,并开发一些自己的特色服务,制定出针对性更强的某大学移动数字图书馆解决方案。

某大学是国家 211 重点高校,图书馆建设是近几年学校建设的一个重点,一个 4.3 万平方米的现代化图书馆即将建设完成,在新图书馆中,大流通、大阅览、统借统还、整体 Wifi 无线网络覆盖的新型图书馆将给予全校的师生一个轻松、高效、现代的学术交流研讨环境。

某大学图书馆现在所使用的公共检索系统为北邮自动化管理软件所开发的 Web2.0 检索系统,由于是基于 IE 内核开发,对于 MAC 系统的 Safari 浏览器支持较差,检索信息全是乱码显示。还有就是图书馆的电子资源的查找也必须要到图书馆的电子阅览室才可以浏览,所以,本书将在服务器端开发一个能够完全兼容 MAC 系统 Safari 的轻量级 Web 系统,实现北邮系统中读者信息查询、书目查询、读者借阅信息查询等功能,同时将图书馆访问量最高的电子资源如 CNKI、IEEE 等电子资源数据库整合到页面内,实现学生的快速浏览和下载,同时在 iPad 终端开发 APP 应用程序,实现 Web 页面导入,下载,阅览,图书重要信息的保存、查阅、收藏等功能,具体功能需求如下。

(1) 当读者走在图书馆某个地方,身边没有图书馆的检索点,想要检索一下感兴趣的书籍在什么位置,读者只需要拿出 Apple 移动终端设备,通过图书馆的 Wifi 网络登录图书馆轻量级 Web 网站,查到它的索书号,并且在读者的 Apple 移动终端设备中调出图书馆的电子地图,就会轻而易举地找到它。

(2) 当读者在借书的时候发现了好几本感兴趣的书籍,而读者却不知道读者证上还有几本书的借阅权限,而身边又没有图书馆的检索点的时候,读者只需要拿出 Apple 移动终端设备,通过图书馆的 Wifi 网络登录图书馆轻量级 Web 网站,输入读者的图书证号和密码就可以查到借阅记录,至于是否要借这些书或者要先还掉手上的书就是很从容的事了。

(3) 当读者在阅读书籍的时候,发现了一个很感兴趣的论点,或者读者想查相关著者其他方面的文章,读者只需要拿出 Apple 移动终端设备,轻轻地点几下,通过图书馆的 Wifi 网络登录图书馆的轻量级 Web 页面,通过 CNKI、IEEE 等专业的电子资源库就可以查到感兴趣的文章和知识了。

(4) 当读者在家、书店或者某些电子资源页面查到了相关的书籍,只需要拿出 Apple 移动终端设备,详细记录下感兴趣的书籍信息,回到学校图书馆后拿出 Apple 终端设备,找到之前记录的信息即可顺利地检索借阅了。如果图书馆没有相关的资料,读者还可以很顺利地推送给图书馆的采编部老师,让更多读者能够借阅到读者推荐的书籍。同时,读者在图书馆借阅某一本书籍时,发现这本书实用价值很大,值得购买珍藏,那也很简单,拿出 Apple 移动终端设备记录下来,去书店或者网上订购就可以了,新图书馆还有很方便同学和老师的图书代购功能,找到相关老师,拿出 Apple 终端设备,把想购买的书籍信息提交给老师即可。

读者不必要背负沉重的笔记本,也不必要去等待漫长的开机过程,更不必要去找张桌子架设设备,一切只需要十几秒的轻轻点触就可以完成,这样方便的查询环境能够更好地引导读者完成信息查询任务,是培养读者信息素养的一条捷径。

6.3　某大学移动数字图书馆相关问题研究

如6.2节移动数字图书馆两步走设计方案，首先就要设计移动OPAC即轻量级图书馆Web系统，某大学图书馆于2010年9月完成了北邮Melinets图书管理系统2.0版本的升级工作，系统的表结构、客户端功能、Web2.0公共检索系统都有了很大的改进，本书先对其功能改进做一下研究，找出本系统在使用中存在的一些问题，特别是在对于异构的Safari网络浏览出现的一些问题进行具体分析。

北邮Melinets 2.0系统是一个比较成熟的图书馆自动化管理系统，但是在使用中还是发现了很多不太人性化、使用效率低下的问题，主要问题有以下几点。

1. 用户信息查询问题

（1）就图书馆本身首页而言，没有用户登录窗口，这就造成了用户登录需要读取两个网址，造成了时间浪费。

（2）就北邮Melinets 2.0系统的用户登录界面来说。

如图1.3所示，读者登录后对于自己的借阅权限不能够一目了然，而且容易造成歧义，不知道自己能借阅多少册图书。实际上读者如图6-3所示的读者借阅权限为10册。

读者设置

个人信息　借阅用卡信息

序号	卡描述	可借	借期	续借次数	续借期	预约	已借	已约
1	总卡	100	700	0	0	0	0	0
2	流通卡	10	700	2	700	0	3	0
3	流通卡	10	700	2	700	0	3	0
4	北楼卡	10	700	2	700	0	0	0
5	北楼卡	10	700	2	700	0	0	0

图6-3　北邮Melinets 2.0系统的用户登录界面

（3）对于读者的借阅情况还需要二次点击，如图6-4所示。

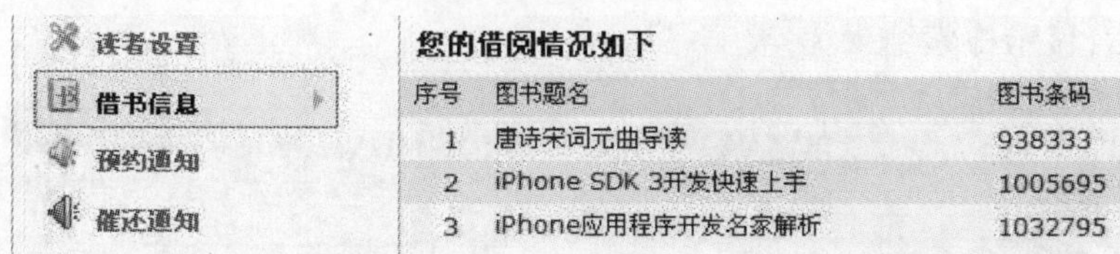

图6-4　北邮Melinets 2.0系统的用户借阅信息界面

这样也造成了对于使用效率的浪费。

2. 图书检索问题

（1）在图书馆首页上没有直接的查询窗口，同样造成了两次网页读取，浪费查询时间。

（2）读者需要输入大量的数据才能进行图书馆的检索。

如图6-5所示，读者需要选择匹配类型，而且需要输入验证码，浪费了查询时间，对于匹配类型来说，读者90%都会使用关键词模糊匹配，这样检索出的信息是最为全面和精确的，所以在轻量级Web的设计上，本书只使用默认的模糊匹配来检索。

(2) 对于北邮 Melinets 2.0 图书检索系统的结果显示界面的显示条目来说也不能达到读者的检索需求。

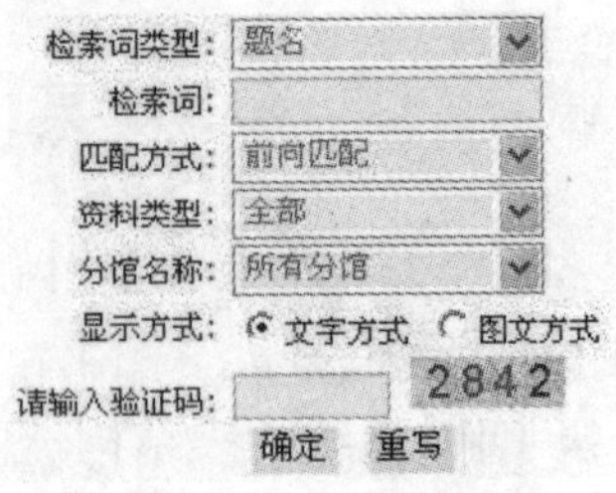

图 6-5 北邮 Melinets 2.0 系统的图书检索系统界面

如图 6-6 所示，读者如发现自己想要看的图书，还需要点击书名进行二次查询才能够显示出本册图书的索书号、可借册数等情况，又需要 23 秒左右的查询时间，造成了极大的时间浪费，而且图书是以分页的形式存在，不能够充分发挥出 Apple 手持移动终端设备的手指滑动的操作优势，这些弊病都需要新的轻量级 Web 去实现。同时，针对读者在检索到图书的索书号并记录在册之后不知道这本书在书库的哪一层、哪一个书架上的问题，新的轻量级 Web 也将进行改进，让读者查到相关图书的索书号之后直接点击即可查看图书馆的书库电子地图，轻而易举地找到他们所需要的图书。

查询结果数：992 条 共 50 页 目前为第 1 页　　到 1 页 每页显示 20 条记录　　返回 首页 下一页 尾页

序号	题名	责任者	标准号	出版社	出版年
1	"鲁迅论文艺遗产"浅探	吴云		陕西人民出版社	1979
2	1913-1983鲁迅研究学术论著资料汇编，索引分册	中国社会科学院文学研究所鲁迅研究室	7-5059-1304-2	中国文联出版公司	1990
3	1913-1983鲁迅研究学术论著资料汇编，第1卷，1913-1936	中国社会科学院文学研究所鲁迅研究室		中国文联出版公司	1985
4	1913-1983鲁迅研究学术论著资料汇编，第2卷，1936-1939	中国社会科学院文学研究所鲁迅研究室		中国文联出版公司	1986

图 6-6 北邮 Melinets 2.0 系统的图书检索结果界面

3. 针对 Safari 浏览器的显示乱码问题

(1) 使用户信息查询界面乱码问题，当使用 Safari 浏览器登录图书馆 Web2.0 检索系统的用户登录界面之后，会出现乱码。

如图 6-7 所示，读者进入到登录页面完全是乱码显示，强行登录之后亦然，而且使用 Apple 手持移动终端设备进行登录的显示效果更差，用户登录成功之后只显示"ok"字符，没有任何信息。

(2) 就是图书检索乱码问题，当使用 Safari 浏览器登录图书馆 Web2.0 检索系统的图书检索界面之后，同样会出现乱码问题。

如图 6-8 所示，利用 Safari 浏览器进行图书检索界面显示为乱码，而且利用关键字进行强行检索，显示检索结果为空。

图 6-7 Safari 浏览器显示北邮 Melinets 2.0 系统的用户登录界面乱码

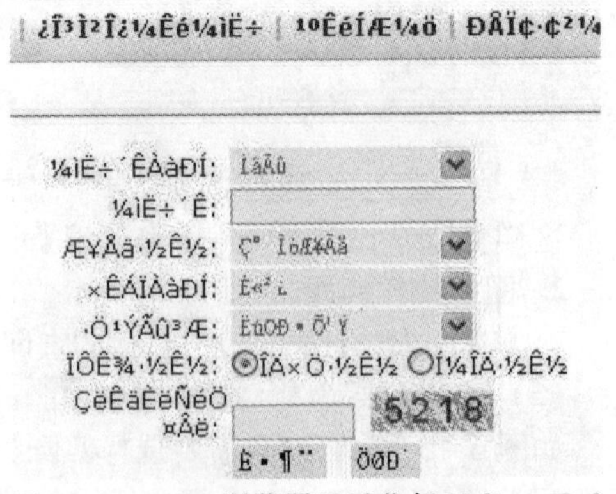

图 6-8 Safari 浏览器显示北邮 Melinets 2.0 系统的图书检索界面乱码

通过以上两点的乱码分析，同时咨询了北邮 Melinets 2.0 系统的相关技术人员，由于 Web2.0 系统是基于 Windows 内核开发，代码的通用性不强，就现在的产品来说进行修改难度较大，而且他们也没有针对 Mac 平台的 Safari 浏览器做过相关测试，因此开发一个通用性强、简单易用的轻量级 Web 是十分有必要的。

思　考　题

1. 您在使用本馆的图书检索系统时是否也遇到兼容性差的问题？请思考是什么原因造成的。

2. 您查询读者信息时是否用了很长时间才得到您需要的信息？是否思考过要图书馆老师把所有重要信息在一个页面显示出来？

参考文献

[1] iPad 销售量超 1500 万台 占全球平板电脑销量九成. 科技资讯网. http://www.cnetnews.com.cn/2011/0304/2018623.shtml.

[2] ChangeWaveResearch: Consumer Tablet & eReader Report Excerpt. http://www.changewaveresearch.com/reports/2011/tablet_20110224.html.

[3] ChangeWaveResearch: New Smart Phone Owners Survey. http://www.changewaveresearch.com/reports/2011/new_smartphone_owners_20110203.html.

[4] 高校图工委网站. http://162.105.140.111/tugongwei/info/affixes/news/2007tjsj.pdf.

[5] 高校图工委网站. http://162.105.140.111/tugongwei/info/affixes/news/2008data.pdf.

[6] 2009 年上海市普通高校图书馆基本情况一览表. 上海高校图书情报工作研究，2010.

[7] 谢春枝. 分布式数字图书馆资源整合与服务集成的管理研究. 浙江：浙江工商大学出版社，2009.

轻量级图书馆 Web 系统的研究与实现

根据第 6 章的分析，为了适应 Apple 的 Safari 浏览器以及各种跨平台、各种终端设备的浏览查询需求，需要开发一种适应能力的较强的轻量级 Web 图书管理管理系统，既能保证其良好的通用性、兼容性，又能保证其快速、高效、简洁的特征，因此，本书将对某大学图书馆 Melinets 图书管理系统进行功能分析，同时对于读者的需求进行调研，充分从培养读者信息查询素养的方面出发，制定出一套较好的解决方案进行实现。意在让读者深入了解现代图书自动化管理系统的运行机制，并按照需求定制自己的重要信息检索界面，快捷地利用移动终端设备查找到自己最感兴趣的信息资源，从而让读者从管理信息的角度培养自己的信息素养，对于理工科有编程兴趣的同学来说，本章也是一个大型数据库编程的操作实例，也可以从这方面下手进行编程学习。

7.1 轻量级图书馆 Web 系统的研究

7.1.1 轻量级图书馆 Web 系统的功能性研究

1. 系统概要

（1）基于某大学的 Melinets 图书管理系统，进行二次开发，实现轻量级 Web 管理终端，方便 Apple 手持移动终端设备学生用户在图书馆里随时随地进行图书的查询、借阅和读者信息查询。

（2）独特的电子地图可以引导学生快速定位藏书的位置，提高图书馆的管理效率。

（3）整合图书馆优势的电子数据库资源和国内外免费的电子资源，为读者在首页提供快速的检索入口。

（4）整合读者最关心的图书馆各部门开放时间、图书馆相关的讲座等信息，在首页进行发布。

2. 系统拓扑图

通过系统概要分析之后，结合现有图书馆的服务器、网络环境制定轻量级 Web 图书馆管理系统的拓扑图。

如图 7－1 所示，轻量级 Web 图书管理系统是一个较为典型的三层网络拓扑结构，由内部服务器群组、轻量级 Web 服务器以及接收终端组成，其中轻量级 Web 服务器是本章开发的核心，为了实现轻量级 Web 服务器高效、简便的特点在开发的前期本书还将对 Sybase 数据库做一些视图检索的准备工作，这部分将在下文进行论述。同时，在轻量级 Web 服务设计完成后，本书还将对 Apple 手持移动终端设备终端进行 APP 程序设计，保证快捷地进入轻量级Web服务,同时对于轻量级Web服务的功能进行终端扩展,实现小型的个人图书馆功能,这部分将在本书的后面进行论述。

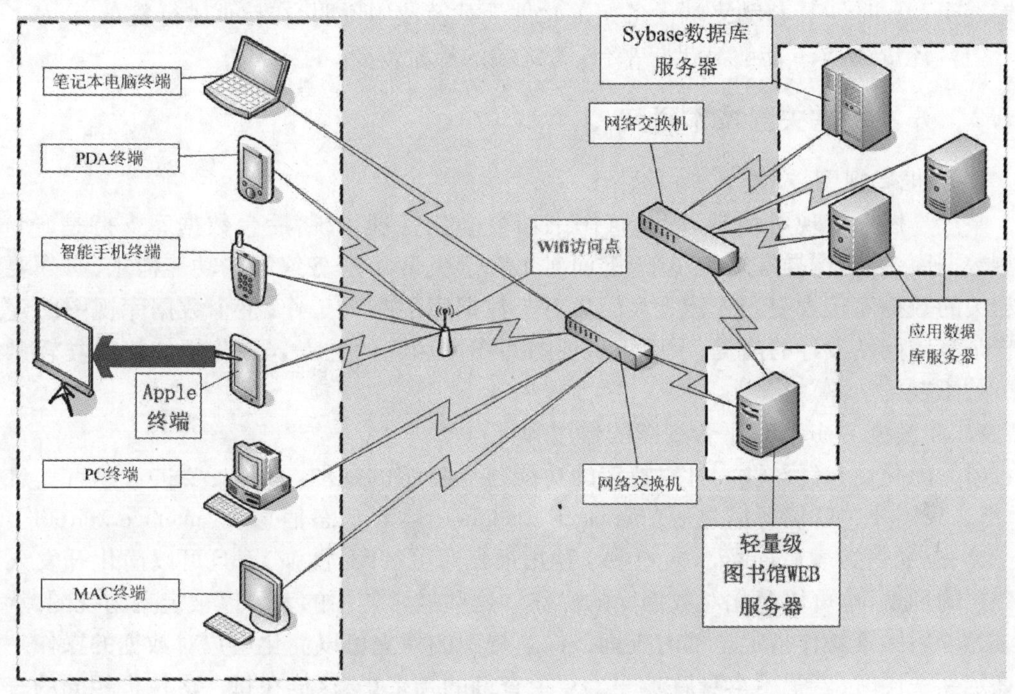

图7-1　轻量级Web图书管理系统拓扑图

由图7-1能看到连接Apple手持移动终端设备终端的Wifi访问点是实现移动数字图书馆的关键所在,同时这也是未来某大学图书馆新馆的一个核心功能所在,在新图书馆中将实现无缝的Wifi网络覆盖,无论你在图书馆的哪个角落都能通过轻量级Web图书管理服务进行相关的检索。

3. 详细功能要求

(1) 用户登录。

用户登录认证:利用读者证号和密码连接Sybase数据库进行查询认证。

(2) 读者信息查询功能。

当读者通过用户登录认证之后,进入欢迎界面,显示读者借阅册数权限,显示读者已经借阅的书籍名称、图书条码、图书状态、应还日期信息。

(3) 图书关键字的模糊查询功能。

通过图书关键字模糊查询后,显示该查询图书的书名、索书号、可借册数、著者信息,同时根据索书号能链接到图书所在响应楼层的书库电子地图。

(4) 著者关键字的模糊查询功能。

通过著者关键字模糊查询后,显示该查询著者的相关图书的书名、索书号、可借册数、著者信息,同时根据索书号能链接到图书所在响应楼层的书库电子地图。

(5) 资源整合的快速入口。

图书馆优势的电子数据库资源和国内外免费的电子资源,为读者在首页提供快速的检索入口。

（6）图书馆重要信息发布、新馆介绍以及 Apple 手持移动终端设备相关软件下载及使用说明整合读者最关心的图书馆各部门开放时间、图书馆相关的讲座信息等信息、新图书馆展望、Apple 手持移动终端设备相关软件下载及使用说明，在首页进行发布。

（7）轻量级 Web 能够满足跨平台、跨终端的检索需要。

7.1.2 开发所需关键技术研究

1. 数据库视图技术

某大学图书馆现用北邮 Melinets 图书馆自动化管理系统，后台数据库支持是 Sybase 大型数据库，表结构异常复杂，基于上面对于轻量级 Web 服务终端的功能需求，必须要建立相关的数据库检索视图才能大大简化对于数据库的查询工作，整个数据库视图的建立操作是整体网站设计的前提，下面将从视图的作用和它的优点入手分析如何建立轻量级 Web 检索视图。

1）轻量级 Web 管理平台视图的作用和优点

（1）简化性和针对性。针对特定的功能建立特定的视图。例如：要进行读者信息查询，那么只需要关联读者信息表（manager. readers）、读者状态信息表（manager. circul_status_ct）、流通信息表（manager. v_ct_A）等几张表即可，针对性强，而且可以简化开发人员对数据的理解，也可以简化对数据库的操作。这些经常使用的表可以被定义为视图，从而不必为以后频繁操作指定全部的查询条件。视图的建立可以简化用户对数据的操作。因为在定义视图时，若视图本身就是一个复杂查询的结果集，这样在每一次执行相同的查询时，不必重新写这些复杂的查询语句，只要一条简单的查询视图语句即可。可见视图向用户隐藏了表与表之间的复杂的连接操作。

（2）安全性。轻量级 Web 服务终端的设计前提就是不能破坏现有数据库的数据，因此在建立视图的同时只赋予视图账户查询的权限，不具有修改和删除权限，这样可以从很大程度上提升数据库的安全性，通过视图用户只能查询他们所能见到的数据。数据库中的其他数据则既看不见也取不到。数据库授权命令可以使视图用户对数据库的检索限制到特定的数据库对象上，但不能授权到数据库特定行和特定列上。这样通过只允许用户看到视图中所定义的数据而不是视图引用表中的数据则提高了数据的安全性。

（3）逻辑数据独立性。当建立好视图后，视图可帮助用户屏蔽真实表结构变化带来的影响。这样就可以减轻很多后期数据库维护的人力成本，对于网站后期的管理起到很大的帮助作用。

2）建立 Web 管理平台视图的相关逻辑关系和主键

检索视图建立，需要全面考虑视图的逻辑关系和主键，视图建立需要充分考量其检索的执行效率，因为如果视图涉及的数据库表太多，尽管能在网页编程中大大减少编程语句的编写，但是其检索效率就会大大降低，另一方面，如果视图只关联一张表，那么，在网页编程时就会大大增加检索代码的执行语句，因此，必须要找到结合点，特别是对于读者信息检索模块的视图建立，由于读者的信息量远小于图书，所以在建立视图同时关联了读者信息表（manager. readers）、流通信息表（manager. v_ct_A）、读者借阅信息表（manager. main_bibli）、读者状态信息表（manager. circul_status_ct），这样就可以大大减少 Web 编程语句，提高整个 Web 页面的检索速度，同时还能满足同一页面检索信息多样性的功能需求。由以上分析建立两大模块图书检索相关视图逻辑关系及主键与读者信息检索相关视图逻辑关系及主键,如图7-2、图7-3所示。

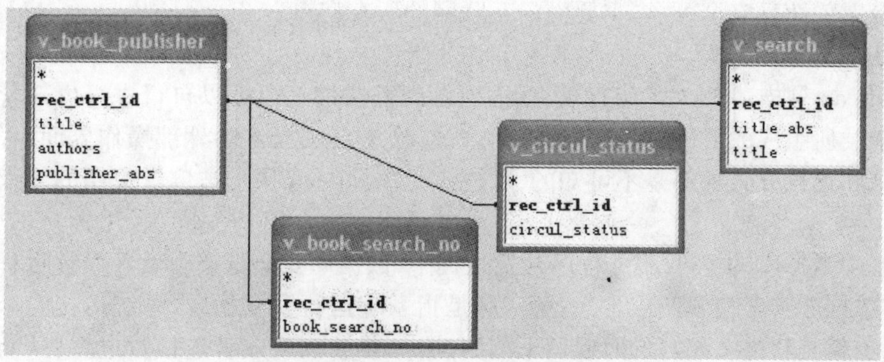

图7-2 图书检索相关视图逻辑关系及主键

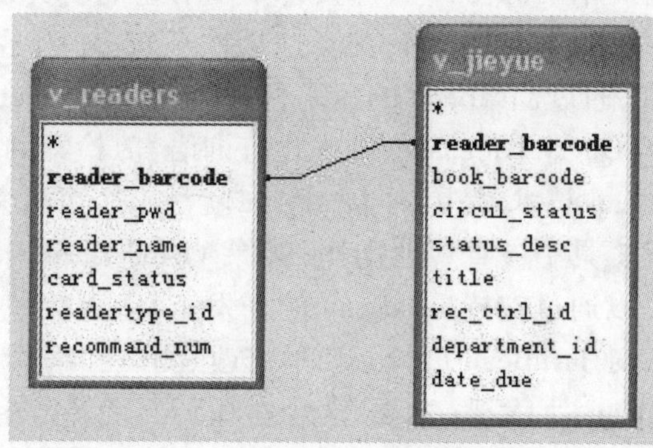

图7-3 读者信息检索相关视图逻辑关系及主键

2. JSP 技术

JSP 页面由 HTML 代码和嵌入其中的 Java 代码所组成。服务器在页面被客户端请求以后对这些 Java 代码进行处理,然后将生成的 HTML 页面返回给客户端的浏览器,因此客户端只要有浏览器就能浏览。本书设计的轻量级 Web 图书管理平台需要良好的跨平台特性,而 JSP 通用性强技术特点恰好满足,因此本书设计的重要的查询模块均采用 JSP 技术完成,轻量级 Web 平台可以同时运行在 Windows 系统的 IE 浏览器、Mac 系统的 Safari 浏览器以及 Firefox 浏览器上。

同时对于图书馆后台 Sybase 数据库的支持方面,JSP 技术也是得心应手的,JSP 提供了专门的 Sybase 数据库驱动支持,只要将 Sybase 的 JDBC(Java Data Base Connectivity,java 数据库连接)数据库驱动程序包 jconn2. jar 放在项目开发目录的. \\Web-INF\\lib 目录下即可随意连接 Sybase 数据库了。

JSP 其工作原理大致是:Web 服务器在遇到访问 JSP 网页的请求时,首先执行其中的程序段,然后将执行结果连同 JSP 文件中的 HTML 代码一起返回给客户。插入的 Java 程序段可以操作数据库、重新定向网页等,以实现建立动态网页所需要的功能。JSP 技术将网页逻辑与网页设计和显示分离,支持可重用的基于组件的设计,使基于 Web 的应用程序的开发变得迅速和容易。

Java Servlet(Java 伺服机构)是 JSP 的技术基础,而且大型的 Web 应用程序的开发需要 Java Servlet 和 JSP 配合才能完成。JSP 具备了 Java 技术的简单易用,完全地面向对象,具有平台无关性且安全可靠,主要面向互联网的所有特点。

3. JavaBean 技术

JavaBean 是描述 Java 的组件模型,而所谓的组件是一个可以自行进行内部管理的一个或几个类所组成的群体,对这个群体而言,它除了自己提供的外部操作界面以外,其内部的信息和运行方式外部是不可知的,这也正是 JavaBean 技术被广泛应用的安全性价值所在。

在基于数据库的 Web 服务程序开发过程中,数据库安全是整个软件设计过程中的重中之重,数据库安全包含两层含义:第一层是指系统运行安全稳定,系统运行安全通常受到威胁,也就是软件在编写的时候留下漏洞,服务器被攻破或者连接数过多,从而导致系统崩溃。第二层是指系统信息安全,由于网路编程的失误,泄露了一些服务器的重要信息,导致数据库信息泄露。本书的 Web 程序设计中图书查询模块和读者信息检索模块都大量用到了数据库检索技术,与数据库的交互连接次数较多,为了解决其中的安全性问题,使用了 JavaBean 技术,通过 JavaBean 的应用,很好地解决了 Web 安全性问题和复杂的循环嵌套 SQL(Structured Query Language,结构化查询语言)检索问题。

本书大量运用 JavaBean 技术,是因为 JavaBean 就是一个可重复使用、基于 Java 的软件组件,可以在软件开发工具中被直观地操作,就像 Visual Basic 中的按钮组件和文本组件一样,应用程序开发可以通过支持 JavaBean 的开发工具,直接使用现成的 JavaBean,也可以在开发工具容器中,对 JavaBean 进行必要地修改、测试和编译程序,后文利用这一特性反复地嵌套调用 JavaBean,大大提高了检索效率和页面跳转产生的时间开销。同时可以把所有服务器及数据库的重要信息全部隐藏在 JavaBean 程序中,这样,用户在查看网页代码时这些信息完全是不可见的,有效地保护了服务器和数据库。

JavaBean 技术的特点包括以下几点。

(1) 可以实现代码的重复利用,因此可以缩短开发时间。

(2) 易编写、易维护、易使用。

(3) 可以在任何安装了 Java 运行环境的平台上使用,而不需要重新编译,为 JSP 的应用带来了更多的可扩展性。

4. JavaBean 嵌套查询技术

JavaBean 嵌套查询技术是本书在进行 Web 程序开发时设计的一种适合于移动数字图书馆轻量级 Web 管理平台的新技术,这种技术是针对轻量级 Web 管理平台的特殊功能要求而设计的,因为轻量级 Web 管理平台要求用户在终端要以最快的时间开销找到最有价值的书目信息和读者信息,那么最有效地实现这一难题就是减少页面跳转次数,降低页面跳转时间开销,同时增加系统整体的检索效率,所以本书的设计工作指导思想着重体现在这两个方面:①在一个 Web 页面中显示出读者最想要的信息。②在现有的网络资源和服务器资源下,发挥它们最大的使用效率,以最快的速率显示出结果页面。在这种指导思想同时兼顾服务器和数据库安全性的前提下,设计出了 JavaBean 嵌套查询技术。

(1) JavaBean 嵌套查询技术的主要特点包括以下几点。

① 具有 JavaBean 技术的所有特点，有效地隐藏了服务器的重要信息，提升了安全性，实现了代码的复用。

② 大大缩减了 Web 代码编写的篇幅，提高了代码编译效率。

③ 实现了一页显示所有重要信息的检索功能，页面跳转时间开销为 0。

④ 单页检索效率提升，比现有网站查询时间降低 20% 左右（在 7.3 节进行论述）。

（2）JavaBean 嵌套查询技术带来的问题如下。

JavaBean 嵌套查询技术带来的系统性能很明显（提升数据将在后面做详尽测试分析），但是也带来负面影响，那就是嵌套查询技术带来的是与数据库交互过多，连接次数增加，这将直接导致数据库因连接次数超过其最大连接次数而掉线，整个系统陷于瘫痪，利用微软 Visual Studio. net 企业版中的 Microsoft Application Center Test 进行压力测试。如图 7-4 所示结果，当连接数达到 52 个，系统处于瘫痪，数据库停止工作掉线。

因此，需要一种控制链接技术来解决数据库因连接数激增而带来的不利后果，那么，应用现今最为成熟的数据库连接池技术就成为一项必要的改进措施。

5. 数据库连接池技术

轻量级 Web 图书馆平台必须考虑到并发连接数据库的问题，数据库连接是一种关键的、有限的、昂贵的资源，同时 JavaBean 嵌套查询技术在本系统的广泛应用，又加剧了整个数据库连接压力，如图 7-4 所示，嵌套一旦连接数超过 Sybase 数据库的并发数，数据库就会掉线，从而使得整个 Web 检索陷于瘫痪，这一点在轻量级图书馆 Web 服务中体现得尤为突出。对数据库连接的管理能显著影响到整个应用程序的伸缩性和健壮性，影响到程序的性能指标。数据库连接池正是针对这个问题提出来的。数据库连接池负责分配、管理和释放数据库连接，它允许应用程序重复使用一个现有的数据库连接，而再不是重新建立一个；释放空闲时间超过最大空闲时间的数据库连接来避免因为没有释放数据库连接而引起的数据库连接遗漏。这项技术能明显提高对数据库操作的性能。

（1）数据库连接池技术优点如下。

① 资源重用。

由于数据库连接得到重用，避免了频繁创建、释放连接引起的大量性能开销。在减少系统消耗的基础上，另一方面也增进了系统运行环境的平稳性（减少内存碎片以及数据库临时进程/线程的数量）。

② 更快的系统响应速度。

数据库连接池在初始化过程中，往往已经创建了若干数据库连接置于池中备用。此时连接的初始化工作均已完成。对于业务请求处理而言，直接利用现有可用连接，避免了数据库连接初始化和释放过程的时间开销，从而缩减了系统整体响应时间。

③ 新的资源分配手段。

对于多应用共享同一数据库的系统而言，可在应用层通过数据库连接的配置，实现数据库连接池技术。某一应用最大可用数据库连接数的限制，避免某一应用独占所有数据库资源。

④ 统一的连接管理，避免数据库连接泄漏。

在较为完备的数据库连接池实现中，可根据预先的连接占用超时设定，强制收回被占用连接。从而避免了常规数据库连接操作中可能出现的资源泄漏。

（2）本系统将采用的数据库连接池是技术较为成熟的 C3P0 数据库连接池，C3P0 是一个开源的 JDBC 连接池，它实现了数据源和 JNDI 绑定，支持 JDBC3 规范和 JDBC2 的标准扩展。利用 C3P0 数据库连接池后，首先解决了已有空闲连接进行重用，其次解决对于闲置的连接进行释放，一方面增加系统运行的平稳性，另一方面进一步提高 Web 网站的检索效率，对于使用数据库连接池后的网站进行压力测试，如图 7-5 所示，在 800 并发连接时数据库依然运行平稳正常。

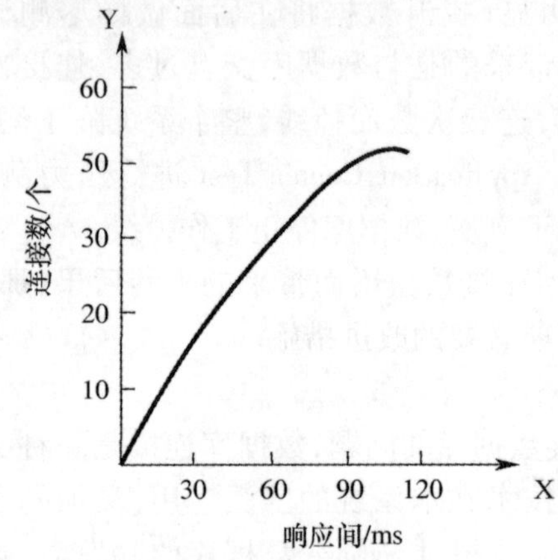

图 7-4 未利用数据连接池技术数据库连接压力测试效果图

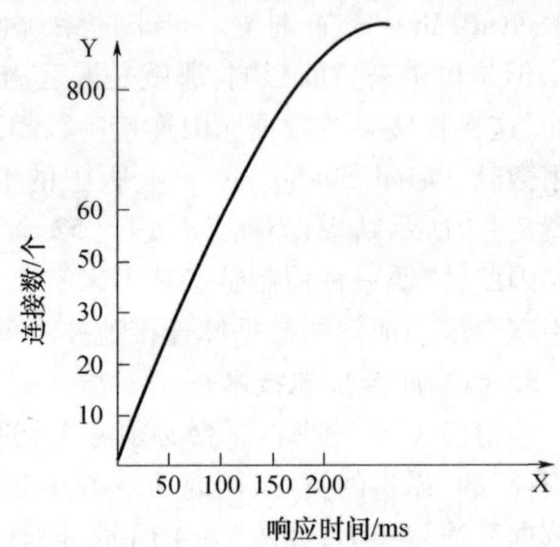

图 7-5 利用 C3P0 数据库连接池后数据库连接压力测试效果图

7.2 轻量级图书馆 Web 系统的实现

在详细地研究了现有 Web 系统的问题和新型 Web 图书管理系统各功能模块需求之后，本书将按照各关键技术点逐一介绍实现步骤和关键代码。

7.2.1 Sybase 数据检索视图的建立

在研究了新型 Web 图书管理系统的详细功能之后首先就是要对已有的 Sybase 数据库进行分析，提炼相关表中的关键字段建立检索视图。

1. 连接数据库

（1）IP 地址信息和端口信息设置。在进行建立视图的操作之前需要连接到 Sybase 数据库，利用 Sybase 的 Open Client Directory Service Editor 软件进行相关的 IP 地址信息和端口信息设置，如图 7-6 所示。

（2）打开 Sybase 的 Interactive SQL 终端并用 sa 用户连接数据库。下面将用 Sybase 的 Interactive SQL 终端进行视图的建立，首先进行数据库连接，利用刚才已经设置好的服务器信息，并输入正确的 sa 用户名和密码，如图 7-7 所示。选择 melinets 数据库进行操作，如图 7-8 所示。

完成上述过程 Sybase 数据库已经连接成功，即以用 SQL 语句进行相关的视图建立操作了。

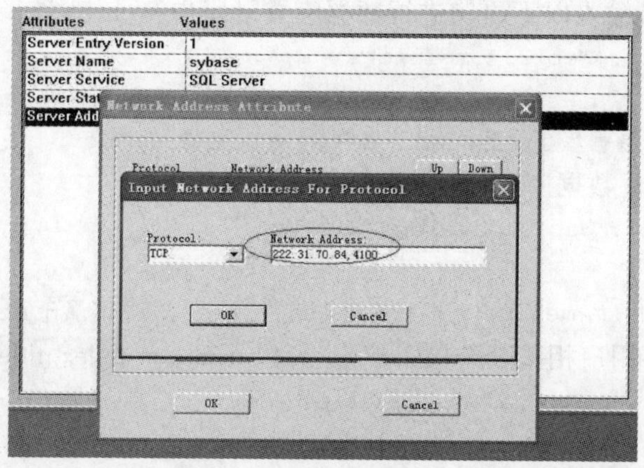

图 7－6　利用 Open Client Directory Service Editor 设置连接信息

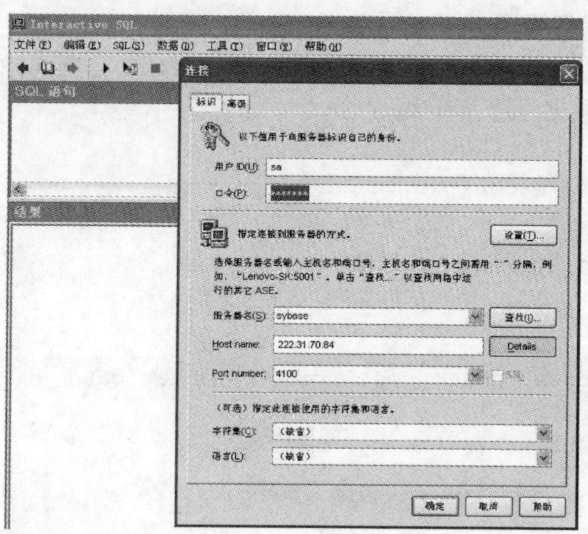

图 7－7　打开 Sybase 的 Interactive SQL 终端并用 sa 用户连接数据库

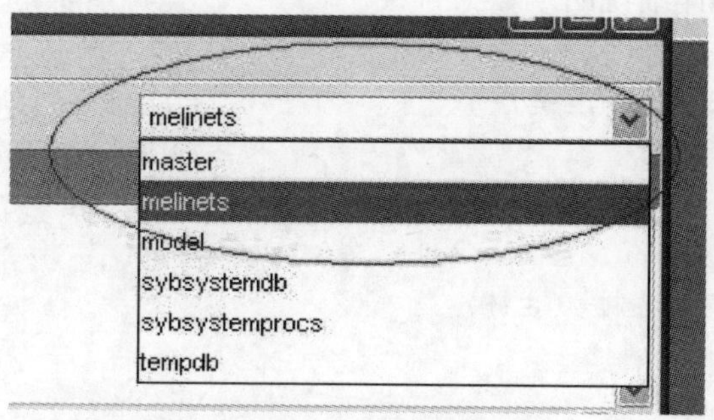

图 7－8　选择 melinets 数据库进行操作

2. 建立 Web 用户及赋予 Web 用户相关检索权限

若要建立视图，首先要建立数据库连接用户和视图用户，并赋予相关用户相关的用户名、密码、检索权限和用户组。

（1）在SQL终端输入以下语句进行数据库登录用户Web建立。

```
sp_addlogin  Web,"Web123",melinets
go
//建立melinets数据库登录用户Web,用户名:Web,密码:Web123。
```

（2）建立melinets数据库操作用户"Web"。

```
sp_adduser "Web","Web","develop"
go
//建立Web登录用户的melinets数据库操作用户"Web","Web"属于develop组。
```

（3）赋予"Web"用户相关表的检索权限,只以manager. index_title表为例。

```
grant select on manager.index_title to Web
go
//赋予"Web"对于melinets数据库中manager.index_title表的查询权限。
```

上述过程完成对melinets数据库登录用户Web的数据库操作用户"Web"的建立。

3. 建立基本的检索视图

（1）建立视图相关SQL代码,仅以v_readers视图为例,在视图中就进行判断读者证件状态可用的操作,简化后期Web编程。

```
◆create view Web.v_readers
(reader_barcode,reader_pwd,reader_name,card_status,readertype_id,recom-
mand_num)
//建立v_readers视图并且直接判断读者证件状态可用
as
select
a.reader_barcode,a.reader_pwd,a.reader_name,a.card_status,a.readertype_
id,b.recommand_num
from
manager.readers a,manager.reader_types b
where
a.card_status like 0% 'and a.readertype_id = b.readertype_id
```

（2）相关视图字段详细说明。

```
◆Web.v_search
rec_ctrl_id,//记录控制号(主键)
title_abs,//题名索引
title//题名
◆Web.v_book_publisher
  rec_ctrl_id,//记录控制号(主键)
title//题名
  authors//著者
  publisher_abs//出版社
◆Web.v_book_search_no
rec_ctrl_id,//记录控制号(主键)
book_search_no//索书号
◆Web.v_circul_status
```

```
rec_ctrl_id,//记录控制号(主键)
circul_status//流通状态
◆Web.v_readers
reader_barcode,//读者条码(主键)
reader_pwd,//密码
reader_name,//读者姓名
card_status//卡状态
  readertype_id//卡所在部门
  recommand_num//卡可借册数
◆Web.v_jieyue
reader_barcode,//读者条码(主键)
book_barcode,//图书条码
circul_status,//流通状态
status_desc,//
title,//图书题名
rec_ctrl_id,//记录控制号
department_id,//部门 ID
date_due//应还日期
```

◆通过 Sybase 的管理端可以看到视图已经建立完毕,如图 7-9 所示。

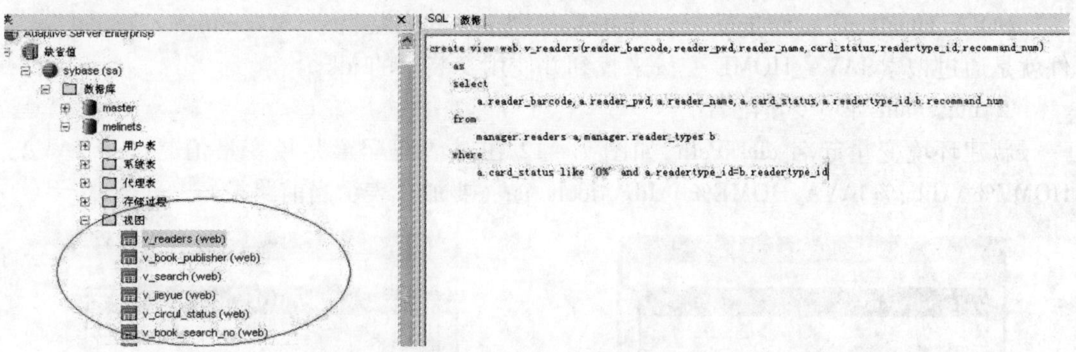

图 7-9　轻量级 Web 图书管理系统视图

7.2.2　建立 jdk1.6.0_23 + MyEclipse6.5 + tomcat6.0 开发环境

在开发相关的模块之前,首先要搭建相应的系统环境并进行相应的参数设置才能使得开发顺利进行,下面主要介绍一下开发环境的搭建步骤:

1. JDK1.6.0_23 安装及配置

(1)JDK 安装:JDK(Java SE Development Kit,Java 开发包)是 Sun Microsystems 针对 Java 开发员的产品。自从 Java 推出以来,JDK 已经成为使用最广泛的 Java SDK。JDK 是整个 Java 的核心,包括了 Java 运行环境、Java 工具和 Java 基础的类库。它的安装非常简单,只需要按照向导一步一步进行即可,如图 7-10 所示。在安装时需记住安装的路径,在配置环境变量时将会用到这个安装路径。

(2) JDK 的环境变量配置。

Windows 环境下,使用 JDK 一共需要配置三个环境变量:java_home、classPath 和 Path

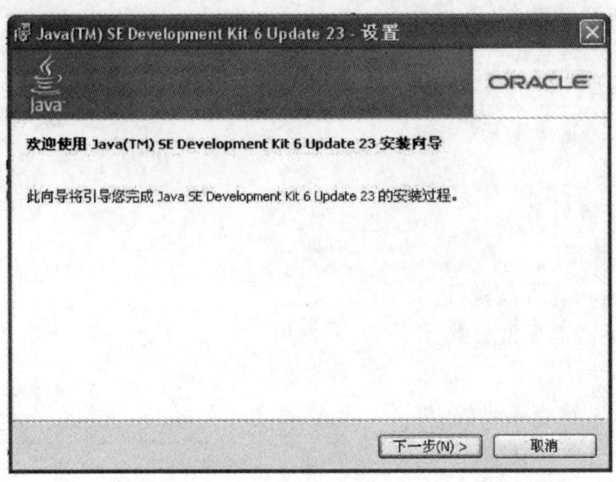

图 7－10　JDK 安装界面

(不区分大小写)。

① java_home 环境变量配置。

右键单击“我的电脑”,选择“属性”,点击“高级”选项卡,选择“环境变量”,新建环境变量起名 java_home,如图 7－11 在对话框配置路径为 JDK 安装路径,完成 java_home 的配置。

JAVA_HOME 环境变量配置。作用是指向 jdk 的安装目录,MyEclipse /Tomcat 等软件就是通过搜索 JAVA_HOME 变量来找到并使用安装好的 jdk。

② classPath 环境变量配置。

新建环境变量起名 classPath,如图 7－12 在对话框配置路径变量值是 . ;% JAVA_HOME% \\lib;% JAVA_HOME% \\lib\\tools. jar (要加 . 表示当前路径) 。

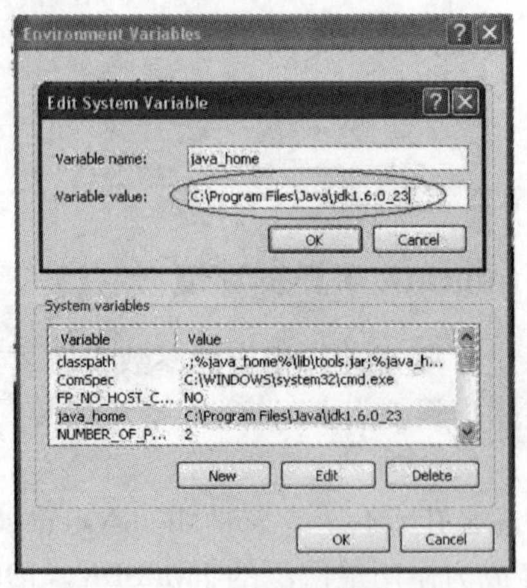

图 7－11　java_home 环境变量配置

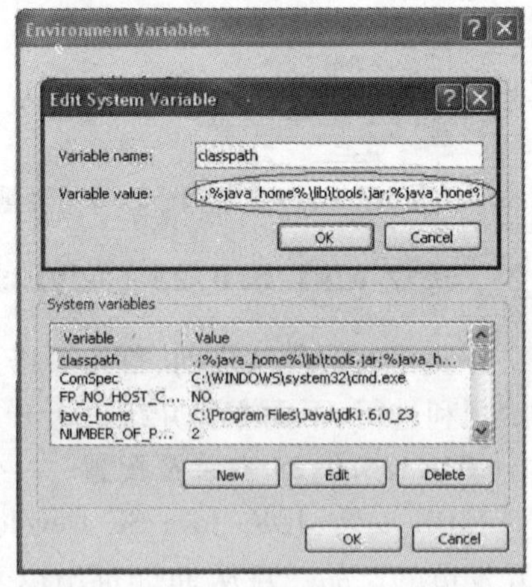

图 7－12　classPath 环境变量配置

classPath 环境变量的作用是指定类搜索路径,要使用已经编写好的类,前提当然是能够找到它们了,于是就需要把 jdk 安装目录下的 lib 子目录中的 dt. jar 和 tools. jar 设置到 CLASSPATH 中,当然,当前目录“. ”也必须加入到该变量中。这个变量设置的目的是为了程序能找到相应的“. class”文件,在 MyEclipse 中需要多次应用类,所以必须要设置

classPath。

③ Path 环境变量配置。

Path 变量在系统变量中已存在,要修改 Path 变量只需要选中 Path 变量,点击编辑即可。如图 7－13 所示在变量值中加入如下内容:

% JAVA_HOME% \\bin;% JAVA_HOME% \\jre\\bin。

Path 环境变量的作用是指定命令搜索路径,在 DOS 命令行下面执行命令如 javac 编译 java 程序时,它会到 Path 变量所指定的路径中查找看是否能找到相应的命令程序。于是需要把 jdk 安装目录下的 bin 目录增加到现有的 Path 变量中,bin 目录中包含经常要用到的可执行文件如 javac/java/javadoc 等,设置好 Path 变量后,就可以在任何目录下执行 javac/java 等工具。

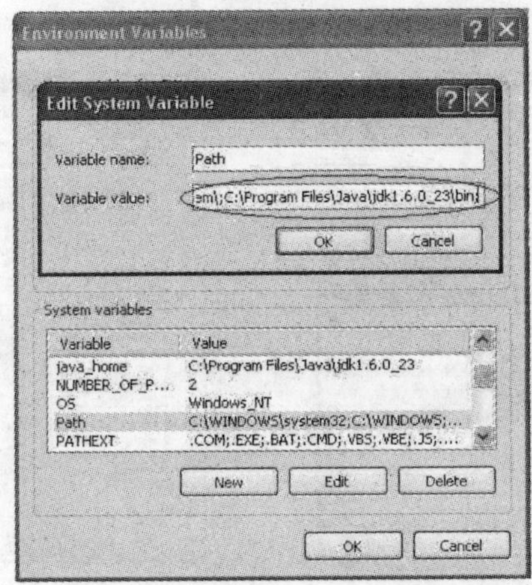

图 7－13　Path 环境变量配置

④ 安装检查。

在 DOS 窗口下,键入 java －version 命令可以查看到安装的 JDK 版本信息,说明 JDK 安装成功,如图 7－14 所示。

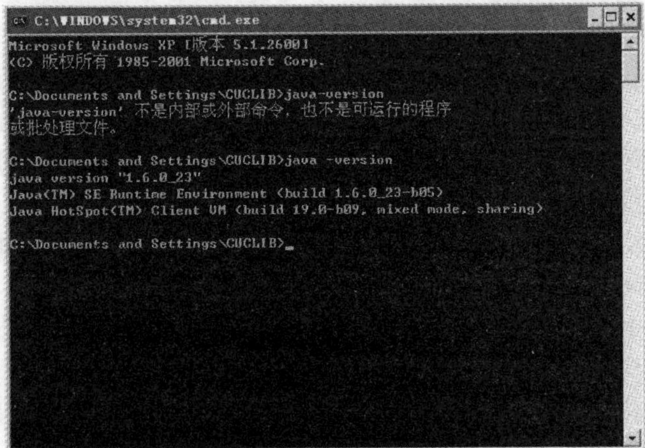

图 7－14　安装 JDK 检查

(3)安装 Tomcat6.0。

安装 Tomcat6.0 很简单,不用做任何配置。但是应该在安装 MyEclipse 之前进行,因为之后的 MyEclipse 配置需要用到 Tomcat6.0。

(4)安装配置 MyEclipse。

安装同样很简单,不用做任何配置,本书不做过多介绍,而配置 MyEclipse 较为重要。首先,需要配置 MyEclipse 中的 JDK,打开 MyEclipse,在菜单中找到 Windows,下拉找到 preferences 选项,在左侧下拉菜单找到 Java 选项卡中的 Installed JREs,如图 7-15 所示,选择 JDK 安装路径,完成配置。

其次,在 MyEclipse 中配置 Tomcat,选择 MyEclipse 中 Servers 中的 Tomcat6.0,做如图 7-16 的设置,完成整个 MyEclipse 中的配置,同时也完成了整个开发平台的配置。

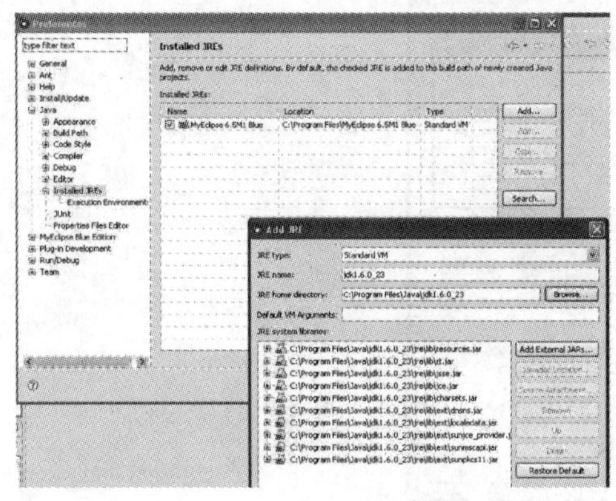

图 7-15 MyEclipse 中 JDK 配置

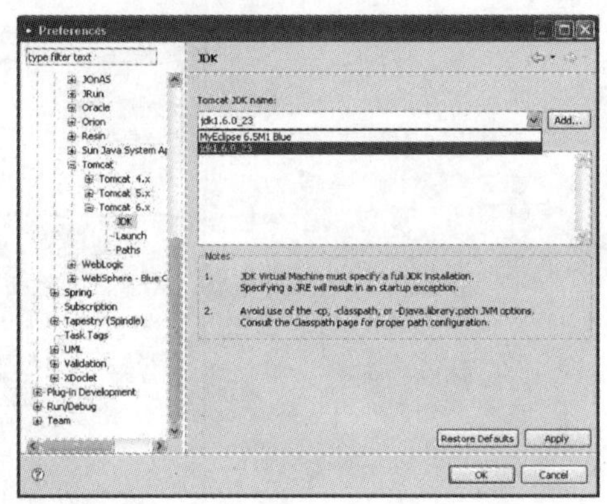

图 7-16 MyEclipse 中 Tomcat6.0 配置

7.2.3 轻量级图书馆 Web 程序模块的开发设计

根据网站的详细功能要求及特性,要达到高效查询、简便易用的原则,整体将使用 JSP 开发技术进行实现,特别是对于图书查询模块和读者信息检索模块都将在一个页面显示全部信息,这将给程序带来较大的数据库查询压力,同时又要比较好地保证网站的安全性和较高的查询效率,因此,本书将针对之前论述的这几个关键的技术难点在具体的模块设计中进行论述和解决。

1. 图书检索模块设计

1)取值传参程序设计

读者登录 Web 后首先最关心的就是要查找自己最感兴趣的某方面的图书在图书馆有没有馆藏,针对读者的需求,轻量级 Web 在首页就提供了图书检索入口,如图 7-17 所示,读者可以选择书名或者著者检索,而系统只提供模糊检索功能,这样检索出的信息是读者最想要的,而且能衍生出更多更实用的信息。

读者在主页检索框中输入查询的关键词之后,点击查询按钮就会弹出检索结果。主要代码如下:

① 主页 index.html 中参数赋值:

```
<form method = "post" name = "frmsecbook" action = "secbook_name.JSP" >
```

```
//定义 Form 窗体,方法为:post,action 动作为:弹出 secbook_name.JSP 差选结果页面。
<table width = "495" border = "0" cellpadding = "0" cellspacing = "0" > <tr> <td width = "51" >检索类型 </td> <td width = "97" > <select name = "val" > <option value = "a" selected >书名检索
//下拉框赋值定义,设定下拉框“书名检索”对应 val =“a”,“著者检索”对应 val =“b”。
</option> <option value = "b" >著者检索 </option> </select> </td>
<td width = "64" >输入关键词 </td> <td width = "166" > <input type = "text" name = "txtBook" /> </td>
//将读者输入文本框的关键词数据赋值给“textbook”。
```

②secbook_name. JSP 查询结果页面接收参数:

```
request.setCharacterEncoding("GB18030"); //设定接收文本的字符码,避免传递中文关键乱码问题。
String sval = new String(); //建立接收下拉框 VAL 值的字符串变量 sval。
String str = new String();//建立进行 SQL 查询的字符串变量 str。
String stxtBook = new String();//建立接收文本框 txtBook 值的字符串变量 str。
sval = new String(request.getParameter("val"));//接收主页传来的 val 变量值。
stxtBook = new String(request.getParameter("txtBook"));//接收主页传来的 txtBook 变量值。
str = stxtBook.toUpperCase();//将小写英文的 txtBook 值转换大写,以便准确查询 sybase 数据库。
```

上述代码主要完成了传递查询信息的功能,并对信息进行了有效的大小写转换。

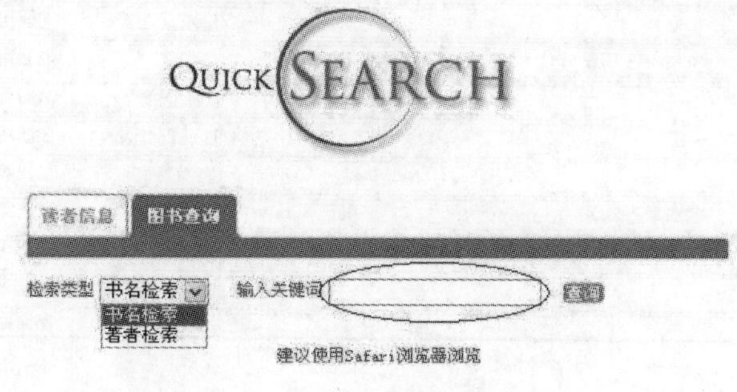

图7-17 Web 图书检索入口

2）图书检索模块程序设计

图书检索模块是轻量级 Web 图书管理系统的核心,一方面,要保证 Web 轻量级的特点,也就是在一页显示出读者最关心的图书信息,没有多余的冗余信息,保证一目了然,而且提供比较好的导引系统,辅助读者以最快的速度找到自己最感兴趣的书籍,如图7-18所示就是在 MAC 系统的 Safari 浏览器下的查询结果界面。另一方面,又要保证检索系统程序的健壮性、易读性、高效性、通用性,所以整体设计重心偏重于程序的执行效率方面,从当今非常成熟的 JSP 编程思想入手进行程序编写。

图书检索模块应用了两种核心技术,之前已经提到过的 JavaBean 和数据库连接池技术,同时在 JavaBean 的基础上衍生出 JavaBean 的嵌套查询技术,以降低 SQL 语句的系统查询开销,在实现嵌套查询技术的同时,为了降低 Web 与数据库交互次数过多的系统开销,同时引进了数据库连接池技术对于连接进行高效的管理,实现连接的复用。下面将针对代码做进一步说明,首先从数据库连接池建立开始。

(1) 数据库连接池设计。

前文提到本书应用的是 c3p0 数据库连接池,首先要下载 c3p0 - 0. 9. 1 - pre11. jar 的 JDBC 包,下载之后把它和 Sybase 的 JDBC 数据库驱动程序包 jconn2. jar 一起放在项目开发目录的 . \\Web - INF\\lib 目录下,然后编写数据库连接池设定调用的 JavaBean 程序 connectsybase5。

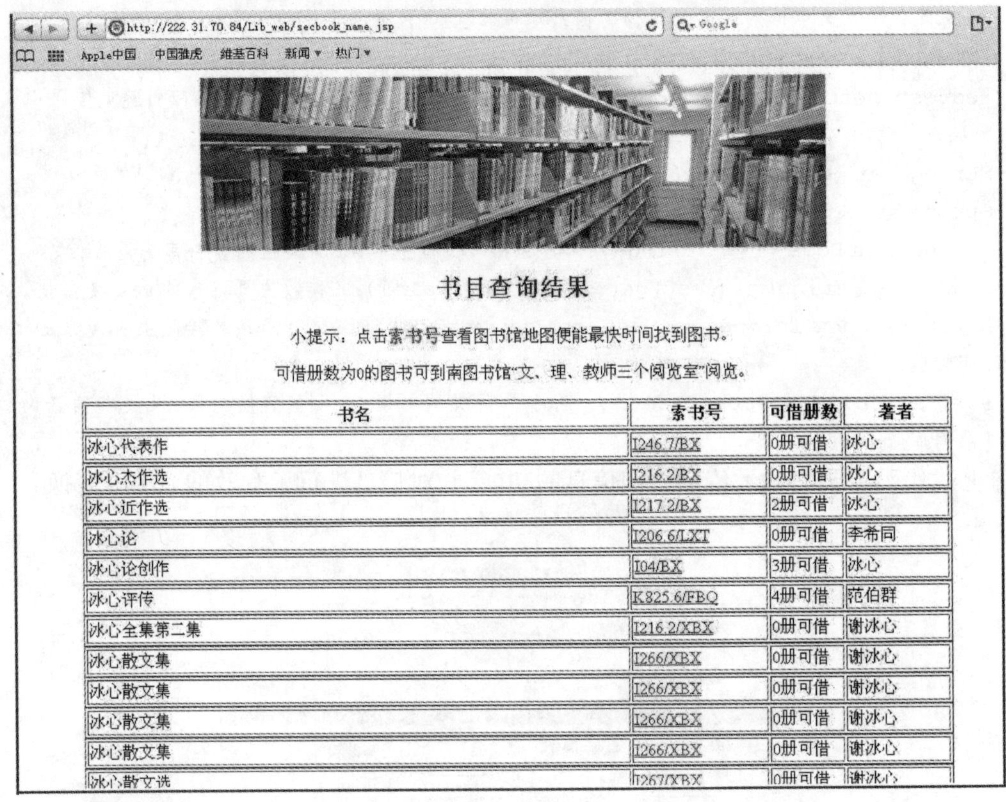

书名	索书号	可借册数	著者
冰心代表作	I246.7/BX	0册可借	冰心
冰心杰作选	I216.2/BX	0册可借	冰心
冰心近作选	I217.2/BX	2册可借	冰心
冰心论	I206.6/LXT	0册可借	李希同
冰心论创作	I04/BX	3册可借	冰心
冰心评传	K825.6/FBQ	4册可借	范伯群
冰心全集第二集	I216.2/XBX	0册可借	谢冰心
冰心散文集	I266/XBX	0册可借	谢冰心
冰心散文集	I266/XBX	0册可借	谢冰心
冰心散文集	I266/XBX	0册可借	谢冰心
冰心散文集	I266/XBX	0册可借	谢冰心
冰心散文选	I267/XBX	0册可借	谢冰心

图 7 - 18 在 MAC 系统的 Safari 浏览器下的查询结果界面

关键代码对于 c3p0 数据库连接池设置如下:

```
ds = new ComboPooledDataSource();
//设置 JDBC 的 Sybase Driver 类
ds.setDriverClass("com.sybase.jdbc2.jdbc.SybDriver");
//设置 Sybase JDBC 的 URL
ds.setJdbcUrl("jdbc:sybase:Tds:222.31.70.84:4100/melinets");
//设置数据库的登录用户名
ds.setUser("Web");
//设置数据库的登录用户密码
ds.setPassword("Web123");
//设置连接池的最大连接数为1000
```

```
ds.setMaxPoolSize(1000);
//设置连接池的最小连接数为1
ds.setMinPoolSize(1);
//设置连接最大空闲时间
ds.setMaxIdleTime(30);
```

本段代码主要实现了三个核心功能。

① 利用 JavaBean 的特性,把一些关于服务器的重要信息,如 IP 地址、数据库端口、连接用户名、连接密码都很好地隐藏在其中,读者在查看 Web 的源码时是看不到这些信息的,很好地解决了服务器的安全性问题。

② 建立了数据库连接池,设置了其中一些很重要的数据库连接池参数,如最大连接数、最小连接数等,这些都能够很好地保障服务器及数据库的稳定运行,提高了查询代码的执行效率。

③ 声明了数据库连接池调用函数,在别的 JSP 页面或者 JavaBean 中只需几条语句即可轻松调用它。

(2) Statement SQL 查询控制的 JavaBean 程序设计。

Statement 是用于执行静态 SQL 语句并返回它所生成结果的对象。在默认情况下,同一时间每个 Statement 对象只能打开一个 ResultSet 对象。

Statement 接口提供了三种执行 SQL 语句的方法:executeQuery、executeUpdate 和 execute。本书的程序设计主要使用 SELECT 语句,因此选择使用方法 executeQuery 用于产生单个结果集的语句。主要关键代码如下:

```
public ResultSet executeQuery(String sql)
//声明 SQL 操作产生单个结果集
conn = connectsybase5.getConnection();
//调用数据库连接池 connectsybase5 并取得的连接
stmt = conn.createStatement ( ResultSet.TYPE _ SCROLL _ SENSITIVE, ResultSet.CONCUR_UPDATABLE);
//创建连接的 Statement 对象 stmt
rs = stmt.executeQuery(sql);
//执行字符串 sql 对应的 SQL 语句并返回结果给 rs 结果集
rs.close();//关闭结果集
stmt.close();//关闭 statement 对象
conn.close();//关闭数据库连接
```

本段代码主要实现两个核心功能。

① 实现 SQL 语句对数据库进行查询并返回相关结果。

② 对数据库连接进行合理的建立和释放,有效地管理程序对数据库的操作。

(3) 图书查询结果页面 JSP 程序编写。

图书查询结果页面的 JSP 程序是轻量级 Web 的二级页面,也是集中信息量最大的页面之一,因此对于这个页面的设计需要经过仔细而慎重的需求分析,图书馆在之前对于入馆读者做了一项调查,主要是对于读者最感兴趣的查询图书信息方面的调查,如表 7-1 所列。

表 7-1　读者最感兴趣的图书信息调查

读者类型	图书题名	图书著者	可借册数	索书号
教师	77%	15%	3%	3%
学生	80%	9%	7%	3%

从表 7-1 我们可以看到,不管是教师还是学生对于图书信息最关注的信息依次是图书提名、图书著者、可借册数、索书号,而且这几个信息字段基本覆盖了他们所需图书信息的各个方面,因此在图书查询结果页面程序直接提炼出这些关键信息集中进行显示,本模块用到了 JavaBean 循环嵌套技术,程序关键代码如下:

```
if ("a".equals(sval))  //字符串比较,以判定是否为题名检索
{
String sql = "select distinct title,book_search_no,Web.v_search.rec_ctrl_id from Web.v_search,Web.v_book_search_no where Web.v_search.title_abs like % " + str + "% 'and Web.v_search.rec_ctrl_id = Web.v_book_search_no.rec_ctrl_id";
//创建 SQL 语句模糊按种查询关键字 str 对应书名、图书索书号、图书记录控制号主键。
connectsybase2 BaseConnecttion = new connectsybase2();
//利用 JavaBean 新建数据库连接
ResultSet rs = BaseConnecttion.executeQuery(sql);
//执行 SQL 语句并取得结果
while(rs.next()) {
//循环输出结果
<td width = "550" border = "1" align = "left" > <% =rs.getString(1)% > </td>
//输出图书题名
<%  String strID = new String();
//新建 strID 字符串
strID = rs.getString(2).substring(0,1);
//将索书号的首字母赋值给 strID
if("A".equals(strID))
//进行字符串比较即进行索书号类目(A 类图书)比较取得相应的书库地图连接
<td width = "130" border = "1" align = "left" > < ahref = "F1.html" > <% = rs.getString(2)% > </a> </td>
//显示一层书库地图
```

◆其他类图书代码省略

◆下面二层 JavaBean 嵌套查询,传递的是图书信息主键记录控制号,主要功能是:输出图书可借册数。

```
<% String strID1 = new String();  //新建 strID1 字符串
strID1 = rs.getString(3);
//将图书信息主键记录控制号赋值给 strID1
String sql1 = "select count(Web.v_circul_status.rec_ctrl_id) from Web.v_circul_status where Web.v_circul_status.rec_ctrl_id = ' + strID1 + " 'and Web.v_circul_status.circul_status = 10 ';
//创建 SQL 语句,利用主键 strID1 查询图书可借册数
```

```
connectsybase3 BaseConnecttion1 = new connectsybase3();
ResultSet rs1 = BaseConnecttion1.executeQuery(sql1);
//执行 SQL 语句并取得结果
while(rs1.next()) {
//输出图书可借册数
%>
<td width = "70" border = "1" align = "left" > <% =rs1.getString(1)% >册可借
</td>
<%
```

◆下面三层 JavaBean 嵌套查询,传递的是图书信息主键记录控制号,主要功能是:输出图书著者信息。

```
//新建 strID2 字符串
strID2 = rs.getString(3);
//将图书信息主键记录控制号赋值给 strID2
String sql2 = "select authors from Web.v_book_publisher where Web.v_book_publisher.rec_ctrl_id = '" + strID2 + "'";
//创建 SQL 语句,查询图书著者
connectsybase4 BaseConnecttion2 = new connectsybase4();
ResultSet rs2 = BaseConnecttion2.executeQuery(sql2);
//执行 SQL 语句并取得结果
while(rs2.next()) {
<td width = "100" border = "1" align = "left" > <% = rs2.getString(1)% > </
td>
//输出图书著者信息
```

◆按著者检索代码部分省略。

图书信息模块设计完毕,本页面主要实现三点功能。

① 接受传递过来的书名和著者关键词进行转换并进行模糊检索。

② 在一页中输出查询的全部结果,并且按照 Apple 手持移动终端设备的浏览方式没有对查询结果进行分页处理,读者利用 Apple 手持移动终端设备浏览起来得心应手。

③ 链接出图书馆的书库电子地图,让读者有目的地找到自己感兴趣的书籍。

至此,图书检索模块设计完毕。

主要应用的核心技术为:

① C3P0 连接池技术,用以有效地控制数据库连接,利用闲置连接的复用减少服务器荷载并提升检索效率。

② JavaBean 技术,用以有效地实现程序复用,并隐藏服务器的重要信息,减少服务器的安全隐患。

③ JavaBean 嵌套查询技术,用以有效地解决大型 SQL 语句查询效率低下的问题,将 SQL 语句进行分割,保证检索的效率。

2. 读者信息检索查询模块设计

1)读者登录认证模块设计

(1) 主页传递参数设计。

同图书检索模块一样，读者登录直接入口在主页就有显示，不需要进入二级页面，如图 7-19 所示，读者只需要输入自己正确的读者证号和密码即可登录。

图 7-19 主页读者登录入口

与图书查询不同，因为有一个读者信息验证的环节，只有读者证号和密码输入正确才能显示他的个人信息，不正确的需要重新输入，因此在这里需要调用一个 JavaBean 程序进行读者验证，这个 JavaBean 程序进行判断后分别弹出登录成功和登录失败窗口，而在登录成功窗口里会显示读者借阅的相关信息。传参代码设计与图书传参代码设计基本类似，这里就不再赘述。

(2) JavaBean 程序接收参数并进行读者信息判断程序设计。

这个模块设计是整个读者信息查询的关键和前提，同样用到了 JavaBean 技术隐藏数据库的重要信息，这里不再重点论述，关键代码如下：

```
String sUserName = request.getParameter ( "txtUserName" );
//获取用户名
String sPasswd = request.getParameter ( "txtPassword" );
//获取密码
Class.forName ( "com.sybase.jdbc2.jdbc.SybDriver" ).newInstance ( );
//登记 JDBC 驱动程序
String url = "jdbc:sybase:Tds:222.31.70.84:4100/melinets";
connection = DriverManager.getConnection ( url, "Web", "Web123" );
//建立数据库连接
stmt = connection.createStatement ( );
String sql = "select * from Web.v_readers where reader_barcode = '" + sUser-
Name
      + "'and reader_pwd = '" + sPasswd + "'";
//SQL 语句对读者信息进行查询
rs = stmt.executeQuery ( sql );//返回查询结果
if ( rs.next ( ) )//如果记录集非空,表明有匹配的用户名和密码,登录成功
//登录成功后将 sUserName 设置为 session 变量的 UserName
//这样在后面就可以通过 session.getAttribute("UserName") 来获取用户名
//同时这样还可以作为用户登录与否的判断依据
request.getSession ( ).setAttribute ( "UserName", rs.getString(3) );
request.getSession ( ).setAttribute ( "UserCode", rs.getString(1) );
```

```
request.getSession ( ).setAttribute ( "ceshu", rs.getString(6) );
response.sendRedirect ( "login_success.JSP" ); //弹出成功窗口
else
{response.sendRedirect ( "login_failure.JSP" );
//否则登录失败,弹出登录失败窗口
```

息验证模块设计完毕,用到了以下一些关键技术思想。

① session 变量的传参数设计,为以后的登录成功界面做下铺垫。

② 利用结果集是否为空作为判定标准,实现了读者认证。

2）读者登录成功界面和失败 JSP 页面设计

这个界面是通过读者认证模块之后弹出的读者信息窗口,把读者的姓名、可借册数、读者的借阅信息(包括图书书名、图书条码、图书状态、应还日期)一应俱全地显示出来,让读者一目了然,如图 7－20 所示,当读者发现数本好书而不知道现在已经借阅的册数时是非常有用的,由于和图书查询代码类似,因此就不在做具体阐述。

沈荣华 欢迎您，登录成功！您的卡片状态可用，能够借阅图书总册书为：10册。

下面表格为您的详细借阅信息。

序号	已借阅图书书名	图书条码	图书状态	应还日期
1	易经的智慧	642696	本馆借出	2010/10/15
2	C和 C++基础教程与题解：第2版	652410	本馆借出	2010/11/30
3	JSP网站开发四"酷"全书	756071	本馆借出	2010/11/30
4	MATLAB 7.0实用指南	626329	本馆借出	2010/10/15
5	JSP程序开发范例宝典	890191	本馆借出	2010/11/30
6	Matlab 7.6图形图像处理	939875	本馆借出	2010/10/15
7	绍伟华《周易与预测学》导读	476307	本馆借出	2010/10/15
8	JSP动态网站开发实践教程	986494	本馆借出	2010/11/30
9	JSP+Dreamweaver CS4+CSS+Ajax动态网站开发典型案例	1005382	本馆借出	2010/11/30

图 7－20　读者信息显示页面

读者登录信息查询模块设计,主要用到的核心技术为:

① JavaBean 技术,实现了有效的服务器重要信息隐藏,增加了安全性。

② 利用结果集进行读者是否为有效登录判断。

3. 轻量级 Web 页面美工及图书馆书库电子地图设计

某大学图书馆将是未来某大学学术研究的基地,因此整体图书馆 Web 以较深的颜色作为基调色,凸显浓厚学术气氛,并且以图书馆建筑的 logo 进行二次设计,凸显图书馆强烈的文化底蕴,主页设计了现在图书馆较有特色的古籍阅览室为重点宣传图片,相对比的在右侧设计了"感觉新馆"环节,一方面凸显图书馆的学术氛围,另一方面又衬托出新图书馆科技化、现代化的特征。

轻量级 Web 的主要特征就是最快捷地查找到自己所需要的信息，因此，在主页 Web 提供了图书检索、读者信息检索、CNKI 数据库、百度知道等读者最常用资源的检索入口，简捷明快。在中间信息栏还加入重要信息滚动模块，及时向读者发布重要的学术会议、培训、图书馆课程等信息。如图 7－21 所示。

图 7－21　图书馆轻量级 Web 图书管理主页

针对读者经常向老师提问图书所在位置，特别设计了图书馆书库电子地图，运用 Viso 标准制图，让读者准确地知道自己的位置以及书籍所在位置，如图 7－22 所示。

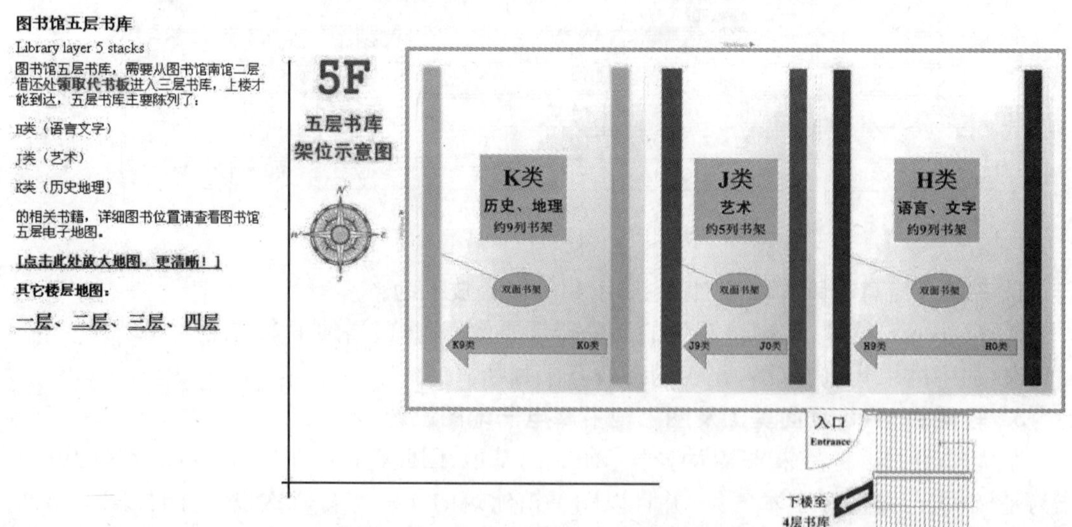

图 7－22　图书馆书库电子地图

7.2.4　轻量级图书馆 Web 系统程序调试发布

把建立好的轻量级 Web 进行打包封装并上传至服务器发布。

首先将已经调试完毕的网站应用到 MyEclipse 中的 export 功能进行打包升成 WAR 文件，如图 7－23 所示。

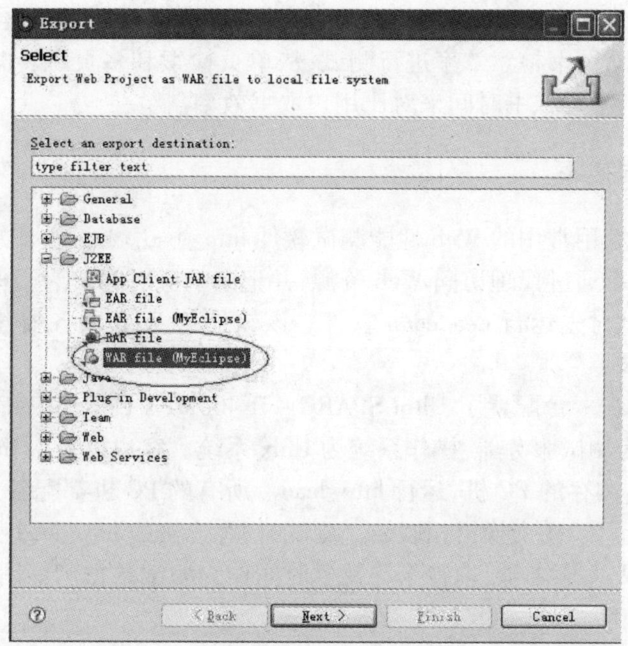

图 7－23　MyEclipse 软件打包网站过程

生成 Lib_Web. war，将它上传至服务器的/opt/tomcat/Webapps/目录下，然后执行 startup. sh 命令启动 tomcat，它会自动解析 WAR 文件进行发布，如图 7－24 所示。

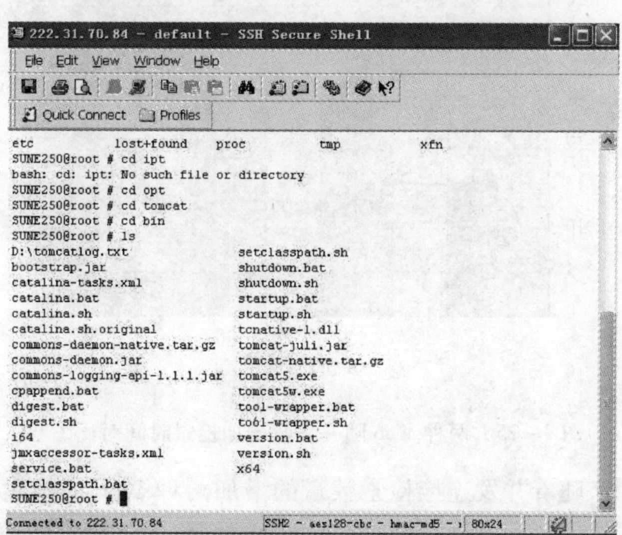

图 7－24　利用 SSH 管理 tomcat

通过 Safari 浏览 http://222.31.70.84/Lib_Web/index.html,可以顺利浏览,并未出现乱码等不兼容现象。

7.3 轻量级图书馆 Web 系统性能测试

为了体现轻量级图书馆 Web 带来的性能优越性,本书将用它对比现有图书馆 Web,随并发用户增多来对图书检索效率进行测试,从单页检索和多页跳转时间来对比用户信息检索效率,从读者平均取书时间来对比用户取书效率。

7.3.1 图书检索效率

负载模拟软件采用常用的 Web 性能测试软件 http_load。http_load 支持 HTTPS 协议,能够按照预定的速率通过代理访问 Web 资源,并记录响应时间。为了模拟实际环境中的并发连接负载,测试时先运行 deadconn 软件。该软件与 Web 服务器建立指定数量的连接,并发送查询请求。

Web 服务运行在一台配置了 Ultra SPARC - II 400MHz CPU、512M 内存的 SUN E250 小型机上,用它作为测试服务器,操作系统为 Unix 系统。客户机采用 Intel Pentium IV 2.4 GHz 处理器和 1GB 内存的 PC 机,运行 http_load。所有的 PC 机都配备 Intel 100M 的高速以太网卡,并且通过 100M 交换机相联结。测试时,客户机的 http_load 程序按照指定的并发次数,多次访问 Web 服务器,取得平均检索时间作为测试数据。如图 7-25 所示,为测试结果柱状图。

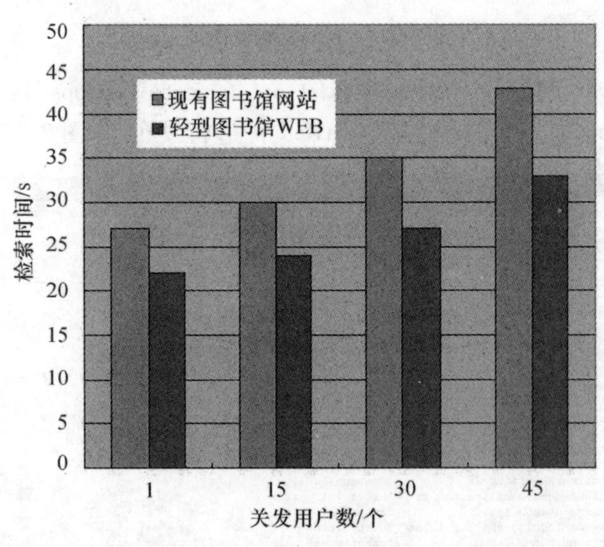

图 7-25 两种 Web 随并发数增加检索时间对比图

如图 7-25 所示,随着并发连接检索数量的增加两种 Web 的检索时间都有所增加,但是现有 Web 增加检索时间幅度较大,可见轻量级 Web 在检索效率方面有其一定的优势。

7.3.2　读者信息检索效率

读者信息检索是读者最常用到的功能，图书的借还以及读者所有的借阅信息都要通过这个模块进行检索，本书对比了两个网站的时间花销成本，如表7-2所列。

表7-2　现有图书馆Web和轻量级Web的读者信息检索时间开销比较

网站类型	读者登录时间开销/s	查询借阅图书时间开销/s	查询借阅册数时间开销/s
现有图书馆Web	7	4	9
轻量级图书馆Web	1	0	0

从表7-2中可以看到轻量级Web的总查询时间开销仅为现有图书馆Web时间开销的1/20，效率非常高。在其中的读者登录时间开销方面，现有图书馆Web主要的缺点就是在主页没有一键登录入口，读者需要跳转到登录页面，造成了时间的浪费。对于查询借阅图书和查询可借册数方面，由于轻量级Web实现了一页显示所有信息，因此时间开销为0。

7.3.3　读者取书效率

读者取书效率主要是指读者在检索到自己所感兴趣的图书后到图书馆书库找到此图书所花费的时间开销，图书馆随机抽取了10位同学进行测试，分别利用现有图书馆Web和轻量级Web的书库电子地图系统取书，平均取书时间缩短50%以上，同学反映提高效率非常明显。

7.4　本章技术小结

本章主要对相关技术问题进行了研究，并设计了图书馆轻量级Web页面，主要解决技术难点如下。

(1) 利用javabean技术隐藏服务器的一些重要信息，如IP地址、端口、登录用户、密码等，提高网站的安全性。

(2) 利用循环嵌套javabean技术实现一页的重要信息检索功能，把所有用户需要的信息显示在一页上，循环嵌套javabean技术主要是为了提高服务器的查询效率，缩短检索的时间。

(3) 利用字符串比较功能实现点击“索书号”浏览对应的书库地图功能。

(4) 利用数据库连接池技术有效地管理数据库连接，配合提高循环嵌套javabean技术有效地提高网站的整体检索效率。

(5) 对现有图书馆Web和轻量级Web的各项性能指标做了对比，论证了在整体检索效率方面轻量级图书馆Web有其一定的优势。

通过对于图书馆轻量级Web系统的开发，为广大读者营造了一个快捷、高效的信息查询环境，读者能从各个方面感受到图书馆给他们带来的快捷感受，同时读者经过长期使用可以逐渐培养起他们快速检索信息的能力，即所谓的信息查询素养。

思 考 题

1. 如何利用现代图书馆检索系统以最短的时间开销找到自己喜欢的书籍?
2. 现代图书馆自动化管理系统的运行机制及查重方法(理工类同学思考)?

参考文献

[1] 何玉洁,李宝安. 数据库系统教程. 北京:人民邮电出版社,2010.
[2] 张洪伟编著. JSP网络开发技术与整合应用. 北京:清华大学出版社,2006.
[3] 赵丽,王树森. JSP通用范例开发金典. 北京:电子工业出版社,2008.
[4] 刘启原,刘怡. 数据库与信息系统的安全. 北京:科学出版社,2007.
[5] (美)Vivek Chopra, Jon Eaves, Rupert Jones,等. JSP高级程序设计. 北京:人民邮电出版社,2006.

第8章

基于 Apple 移动终端设备的个人图书馆系统的研究与实现

在第 7 章中,本书重点设计了轻量级图书馆 Web 系统,实现了跨平台的图书查询、读者信息查询等功能,但这只是个人移动数字图书馆的一个部分,按照图书馆以读者为本的服务宗旨,不仅仅只让读者被动地去用图书馆,更应该让读者主动地去管理自己感兴趣的图书,也就是个人图书馆理念。首先,利用手中的 Apple 移动终端设备,读者可以随时随地地把他感兴趣的书籍、刊物、报纸、互联网上的数据按照关键的信息点存储起来,在进入学校的图书馆之后,可以有的放矢,把他们感兴趣的书籍、期刊报纸、数据库知识点等全部检索出来,以供他们使用。其次,读者也可以把一些在图书馆借阅、学习时一些重要的信息保存下来,例如:读者发现了一本特别适合自己学习的书籍,有长期的保存意义,那么便可以把书籍的关键信息保存下来,通过记录的数据并利用未来图书馆的图书代购功能以及现在很发达的网上书店购买等方式,很便捷地就能拿到他们想购买的书籍。又如,读者发现了名著者的相关论丛,但是图书馆的文献和信息资源又恰巧缺少这方面的资源,那么也很简单,记录下相关信息,直接利用 Apple 移动终端设备进行搜索或者更直接地去国家图书馆检索相关信息即可。最后,开发 Apple 移动终端设备个人图书馆对于现代图书馆的新型采访理念也有着很大的支持作用,学生和老师可以方便地向图书馆老师发送邮件,推送书籍,我们可以把它看成为一部随身的记事本,但是它又不同于普通的纸张,它可以把你最需要的知识点记录下来,推送给图书馆老师。以上三点决定了开发 Apple 移动终端设备个人图书馆的必要性和重要性,本章也是培养读者信息素养中管理信息能力的重要环节。下面章节中,本书将从系统功能技术研究、开发软件环境、数据库模块、代码实现模块、界面设计模块、调试测试模块、内存管理等几个方面进行研究与实现。

8.1 Apple 移动终端设备的个人图书馆系统研究

8.1.1 Apple 移动终端设备的个人图书馆系统功能需求分析

由于整体的个人图书馆系统都是基于 Apple 移动终端设备开发的,因此各项功能都要依托 iOS 系统开发,系统具备 iOS 系统的一些特性,符合 iOS 系统整体界面设计的一些习惯,并且能够充分发挥 Apple 移动终端设备的操作优势,那就是方便、快捷、简单易用。主要功能需求如下。

(1) 实现图书关键字断(包括书名、ISBN、著者、出版社、简介、出版日期)的录入、保存、前端显示主要信息功能。

(2) 实现图书的收藏、删除、查看详细信息功能。

(3) 实现与轻量级图书馆 Web 的连接跳转功能。

8.1.2 Apple 移动终端设备的个人图书馆系统主要技术研究

1. Objective - C 语言研究

本书设计实现个人图书管理系统应用的主要语言是 Objective - C 语言,通常写作 ObjC 和较少用的 Objective C 或 Obj - C,是扩充 C 的面向对象编程语言。它主要使用于 Mac OS X 和 GNUstep 这两个使用 OpenStep 标准的系统,而在 NeXTSTEP 和 OpenStep 中它更是基本语言。

Objective - C 语言有其自身的一些优点,同时也有一些缺点。主要优点是:Objective - C 是非常“实际”的语言。它使用一个用 C 写成、很小的运行库,只会令应用程序的大小增加很少,同时有一定 C 语言基础的程序员在了解了它的一些特定语法之后就能很快地上手编程。同时,Objective - C 编程语言越来越流行,主要原因可能是它是唯一一种可以为 iPhone 和 iPad 编程的语言,大量的开源代码给了编程人员更多的参考、更深层次的交互。本书在进行编写时,也参考了一些官方的规范性代码进行编写,使得程序更加规范、健壮。主要缺点是:Objective - C 并不支持垃圾自动回收,不能够很好地释放计算机内存,这也是本书在编写程序中最关注的地方,有效的内存管理是整个程序编写中最为关键的部分,因为它直接影响着程序在真机运行的效率,同时内存有效地回收也是程序 iOS 稳定运行的基础工作。

Objective - C 语言有其自己的运行环境,搭建一个完善的语言环境平台才能从容地进行开发工作,下面主要针对 Objective - C 语言运行环境进行一下研究。

搭建 Xcode 3.2.5 及 iOS SDK 4.2 软件环境。

进行 Apple 移动终端设备程序设计需要一台 Mac 计算机、最为关键的 Xcode 开发软件系统以及 IOS SDK 集成开发包,首先,要将 Mac 系统升级到 Mac OS X Snow Leopard 10.6.4 或以上版本,如图 8 - 1 所示:

其次,进入苹果公司网站注册开发人员资质,下载 Xcode 3.2.5 以及 IOS SDK 4.2 安装软件 Xcode 3.2.5 以及 IOS SDK 4.2 开发环境,安装完成后,可以看到环境集成了 Xcode 3.2.5、Interfacebulider、OS 模拟器等,如图 8 - 2、图 8 - 3、图 8 - 4 界面所示。

环境搭建最重要的就是开发环境要和 Mac OS X 系统版本对应,才能完成搭建。

2. Cocoa 开发框架研究

Cocoa 全称 Cocoa Framework,它是 Mac OS X 上的快速应用程序开发(Rapid Application Development,RAD)框架,一个高度面向对象的(Object Oriented)开发框架。本书在进行个人图书管理系统的开发时,大量应用了 Cocoa 开发框架,数据库设计和数据控制类中大量用到了 Foundation Kit(函数框架,Cocoa 两个子框架之一),如 NSString(字符串)类、NSArray(数组)类等都属于 Foundation Kit,基本界面的设计则大量用到了 Application Kit(应用框架,Cocoa 另一个子框架),如大量的接口、视图、窗口和高级类都属于 Application Kit。它是构建 Mac OS X 应用程序最强大、最高效的工具。值得一提的是,苹果公司之所以能够开发出众多顶级软件,其实也正是因为有着 Cocoa 这个秘密武器。下面将阐述一下 Cocoa 在各个框架层次中的位置,如图 8 - 5 所示。

图 8－1　Mac OS X 版本 10.6.6 属性界面

图 8－2　Xcode 版本属性界面

图 8－3　Interface Bulider 版本属性界面

图 8－4　iOS 模拟器版本属性界面

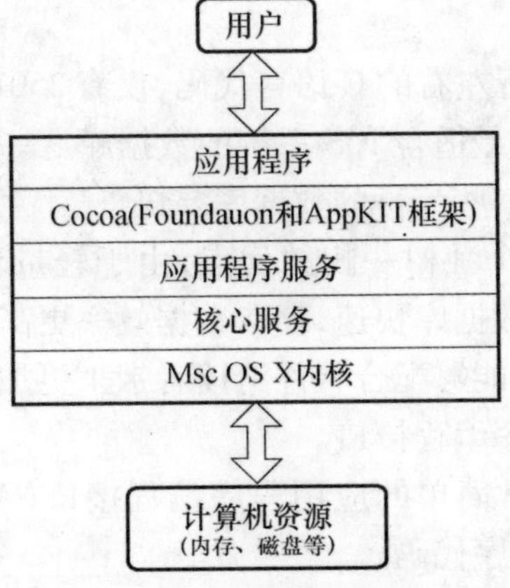

图 8－5　应用程序层次结构

从图 8 -5 中可以看到,内核以设备驱动程序的形式提供与硬件的底层通信。它负责管理内存和电源,以及执行基本的 I/O 操作。

核心服务顾名思义提供的支持比它上面的层次更加底层或更加“核心”,例如:这里提供对集合、网络、调试、文件管理、文件夹、内存管理、线程、时间和电源的管理。

应用程序服务层包含对打印和图形呈现的支持,包括 Quartz 程序、OpenGL 程序、Quicktime 程序等。

Cocoa 层直接位于应用程序之下,包含 Foundation Kit 和 Application Kit,核心服务层是 Cocoa 层的基础,Cocoa 中 Foundation 框架有时也绕过应用程序服务层,直接与核心服务层产生交互,在了解了整体应用程序层次结构之后进行开发,在逻辑上就不会犯下严重错误。

3. SQLite 数据库技术研究

数据库设计是整个个人图书馆系统的核心,因此选择一款能够完美支持 iOS 操作系统的轻型数据库是开发之前一项最重要的工作,本书选择了 SQlite 数据库作为整个系统的基础数据库平台,下面首先介绍一下 SQlite 数据库的特点和优势。

SQLite,是一款轻型的数据库,是遵守 ACID 的关联式数据库管理系统,它的设计目标是嵌入式的,而且目前已经在很多嵌入式产品中使用了它,它占用的资源非常低,在嵌入式设备中,可能只需要几百 K 的内存就足够。特别是对于 iPhone 和 iPad 的这种小型程序的开发,特别地适合。

针对个人图书馆系统分析一下 SQLite 的优点。

(1) ACID 事务基本要素。

首先,数据库要保证数据的安全和可交换性,ACID 事务就是衡量一个数据库质量的重要指标,ACID 指数据库事务正确执行的四个基本要素的缩写,包括原子性(Atomicity)、一致性(Consistency)、隔离性(Isolation)、持久性(Durability),SQLite 数据库完全满足以上的一些特性。

(2) 零配置特点。

SQLite 数据库最大的特点就是无需安装和管理配置,这样给数据库开发工作带来了很大的便利。

(3) 轻量化特点。

SQLite 数据库只有 3 万行左右的 C 语言代码,仅有 250K 大小,对于 iOS 系统轻量化、简便化的特点支持度很好,是最适合 iOS 系统的数据库之一。

(4) 进行数据库操作比一些流行的数据库要快 。

这是 SQLite 数据库又一个独树一帜的优点,由于轻量化的特点,SQLite 数据库在数据库操作方面要比现有很多数据库快速,存取数据效率更高,尤其适合个人图书管理系统这种轻便数据库操作的系统,能够配合软件给读者带来更加顺畅的操作环境。

(5) 非常简单的应用程序编程接口。

SQLite 数据库还具有非常简单的应用程序编程接口(API),在编程时能够很快地上手对数据库进行操作,简化程序代码。

(6) 开源性和独立性。

SQLite 数据库是非常独立的,不需要任何软件的依赖。因此,使用 SQLite 数据库只需要关注应用程序编程接口的一些操作就好,同时 SQLite 数据库开源性很强,90% 的开源代码都经过测试,编程不必要担心安全问题。

结合个人图书管理系统总结了 SQLite 数据库的一些优点之后,下面主要研究一下本书需要用到的两个数据库:书目库和图书收藏库。要建立数据库首先要确定数据库的类型和关键字段,之后研究它们的数据关系,因此本书先要整体分析一下软件的需求,由于是个人图书管理系统,因此首先要有书目表,顾名思义里面需要有图书的 ISBN、书名、著者等关键字段。其次,个人图书管理肯定要有读者本身最喜爱的图书收藏,因此要建立读者最喜爱的图书基本库,也要包含图书的一些基本信息,根据以上需求和未来二次开发的需要建立两个库来分别存储,并建立数据结构,如图 8 - 6 所示。

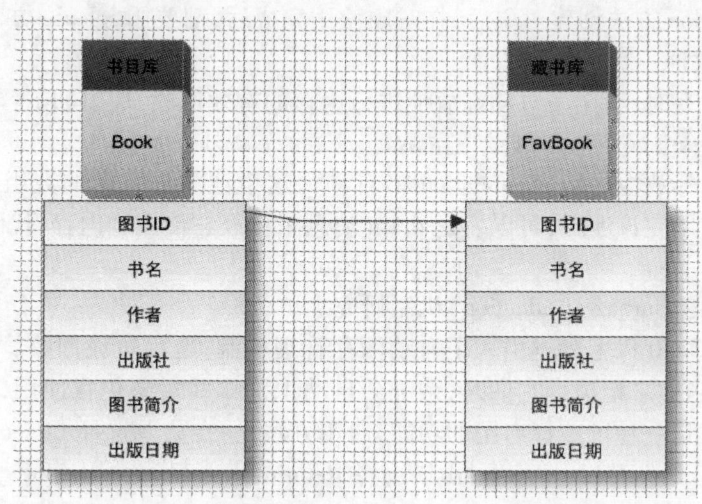

图 8 - 6　书目库和藏书库基本数据结构

设计好相关的数据结构,还要在 Xcode 中建立相关的数据库控制文件,因此在 Xcode 中新建 DataBase 群组,并建立相关的两个数据库类文件,DataBase. h 和 DataBase. m 类文件主要负责数目库的数据库建立,Book. h 和 Book. m 主要负责书目数据库的各项数据库操作的定义,对于书目收藏库基本功能类似书目库,就不再具体介绍了。如图 8 - 7 所示,完成基本书库结构设计。

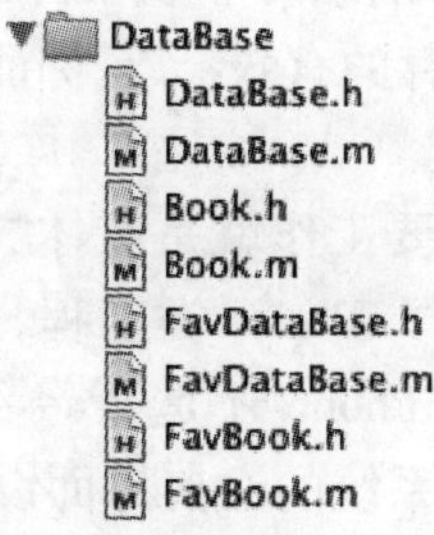

图 8 - 7　基本数据库类文件结构

4. 内存管理研究

内存管理是程序设计中常见的资源管理的一部分,虽然不是每个程序都会使用文件或网络连接,但是每个程序都会消耗内存。由于 C 语言不像 JAVA 和脚本语言会自动释放内存,因此,在管理C语言程序时必须时刻考虑内存释放问题,在分配了内存使用空间时要及时释放内存,以免内存溢出,否则程序的内存占用不断增加,最终会被耗尽而导致程序崩溃。本书在编写程序中用到的一些内存管理规则摘要如下。

(1) 释放对象,可以释放它所占用的内存,在不使用对象的时候及时地进行释放。

(2) 发送一条 release 消息不一定销毁对象,而是当这个对象的引用计数变为0才进行销毁。

(3) 自动释放池用于对象在释放池内且本身计数器为0时自动释放池中的对象。

(4) 无论对象是否添加到自动释放池中,应用程序终止时,都会释放程序中对象占用的所有内存。

(5) 使用 alloc 方法创建对象后,在对象使用完成后,都要用 release 方法释放。

① 自动释放池。

在本程序编写时,引用了自动释放池进行内存的有效回收,代码如下:

```
NSAutoreleasePool * pool = [[NSAutoreleasePool alloc] init];
```

建立了自动释放池之后,Foundation 将自动为这个池添加特定的数组、字符串、字典及其他对象。使用完该池时,可以发送 drain 消息来释放它使用的内存,代码如下:

```
[pool drain];
```

② 垃圾回收(Garbage Collection)机制研究。

Objective - C2.0 以上版本引入了自动内存管理机制,也称垃圾回收。对于已经创建和使用的对象,当你忘记清理它们时,系统会自动识别哪些对象仍在使用,哪些对象可以回收。垃圾回收是一种可选择启用的功能,启用方法是:在菜单选择 Project | Edit Project Settings 进入项目信息窗口,搜索"garb",选择 Required[- fobjc - gc - only]选项即可。如图8 - 8 所示。

" - fobjc - gc"选项是为了使代码既支持垃圾回收又支持对象的保留和释放。启用垃圾回收后,通常的内存管理命令全部变成了空操作指令,不执行任何操作。

Objective - C 语言2.0以上版本虽然加入了自动回收机制,可以说是一大进步,但是,对于编程人员自主创建对象的内存回收并不是非常理想,按照内存管理规则:如果使用了new、alloc 或 copy 方法获得一个对象,则必须释放或自动释放该对象并且对于每一个对象的生存周期都要非常清楚。因此本书在设计各个模块程序时充分利用了Objective - C 语言自动释放内存代码和 release 方法进行内存的有效释放,保证程序的稳定运行。

5. 程序界面设计研究

设计个人图书管理系统另一项重要工作就是整体界面的设计,首先在建立工程的时候就选择了 iPhone 类工程,之所以选择 iPhone 类工程,是因为要让程序支持更多的终端用户,可以保证同学和老师们无论用 iPhone 还是 iPad 终端都可以使用个人图书管理系统。其次就是在整体设计中突出 iOS 系统的经典界面设计原则,Label 标签和导航栏均使用 iOS 经典界面的设计模式,主要原因有两点:

(1) 使得界面更加有亲和力,让用户更加快速地上手操作,不会因为另类的界面设计而使用户无从下手。

(2) 应用 IOS SDK 4.2 的经典开源代码进行界面代码编写,可以有效地缩减代码篇幅、提高代码执行效率、增加代码的可读性。总体界面设计偏重于简洁和明快。

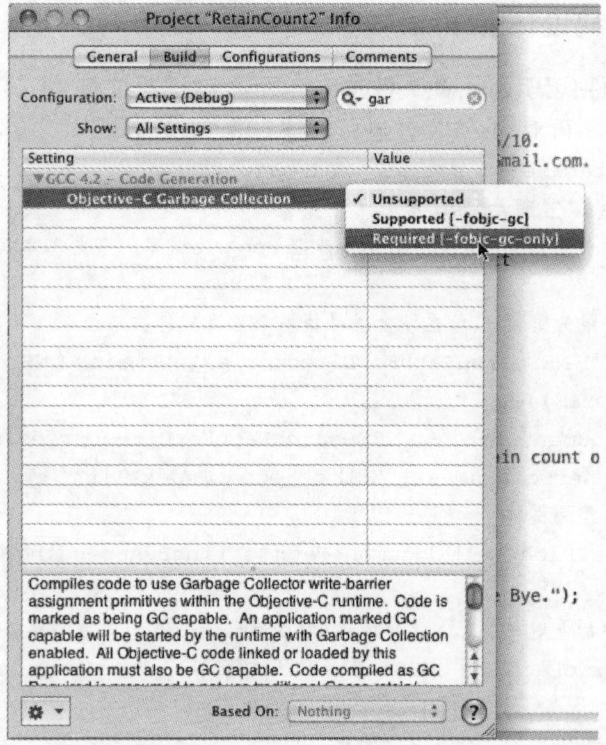

图 8 - 8　Objective - C2. 0 以上版本垃圾回收设置

8. 2　SQlite 数据库模块设计实现

8. 2. 1　添加 SQlite Frameworks 数据库开发模型

要建立 SQlite 数据库首先要添加 libsqlite3. dylib 模型到 Xcode 开发环境中,建立一个 iPhone 类工程 BookManage,添加 libsqlite3. dylib 到工程的 Frameworks 中,如图 8. 9 所示,添加 Frameworks 模型,然后选择 libsqlite3. dylib 模型,如图 8 - 10 所示,这个模型框架包含了 SQlite 数据库开发所需的各种基本类,从而完成 SQlite 数据库开发的准备工作。

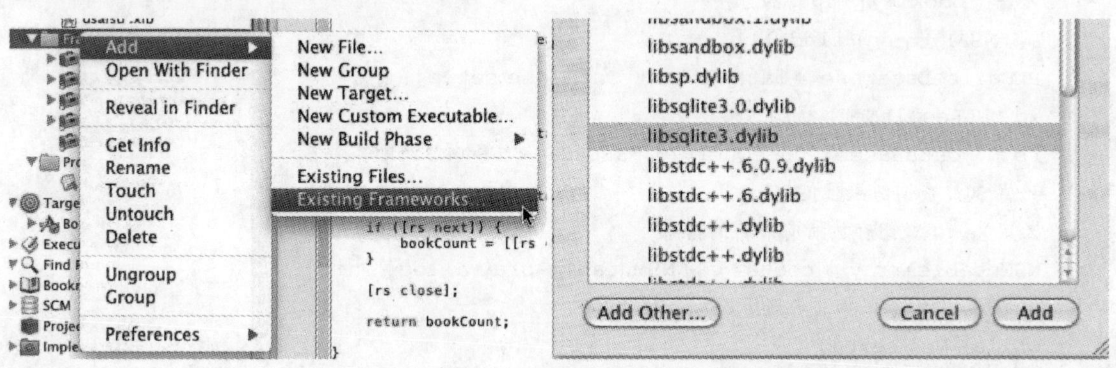

图 8 - 9　添加 Frameworks 模型　　　　图 8 - 10　添加 libsqlite3. dylib 模型

8.2.2 数据库代码设计制作

ataBase. h 头文件代码设计，此文件是 DataBase. m 的头文件，主要声明一些实例变量和方法，在后文中将不再对 . h 头文件进行阐述。

```
+ (PLSqliteDatabase *) setup; //声明 setup 方法
+ (void) close;//声明 close 方法
```

DataBase.m 文件代码设计，此文件主要是建立 Book 数据库的一些基本信息，如数据库名称、路径等。

```
//找一个有可写权限的路径    在沙盒里寻找一个可写文件夹路径
NSLog(@"%@",NSSearchPathForDirectoriesInDomains(NSDocumentDirectory,
NSUserDomainMask, YES));
NSString * documentPath = [NSSearchPathForDirectoriesInDomains(NSDocu-
mentDirectory, NSUserDomainMask, YES) objectAtIndex:0];
//可以管理任何路径的文件
NSString * realPath = [documentPath stringByAppendingPathComponent:@"
book.sqlite"];
//在可写文件夹中加上用户要写入文件的名字(book.sqlite)  可写路径
NSString *sourcePath = [[NSBundle mainBundle] PathForResource:@"Book" of-
Type:@"sqlite"];
//自定义的包含在数据库的文件  只读的路径
NSFileManager *fileManager = [NSFileManager defaultManager];
//将数据库的只读原始路径复制到可写路径上
if (! [fileManager fileExistsAtPath:realPath]) {
NSError *error;
if (! [fileManager copyItemAtPath:sourcePath toPath:realPath error:&error])
{
NSLog(@"%@",[error localizedDescription]);
```

Book. m 文件代码设计，此文件主要功能是建立对于 Book 数据库的各种操作方法，以方便后续的程序调用，主要包含查询方法、修改方法、删除方法和创建方法，这些都是进行数据库操作的核心方法，在对每个方法进行调用后都进行了有效地内存回收。

```
//查找 book 库所有书籍的方法
+ (NSArray *) findAll{
PLSqliteDatabase *dataBase = [DataBase setup];
id<PLResultSet> rs;
rs = [dataBaseexecuteQuery:@"SELECT * FROM Book"];
//将 SQL 查询结果赋值给 rs
//定义一个数组存放所有书籍的信息
NSMutableArray *books = [[NSMutableArray alloc] init];
//把 rs 中的数据库信息遍历到 books 数组
while ([rs next]) {
NSString *ID = [rs objectForColumn:@"ID"];
NSString *name = [rs objectForColumn:@"Name"];
```

```
NSString *author = [rs objectForColumn:@ "Author"];
NSString *publishHouse = [rs objectForColumn:@ "PublishHouse"];
NSString *date = [rs objectForColumn:@ "Date"];
NSString * briefIntroducation = [rs objectForColumn: @ " BriefIntroducation"];
//初始化book 存放到 books 里面
Book * book = [[Book alloc] initWithID: ID name: name publishHouse: publishHouse author:author briefIntroducation:briefIntroducation date:date];
[books addObject:book];
[book release];  //释放内存
}
//关闭数据库
[rsclose];
return books;
//修改某一本书籍的方法
+ (int) update:(NSString *)ID withName:(NSString *) name publishHouse:(NSString *) publishHouse author:(NSString *) author briefIntroducation:(NSString *)briefIntroducation  date:(NSString *) date{
PLSqliteDatabase *dataBase = [DataBase setup];
BOOL bResult = [dataBase executeUpdate: @ "UPDATE Book SET name = ?, publishHouse = ?, author = ?, briefIntroducation = ?, date = ?", ID, name, publishHouse, author, briefIntroducation, date];
return bResult;
}
//创建新书籍的方法
+ (int) createWithID:(NSString *) ID name:(NSString *) name publishHouse:(NSString *) publishHouse author:(NSString *) author briefIntroducation:(NSString *)briefIntroducation  date:(NSString *) date1{
PLSqliteDatabase *dataBase = [DataBase setup];
BOOL bResult = [dataBase executeUpdate: @ "INSERT INTO Book (ID, Name, PublishHouse, Author, BriefIntroducation, Date) VALUES (?,?,?,?,?,?)",ID, name, publishHouse, author, briefIntroducation, date1];
return bResult;
}
//删除书籍的方法
+ (int) delete:(NSString *) ID{
PLSqliteDatabase *dataBase = [DataBase setup];
BOOL bResult = [dataBase executeUpdate:@ "DELETE FROM Book WHERE ID = ?", ID];
return bResult;
}
```

FavBook.m等收藏书籍数据库的基本代码设计类似,就不再阐述了。下面将进行界面设计和数据控制模块的设计实现部分。

8.3 界面设计模块和数据控制模块实现

界面设计模块和数据控制模块是读者使用的主要界面,之所以放在一节中进行阐述是因为两者是密不可分地穿插在一起,各个主要界面中界面设计是软件的框架和外观,就像一个城市的沙盘一样,数据控制是数据的通路和方向,就像城市沙盘中的道路和指示灯,而数据就是道路上的车流,随着道路和指示灯抵达指定的位置。下文将会对于各个主界面设计和其中的数据控制入手阐述软件的主要功能和技术。

8.3.1 图书总汇主界面设计制作

主界面设计是软件与用户交互的核心,由于具有较强学术性的图书管理系统,界面设计力求简洁易用、明快大方,因此设计如图 8-11 所示的主界面以方便用户操作。

界面中包括图书列表、每本图书的书名、著者、出版社、出版日期等相关信息,包括增加书籍按钮、删除书籍按钮、查看书籍详细信息按钮以及下方的 label 标签信息。负责的主要是 HomeViewController.h 和 HomeViewController.m 文件,本书主要介绍 HomeViewController.m 类文件的一些主要代码设计和相关技术。

图书总汇主界面主要实现功能如下。

(1) 新建书籍。按照书籍的各个关键字段添加书籍的相关信息。

(2) 删除书籍。完全删除某一本书的所有相关信息。

(3) 查看详细信息。进入图书详细信息界面,查看图书的相关信息。

(4) 切换 label 标签。切换系统功能。

图 8-11 个人图书馆图书总汇界面

HomeViewController.m 主要代码设计编写实现:

```
//一些导航栏界面控制的代码编写
- (void)viewDidLoad {
[super viewDidLoad];
UIBarButtonItem *creatButton = [[UIBarButtonItem alloc] initWithTitle:@ "增加" style:UIBarButtonSystemItemAdd target:self action:@ selector(doCreate)];
//调用 doCreate 类
UIBarButtonItem *editButton = [[UIBarButtonItem alloc] initWithTitle:@ "删除" style:UIBarButtonSystemItemAdd target:self action:@ selector(doEdit)];
//调用 doEdit 类
[self.navigationItem setRightBarButtonItem:editButton];
[self.navigationItem setLeftBarButtonItem:creatButton];
[creatButtonrelease];
[editButtonrelease];
```

```
//释放内存
//标签菜单按钮的相关定义
//将 book 数据库数据遍历给 booksArray 数组
- (void) viewWillAppear:(BOOL)animated {
[super viewWillAppear:animated];
NSArray *books = [[NSArray alloc] init];
books = [Book findAll];
NSLog(@"%@",books);
[booksArray removeAllObjects];
for (id book in books) {
[booksArray addObject:book];
}//循环遍历
[booksTableView reloadData];
[booksrelease];
//释放内存
}
//Creat Book 和 Detail Book 的方法
-(void) doCreate{
[self presentModalViewController:creatBookViewController animated:YES];
}
- (void) doEdit{
[booksTableView setEditing:! booksTableView.editing animated:YES];
if(booksTableView.editing)
self.navigationItem.rightBarButtonItem.title = @"完成";
else
self.navigationItem.rightBarButtonItem.title = @"删除";
}
//利用规范的标签数据查看方法编写
- (NSInteger) tableView:(UITableView *) tableView numberOfRowsInSection:
(NSInteger)section {
return [booksArray count];
}
- (UITableViewCell *) tableView:(UITableView *) tableView cellForRowAtIn-
dexPath:(NSIndexPath *)indexPath {
static NSString *identifier = @"BookTableViewIdentifier";
UITableViewCell * cell = [booksTableView dequeueReusableCellWithIden-
tifier:identifier];
if (! cell) {
cell = [[[UITableViewCell alloc] initWithFrame:CGRectZero reuseIdentifier:
identifier] autorelease];
}
[cellsetSelectionStyle:UITableViewCellSelectionStyleNone];
Book *book = [booksArray objectAtIndex:indexPath.row];
```

```
UILabel *titleLabel = [[UILabel alloc] initWithFrame:CGRectMake(60,5,200,20)];
[titleLabelsetText:[book name]];
titleLabel.textAlignment = UITextAlignmentCenter;
[titleLabelsetFont:[UIFont fontWithName:@ "Arial" size:18]];
[titleLabelsetNumberOfLines:3];
[cell.contentView addSubview:titleLabel];
UILabel *authorLabel = [[UILabel alloc] initWithFrame:CGRectMake(10, 35, 200,20)];
NSString *author = [NSString stringWithFormat:@ "著者:% @ ",[book author]];
[authorLabelsetText:author];
[authorLabelsetNumberOfLines:3];
[cell.contentView addSubview:authorLabel];
//显示著者等信息,之后部分代码省略
//利用规范的删除标签方法代码进行编写[20]
- (void)tableView:(UITableView *)tableView accessoryButtonTappedForRowWithIndexPath:(NSIndexPath *)indexPath {
detailBook = [booksArray objectAtIndex:indexPath.row];
[detailViewController setDetailView:detailBook];
[self.navigationController pushViewController:detailViewController animated:YES];
detailViewController.navigationItem.title = [detailBook name];
}
- (void)tableView:(UITableView *)tableView commitEditingStyle:(UITableViewCellEditingStyle)editingStyle forRowAtIndexPath:(NSIndexPath *)indexPath
{
Book *book = [booksArray objectAtIndex:indexPath.row];
[Book delete:[book ID]];
[booksArray removeObjectAtIndex:indexPath.row];
[tableViewdeleteRowsAtIndexPaths:[NSArray arrayWithObject:indexPath] withRowAnimation:UITableViewRowAnimationRight];
}
- (UITableViewCellEditingStyle)tableView:(UITableView *)tableView editingStyleForRowAtIndexPath:(NSIndexPath *)indexPath
{
return UITableViewCellEditingStyleDelete;
}
```

8.3.2 创建书籍界面制作

创建书籍界面中包括新增图书的书名、著者、出版社、出版日期等相关信息的输入框，还包括保存和取消按钮，负责的主要是 CreatBookViewController.h 和 CreatBookViewController.m 文件，如图 8-12 所示。

创建书籍主要实现功能如下。

(1) 录入新书的各项关键信息。

(2) 保存进入 book 数据库。

(3) 取消录入并清除。

创建书籍主要代码设计实现：

CreatBookViewController.m 文件主要代码，界面设计代码与图书总汇界面代码类似，因此省略，主要阐述数据库存储控制部分，此模块代码较为简单。

```
//警告弹出窗口设计
- (void)alertView:(UIAlertView *)alertView clickedButtonAtIndex:(NSInte-
ger)buttonIndex{
if (buttonIndex = = 0) {
BOOL result = [Book createWithID:idTF.text name:nameTF.text publishHouse:
publishTF.text author: authorTF.text briefIntroducation: briefIntroducation-
TF.text  date:dateTF.text];
if (result) {
[self dismissModalViewControllerAnimated:YES];
}
//将录入数据写入数据库
- (void) doBack{
[self dismissModalViewControllerAnimated:YES];
}
//取消录入并退出
```

8.3.3　书籍详细信息界面设计制作

书籍详细信息界面中包括所查看图书的书名、著者、摘要内容简介等相关信息，还包括返回个人图书馆和添加收藏按钮，负责的主要是 DetailViewController.h 和 DetailViewController.m 文件，如图 8 – 13 所示。

图书详细信息界面主要实现功能如下。

(1) 查看图书的各项详细信息。

(2) 添加书籍到 FavBook 数据库。

(3) 取消查看并返回个人图书馆。

图书详细信息界面主要代码设计：

DetailViewController.m 文件代码主要控制整体信息的显示和提供收藏功能，由于前文论述过界面控制，因此这里只重点阐述收藏按钮代码：

```
//从 Book 数据库取出书籍信息存入 FavBook 的方法
- (void) setDetailView:(Book *)book{
titleLabel.text = [book name];
detailTextView.text = [book briefIntroducation];
NSString * author  = [NSString stringWithFormat:@ "作者: % @ ",[book au-
thor]];
```

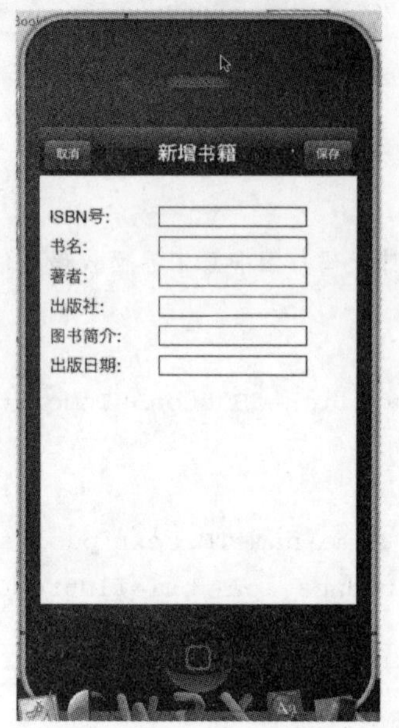

图 8-12 新增书籍界面

图 8-13 图书详细信息界面

```
authorLabel.text = author;
favBook = [[FavBook alloc] initWithID:[book ID] name:[book name] publish-
House:[book publishHouse] author:[book author] briefIntroducation:[book brief-
Introducation] date:[book date]];
}
```

8.3.4 书籍收藏信息界面代码编写

书籍收藏信息界面中包括所收藏图书的书名、著者、出版社等相关信息，还包括删除按钮，控制文件是 FavViewController. h 和 FavViewController. m 文件，界面如图 8-14所示。

图 8-14 图书收藏信息界面

书籍收藏信息主要实现功能是：

(1) 查看收藏图书的各项详细信息。

(2) 从 FavBook 数据库删除收藏的图书。

代码部分和之前的图书总汇界面代码类似，因此不再阐述。

8.3.5 搜索信息界面代码编写

搜索信息界面中包括跳转链接轻量级 Web 图书馆网站检索按钮，主要控制文件是 SearchViewController. h 和 SearchViewController. m 文件，界面如图 8-15 所示。

点击“Go”按钮后，会自动跳转至第 7 章编写的图书馆轻量级 Web 系统，用户可以很方便地在 Safari 中进行各种操作，如图 8-16 所示的是在 iPad 模拟器中的显示效果。

图 8-15　图书搜索界面

图 8-16　iPad 模拟器显示图书馆轻量级 Web 效果

搜索信息主要实现功能如下。

跳转至 Safari 浏览器中进行轻量级 Web 检索。

搜索信息主要代码设计，这里只重点介绍跳转代码部分，实现与轻量级 Web 图书馆网站的链接。

SearchViewController.m 文件重点跳转代码编写：

```
- (void) doGo{
[[UIApplication sharedApplication] openURL:[NSURL URLWithString:@ "http://222.31.70.84/Lib_Web/index.html"]];
}
//一键跳转到 Safari 浏览器，并指定到图书馆轻量级 Web 网站
```

各个模块完成在 Xcode 中的整体代码开发后，整体软件设计达到了本章之前论述的功能要求，8.4 节将转入真机调试阶段，针对个人图书管理系统进行充分地测试分析。

8.4　个人图书管理系统性能测试

真机测试软件运行正常，但是运行数据库系统的软件要经过比较严格的压力测试才能体现出其运行是否稳定，性能是否良好，因此，本书将分别录入 5、20、45、85、100 条书目数据进行压力测试，采用的真机为 iPad 2 代 16GB Wifi 版，内存 256M，iOS 系统版本 4.2.1，分别采集系统启动时间、查看某本书的详细信息时间、删除某本书目时间作为测试指标进行压力测试，并观察是否有低内存警告提示出现，测试结果如图 8-17 所示。

从图 8-17 中可以看到系统的启动时间随书目条数增加而增加了近 1 倍，主要是因为数量较多的条目会被逐一读入内存并释放，需要一定的时间开销，查看数目详细信息的时间开销略有增长，而删除条目时间没有变化，整体数据库运行稳定。

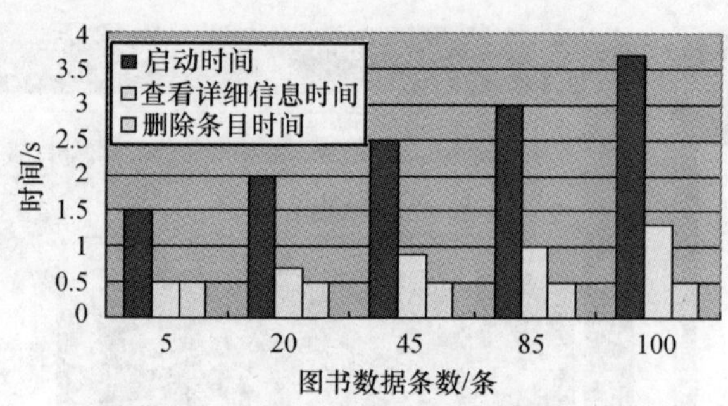

图 8－17　个人图书管理系统性能测试柱状图

下面将对系统内存使用情况进行分析，首先用到的测试工具是 Memory Booster，这是一款运行在 Apple iOS 系统的内存管理软件，它的功能特点如下。

（1）清洁释放内存空间。

（2）用熟悉的图标和名称来监控系统进程。

（3）检查内存状态。

（4）显示设备信息。

本书将采集在 5、20、45、85、100 条书目数据所占用的系统内存量作为测试数据，以观察系统内存是否被大量占用导致崩溃。如表 8－1 所列。

表 8－1　数据库书目条数与软件使用内存量关系表

书目条数	内存使用量	书目条数	内存使用量
5	5.3M	85	9M
20	6.1M	100	9.7M
45	7.2M		

从表 8－1 可以看到，系统对于设备的压力内存占用量很小，主要是由于有效地内存回收机制发挥作用，系统整体运行平稳。

8.5　本章技术小结

本章阐述了真机测试所需要的准备工作，以及对于个人图书管理系统进行全方位的压力测试，通过各个压力测试指标和对真机内存的检测变化可以看出，系统对于真机的运行压力很小，同时，系统本身也相当稳定，设计较为成功。

个人图书管理系统主要的技术难点如下。

（1）SQLite 数据库设计，它是整个软件设计的基础，本书利用 SQLite 数据库建立了图书总汇库和图书收藏库两个数据库作为用户存储信息的基础数据库。

（2）Cocoa 开发框架的界面设计，它是整个软件与读者交互的关键，本书按照简约、大方、易上手的开发思路进行设计，取得了不错的效果。

（3）内存管理设计，它是整个软件稳定运行的基础，本书在编写时充分考虑了各个对象的生存周期，并及时地利用自动释放池和 release 方法等释放内存。

8.6　图书馆新技术小结及展望

本书对 Apple 移动终端设备特点及某大学移动数字图书馆功能进行了深入分析，针对现有数字图书馆在系统性能、兼容性等方面存在的一些问题进行了研究、解决。新型移动数字图书馆的兼容性、性能提升和功能扩展性问题可以从轻量级 Web 检索终端开发和对 Apple 移动终端设备客户端设计两个方面来解决。一方面，为了解决兼容性和性能问题设计了轻量级图书馆检索 Web，它提供了一键检索入口，充分利用优化的数据库视图和新设计的图书馆书库地图进行重要信息的归并和整理，在保证数据库安全性和稳定性前提下实现一页显示所有重要检索信息，并对现有图书馆 Web 和轻量级图书馆 Web 系统的各项性能指标进行了对比，测试结果表明轻量级图书馆 Web 系统大大降低了读者检索信息和取书的时间开销，突出了移动高效的新型移动数字图书馆理念。

另一方面，为了解决新型移动数字图书馆功能扩展性问题，本书还利用 Objective - C 语言、Cocoa 开发框架和 SQLite 数据库技术结合设计了基于 Apple iOS 系统的个人图书管理系统客户端，让读者可以自主管理自己的个人图书馆，完善整个新型移动数字图书馆的系统功能。此外，本书还对个人图书管理系统进行了真机测试，通过指标测试显示系统运行稳定，数据库的查询存取也具有较高的执行效率。

展望未来的新型图书馆所承载的培养读者信息素养的功能，还有许多工作要做，在现有图书馆新技术的基础上还将继续开发基于安卓（Android）系统的个人图书管理系统，同时继续完善轻量级图书馆 Web 系统和个人图书管理系统，让读者深入了解图书馆资源，更好地利用图书馆，并且让读者从不知不觉中养成自己的信息素养、信息意识。

思　考　题

1. 对于移动终端的图书信息管理系统读者们还有什么功能需求？
2. 同学们能否自己动手开发一套基于 Android 系统的个人图书管理系统？

参考文献

[1]　http://sourceforge. net/projects/c3p0/.

[2]　Squid. http://squid. nlanr. net/Squid/.

[3]　J. Poskanzer. http load. http://www. acme. com/software/http_load/.

[4]　（美）Stephen G. Kochan. Objective - C 2.0 程序设计．北京：机械工业出版社，2010.

[5]　http://developer. apple. com/.

[6]　http://www. sqlite. org/.

[7]　（美）Apple Computer. Objective - C 2.0 Programming Language. 北京：人民邮电出版社，2009.

[8]　（美）艾伦．iPhone 开发实战．北京：人民邮电出版社，2009.

[9] http://www.weiphone.com/.

[10] http://developer.apple.com/iphone/manage/certificates/team/index.action.

[11] http://developer.apple.com/iphone/manage/devices/howto.action.

[12] http://developer.apple.com/iphone/manage/devices/index.action.

[13] http://www.iPadown.com/app/18b0231d.

第9章

版权法与学术规范

9.1 版 权 法

数字经济时代,知识传播模式发生了巨大改变,知识传播的迅捷性、便利性使得学术创作中的版权问题也日益突显。随着博客、微博、云计算等新型信息产品和服务的诞生,伴随着 Google Print、多媒体搜索等业务的推展,版权争议也成为大家讨论和关注的热点。联系到我们个人的创作过程,在写报告、写文章、翻译他人作品、开发软件等方面,我们是否也注意到随时可能麻烦上身的版权问题呢?因此,了解一些版权法知识,不仅可以帮助我们合法使用他人作品,也能对自己的创作成果进行自觉的版权保护。

9.1.1 版权常识

1. 概述

版权,又称著作权,在英文中为同一个单词 copyright,是指作者或出版者对其作品享有的法定权利(包括财产权、人身权),非经同意,他人不得出版或作更改。世界上首部版权法——《安娜法令》诞生于1710年的英国,其原名为《为鼓励知识创作授予作者及购买者就其已印刷成册的图书在一定时期内之权利的法》。由此可以看出,初期的版权法其主要保护对象是文字作品。随着技术发展,新型作品不断涌现,版权法的覆盖面也越发广泛。目前,版权法的保护对象已经涵盖了自然科学、社会科学以及文学、音乐、戏剧、绘画、雕塑、摄影、电影、计算机软件等方面的作品。

版权是知识产权的一种类型,知识产权的实质是把人类的智力成果作为财产来看待。根据版权法的规定,某一单位或个人对某项著作享有印刷出版和销售的权利,任何人要复制、翻译、改编或演出等均需要得到版权所有人的许可,否则就是对他人权利的侵权行为。

在《安娜法令》颁布之后的三百年间,世界知识生产和传播方式发生了翻天覆地的变化,版权法也历经多次改革。然而,作为约束智力产品作者、传播者和公众三者之间关系的法律规范,版权法在其300年的发展史上,始终不变地遵循三个基本法则。

(1) 版权法始终在鼓励作者的智力创造活动和促进公共利益这两个目的之间寻求平衡。人们很早就认识到对智力产品进行一定程度的“私有化”,会促进它的生产。因为,智力产品的生产成本很高,但复制、传递的成本相对很低,在一个自由无约束的市场中,智力产品的生产者难以收回其价值。只有智力产品生产者能收回成本或从中获益,才能保证智力产品的生产有足够的动力,这个市场才能繁荣起来并继续运转下去。为了促进知识的生产和传播,一种强有力的保护措施——版权制度应运而生。然而,过度的保护又对智力产品的传播和利用造成影响。没有合法的垄断就不会有足够的信息生产,而垄断过度则会限制信息产品的传播利用,怎样既不导致垄断,又能使作者权益得到保证,这期间微妙的平衡关系需要在版权法制定时进行足够的思量。

(2) 不论技术如何进步,版权法保护的对象始终是包含“一定创造性”的信息。版权法保护的对象是依附于作品而存在的。所谓作品是指文学、艺术和科学领域内,具有独创性并能以某种有形形式复制的智力创作成果。受版权法保护的作品,有以下特征:①具有独创性;作品必须是作者创作的智力成果,而不是抄袭剽窃他人的。版权保护对象的特征创作,是一种脑力劳动、智力活动,能直接产生文学艺术和科学作品。版权法中作品的独创性,只要是自己创作的,是表现自己思想观念和感情的智力成果,就认定具有独创性。②能以某种有形形式复制,版权是一种无形财产权,它的客体(作品)不同于有形财产权的客体具有一定的外在形状、占有特定的空间。

(3) 著作权保护的是思想的“表达”,而不是“思想本身”。这就是所谓的“思想——表达二分结构”。思想与表达原则的功能在于明确界定著作权法的保护范围,限定、限制著作权触角伸向不应被私权限制的领域,平衡著作权法激励创造与保留进入的利益关系;保证著作权法功能与目的的实现,促进科学与文学艺术的进步。根据美国著作权法的规定,著作权法将保护仅仅延伸到固有在原创作品中的表达性因素,而思想、概念和其他一般的智力标的可以为公众所自由使用。著作权法也要求在著作权附载之前,表达必须是原创的。思想与表达二分法为平衡公众接近信息的需要和报偿、鼓励作者创作的需要,提供了一个基础。

2. 网络环境下的版权问题

版权,自它诞生之日起,就与技术发展息息相关。19 世纪,印刷技术是知识复制的手段,知识传播的载体是纸质资源,当时版权法的保护对象也主要是文字作品。20 世纪,摄影技术、录音技术、广播电视技术等新的复制和传播技术,对传统的知识载体形式及传播模式造成了冲击,知识表现形式多样化,摄影作品、影视作品、录音录像作品等新型作品形式也纳入版权法的保护范围。

随着信息技术向各个领域的不断延伸以及全球信息化进程的推进,数字出版产业的发展势头强劲,网络服务提供者知识产权意识不强导致数字版权问题纠纷频发,暴露了现行版权制度的不足之处。版权法面临巨大的冲击和深层次的变革,如何制定合适的版权法已经成为时代性的新课题。诚如大家所知,版权具有排他性的特征,即排除他人无偿使用版权作品的可能性;网络具有开放性特征;如何协调这一对矛盾,在版权的排他性与网络的开放性之间寻得平衡,成为版权法面临的新挑战。网络是把“双刃剑”,一方面,它的高效益低成本能为信息产品生产商带来收益;另一方面,大量非法复制和传播又为人们无偿使用带来了可能。

鉴于网络环境下数字作品易于复制和传播的特点,为了更有效地保护版权人的利益,国际组织和一些国家纷纷出台了新的版权法,以适应新技术的发展变化。我国同样也在积极制定对数字作品的复制和网络传播保护方法。在 2001 年,我国对原有的版权法进行了修订,增加了信息网络传播权。2004 年至 2006 年期间,通过了《著作权集体管理条例》和《信息网络传播保护条例》,对网络环境中的版权制度进行了完善。然而,版权法的实施效果却令人担忧——网络上的侵权行为比比皆是,而被诉诸法律的却寥寥无几。究其原因,一方面是人们普遍缺乏版权保护意识;另一方面,侵权者众多,分布范围广,但侵权行为普遍较轻,起诉成功的补偿往往不及起诉时人力财力的消耗。我们还需要在实施方面下功夫,不能让版权法成为一纸空文。

9.1.2 学位论文中的版权问题

学位论文一般都是本学科需要解决的比较重要的、具有前沿性的理论或运用方面的课题,代表了本专业的发展方向。涉及的内容丰富、题材广泛,不乏新颖的学术思想和独到的见解,一般具有质量高、专业性强、内容新颖、学术价值高、参考文献多而全、助于对相关文献进行追踪检索等特点。正是由于学位论文具有以上特点,因此学位论文具有极高的参考价值,其研究成果无可避免地会受到各方学者、学生的关注和使用。伴随信息技术的发展和学科研究的深入,对学术论文的利用愈发频繁,论文作者、保管者和利用者等也都逐渐意识到版权法对各自权力的保护和行为的约束。

1. 论文作者应该注意保护自己的版权

2008年发生的千余名硕、博士诉北京万方公司侵犯版权纠纷案,引起了社会对于学位论文版权保护问题的广泛关注。由于学位论文的专业性强、内容新颖、学术价值高等特点使得它在传播科学知识、推动学术发展等方面具有特殊的使用价值。特别是博士论文,其选题新颖、论述系统、富含创新内容,因此对学术研究而言,是极有价值的情报源。利用现代化信息组织方法建立起来的硕博论文数据库,为学位论文的检索、利用提供了更加便捷的手段,同时加速了知识传播和知识生产。硕博论文数据库富含的经济价值,使越来越多的高校、商业机构也都纷纷加入到对硕博论文资源的开发利用中。在目前流行的学术数据库中,我们都能发现硕博论文库的身影,如CNKI的博硕士论文数据库和万方的学位论文数据库;同样的,各个高校也都建立了自己的学位论文数据库,用来收集本校学位论文资源。从国家长远利益而言,这无疑是一项有利于国家知识资源建设的壮举,但其中牵涉的版权问题也着实令人乍舌。数据库商未经作者同意,擅自将其学位论文收录到学位论文数据库中进行销售,付费用户可以在网上浏览和下载全文。这种行为无疑触犯了版权法。作为论文作者,应当学会保护自己的合法权益。

下面我们就学位论文版权归属、学位论文资源的开发和利用模式,以及学位论文的授权方式等一一进行分析。

根据我国著作权法第十六条的规定,我们可以归纳出学位论文版权归属存在的三种情况:①学位论文的作者享有完全的版权;②学位论文的作者享有学位论文的署名权,学校享有学位论文版权的其他权利;③学位论文的作者享有版权,但学校在业务范围内有优先使用权。目前,我国很多高校在毕业生离校前要求毕业生对自己的学位论文出示“独创性声明”或“学位论文使用授权书”,这事实上等于已经承认了学位论文的版权由作者享有,也表明了学校、个人和其他组织在利用学术论文的过程中必须获得作者的许可和授权(图9-1)。

目前对学位论文的组织利用主要有两个模式,一是公益型模式,主要是高校和有关图书馆针对本校资源进行的建设。根据《中华人民共和国学位条例暂行实施办法》(1981.5.20)第23条规定,已经通过的硕士学位和博士学位论文,应当交存学位授予单位图书馆一份,其中博士学位论文还应交存北京图书馆和有关专业图书馆各一份。即每个高校图书馆都收藏有本校学生学位论文印刷版一份。目前,大部分图书馆都对馆藏学位论文建立了数字化检索系统，供本单位读者免费查询使用。部分高校提供纸质论文借阅和复印服务，有些也支持原文传递和馆际互借。还有些高校联合起来，利用数字化手段，实现联合单位之间学位论文的共建共享，如 CALIS 的《高校学位论文数据库》，目前已有百余所高校加入到该库的建设中来，目前该库只收录题录和文摘，全文服务则通过 CALIS 的馆际互借系统提供。二是商业型模式，主要是商业性机构以盈利为目的、按照商业模式开发建设的学位论文数据库。目前国内比较出名的学位论文数据库主要有两家：万方数据股份有限公司的中国学位论文数据库和清华同方知网的中国硕博学位论文数据库。万方的资源是万方数据股份有限公司在中国科技信息研究所（中信所）学位论文印刷版基础上制作的电子版，

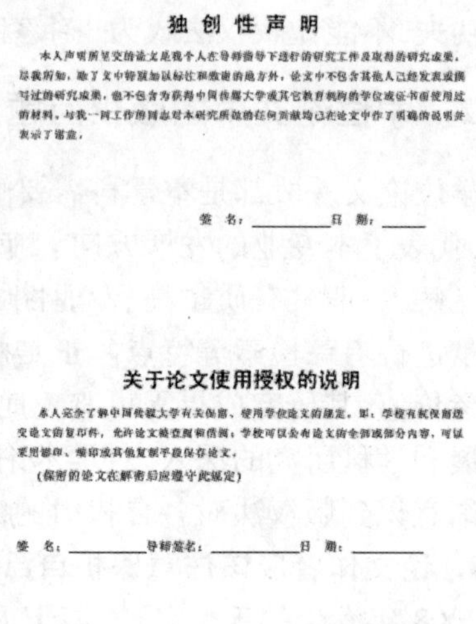
独创性声明

本人声明所呈交的论文是我个人在导师指导下进行的研究工作及取得的研究成果。据我所知，除了文中特别加以标注和致谢的地方外，论文中不包含其他人已经发表或撰写过的研究成果，也不包含为获得中国传媒大学或其它教育机构的学位或证书而使用过的材料。与我一同工作的同志对本研究所做的任何贡献均已在论文中作了明确的说明并表示了谢意。

签 名：________日 期：____

关于论文使用授权的说明

本人完全了解中国传媒大学有关保留、使用学位论文的规定，即：学校有权保留送交论文的复印件，允许论文被查阅和借阅；学校可以公布论文的全部或部分内容，可以采用影印、缩印或其他复制手段保存论文。

（保密的论文在解密后应遵守此规定）

签 名：________导师签名：________日 期：________

图 9-1 独创性声明

中信所是国务院学位委员会办公室规定的学位论文收藏单位，负责收藏各学位授予单位寄送的论文并供各单位查阅。收录了 1980 年以来我国自然科学、工程技术领域的博士、博士后及硕士生论文，每年增补 3 万篇，每年更新。清华同方知网的中国硕博论文全文数据库是通过与高校科研院所等单位签署授权使用协议后，将这些单位的硕博论文数字化并进行网络出版发行。

公益型和商业型两种模式相互制约又相互促进，一方面商业化运作模式，由于拥有雄厚的资金，强健的技术支持，因此建设速度快、规模大，服务功能多。另一方面，公益型运行模式为人们提供更多的选择，也制约了商业机构垄断行为的发生，无形中抑制了商业模式的不合理收费，同时，来自于公益型模式的竞争压力也促进了其内容的更新。

针对学位论文开发的两种不同模式，可以建立学位论文版权授权的无偿使用和有偿使用两种方式。

（1）培养单位享受无偿使用许可授权。这主要基于以下几个理由：①法律许可；按照我国著作权法第 22 条规定，图书馆、档案馆、纪念馆、博物馆、美术馆等在指明作者姓名、作品名称的情况下，可以不经版权人许可，不向其支付报酬而陈列或保存版本或为保存而复制本馆收藏的作品。从这个意义上说，培养单位保存学位论文资料是合法的（保存学位论文的职能主要由培养单位的图书馆执行）。那么培养单位将学位论文纳入流通渠道，即供研究单位内部免费使用，是否合理呢？根据著作权法第 22 条规定，允许为学校课堂教学或科学研究需要而翻译或少量复制作品。②学位论文的创作有其特殊性；学位论文的完成不是学生单方面努力的结果，培养单位的付出也不容忽视，（如学校的名义、导师的指导、学校的实验设备和文献资料等）。因此培养单位理应为这些付出而享受无偿使用学位论文的权力。③教育行业信息自由的理念。我国的教育是公益性事业，学位论文作者作为教育事业的受益者，品尝了高校知识和信息自由传播的甜头，理应无偿授权使用自己的作品。当然，培养单位在享受无偿使用许可授权时，也要注意在“合理使用”的框架下，仅限于个人学习与研究，仅限在本单位内部使用等。

（2）针对商业性使用的有偿使用许可。目前，对于学位论文的商业性使用，包括学位

论文的收藏、数字化加工和网络出版都必须获得作者的授权许可，还需要支付相应的版权使用费。2008年千名博硕士论文侵权案为学位论文的商业性使用敲响了警钟。为了从根源上杜绝学位论文的侵权使用，应从以下几方面采取措施：①应尽快对已经入库而未获得作者授权的论文补充授权或停止对外许可使用行为。②学位授予单位应该制定自己的学位论文开发利用版权政策，学位论文数字化后的使用会产生发表权、信息网络传播权及出版权等相关问题，需与作者进行版权上的沟通。③尊重著作权人的利益，提供选择机制与付酬规则。第四，建立基于时限性和区域性的强制公开制度。

2. 论文创作过程中注意不要侵权

近来，社会上浮躁的急功近利的思想也影响到了学术界，许多人受不了学术研究的清苦，又想获得学位或职称，于是就大行"拿来主义"。抄袭他人论文、剽窃他人研究成果等现象屡屡出现。有些人抱着侥幸心理，有些人认为"恶小而为之"无关紧要。然而，不经意间触犯别人的版权，会毁掉自己的大好前程，也为自己的人生抹上污点。

2009年"史上最牛硕士论文抄袭事件"及浙江大学"贺海波论文造假"事件爆发后，曾在社会上引起巨大争议。这些事件虽然引发我们对现行教育制度甚至职称评定制度的反思。但我们看到不尊重版权和他人研究成果，必定会受到舆论谴责，甚至受到法律惩处。保持良好的学术道德操守、尊重学术规范，才能取得人品和学术上的双丰收。

9.2 学术规范

学术研究中有些公认准则和要求是所有学科都必须遵守的。这些准则和要求是从长期学术活动的经验和教训中总结出来的，既吸收了西方学者有关科学规范的内容，也包含了对学术研究有着至关重要影响力的基本理念和原则。这些准则包括学术自由、学术积累、学术创新、学术道德等。贯彻这些准则有利于营造良好的学术生态环境和促进学术健康发展。

早在1942年，科学社会学的创始人默顿(Robert K・Merton)就提出了一套有关科学职业的道德规范。他在《论科学与民主》中提出了构成"科学精神"的四大规范，又称默顿规范。默顿认为这套社会规范构成了科学家独有的精神气质，支配着科学家的行为，形成他的科学良心。

9.2.1 概论

1. 学术自由和学术道德

"学术自由"源于德语的 akademischeFreiheit，是指从事学术研究的人有选择自己研究课题的权利，在研究的过程中不受外界干扰与控制，并同时根据自己的意见，教授自己研究的课题。学术自由也指学术活动不受非学术性干预的自由，在本质上是社会成员对新思想的创造、阐述和传播的自由权利。长期的科学实践证明，倡导和坚持学术自由的方针，是学术发展的根本保障。学术自由是从事学术活动的人的基本精神环境，如同他必备的基本物质工作条件，是实现其知识创新的途径。

学术道德是社会道德的重要方面，对良好社会风气的形成具有示范和引导作用。是治学的起码要求，是学者的学术良心，其实施和维系主要依靠学者的良心及学术共同体内的道德舆论。它具有自律和示范的特性，学术道德一旦缺失，学术失范现象就会产生和蔓延。要保证知识生产和创新，还需要一套学术共同体公认的准则——学术规范。

2. 默顿的四规范及科学精神

由于第二次世界大战中出现了对科学家的迫害和对科学研究的干涉，基于对科学家和科学命运的思考，默顿提出了科学作为社会中的一个部分，科学家的行为是受特定规范制约的，这些规范指的是普遍性（Universalism）、公有性（Communism）、无私利性（Disinterestedness）、理性的怀疑（Organized Skepticism），简称 UCDOS。

默顿认为这套社会规范构成了科学家独有的精神气质，支配着科学家的行为，形成他的科学良心。①普遍性是关于科学成果的评价标准和科学界的准入资格的规范。对科学成果的评价要客观公正，不受提出者的种族、身份、政治倾向等个人和社会属性的影响。科学殿堂的准入资格的平等，反对以任何理由如低微的出身、种族、政治倾向，限制有才能的人从事科学活动。纳粹德国把犹太血统的科学家统统排斥于大学和科研机构之外，就违背了普遍性规范的这一要求。②公有性是指它要求把科学知识作为一种公共产品，无偿地交流和使用，反对把科学知识作为创造者的私有财产；并且也要求科学家承认和尊重同行的知识产权。③无私利性要求科学家为了追求真理而进行科学研究，不能以谋取个人利益为目的，也不以服务他人和公共利益为直接目的。默顿认为如果科学家为利益所左右，就不可能忘我地、心无旁骛地扑在工作上，科学的创新就会受到严重影响。④理性的怀疑，要求科学家对提出的知识主张进行理性的质疑。默顿认为“在科学中没有比盲目地接受权威和教条更危险的事情了”。

默顿四规范不仅是约束科学家的基本价值规范，也是科学共同体社会结构的基本准则。默顿四规范里所体现的科学精神可以简单概括为实事求是，勇于探索真理和捍卫真理。具体说来科学精神包括求实精神、创新精神、怀疑精神、宽容精神等几个方面。其中最主要的是求实与创新。不求实就不是科学，不创新新科学就不会发展。怀疑精神与宽容精神是派生出来的，而且两者不可偏废。

3. 学术规范的定义、作用和内容

所谓规范是介乎法律与道德之间的概念。道德是社会意识形态之一，是反映和调整人们现实生活中的利益关系，用善恶标准评价，依靠人们内心信念、传统习惯和社会舆论维系的价值观念和行为规范的总和。法律是国家制定或认可的，由国家强制力保证实施的，以规定当事人权利和义务为内容的具有普遍约束力的社会规范。学术规范，上有国家知识产权法的界定，下有学术道德的约束。叶继元在《学术道德通论》一书中这样定义学术规范“所谓学术规范，是指学术共同体根据学术发展规律参与制定的有关各方共同遵守的有利于学术积累和创新的各种准则和要求，是整个学术共同体在长期学术活动中的经验总结和概括。”从这个定义，我们可以看出，学术规范是调控学术主体的学术行为使之符合科学精神与人文精神要求的学科规训制度。学术规范的表现形式是条文化的各种要求和规则；然而在条文之外真正约束学者行为的是贯穿其中的科学精神（图 9－2）。

对于学术规范的界定，学界有两种认识。一种是“单纯形式上的学术规范”，即人们在审查学术成果时，不关心这些成果在内容上是否具有原创性，是否对所研究的对象具有实质性的推进，而只关注其形式是否具有合法性。另一种是“实质性的学术规范”，即人们在审查学术成果时，不但关心其是否遵守形式上的学术规范，而且更关心其内容是否具有学术上的原创性，是否对所研究的对象具有实质性的推进意义。

本书中，我们采用复旦大学葛剑雄教授的观点，他认为学术规范应既包含形式上的学术规范，又包含实质性的学术规范。具体而言，学术规范一方面是指学术研究中的具体规则，比如引文出处、对引用成果的说明、重要的文章应对学术史有所交代，等等，即形式上的学术规范。另一方面是高层次的规范，主要是学术制度和学风。

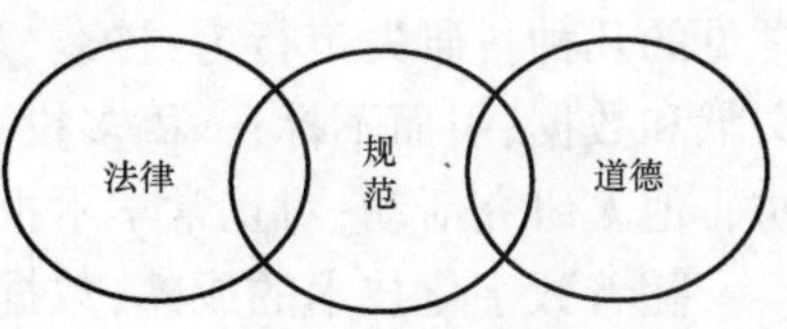

图9－2　法律、规范、道德关系图

中国科协曾颁布《科技工作者科学道德规范（试行）》，对学术规范的内容做出了以下规定：①在学术活动中，必须尊重知识产权，充分尊重他人已经获得的研究成果；引用他人成果时如实注明出处；所引用的部分不能构成引用人作品的主要部分或者实质部分；从他人作品转引第三人成果时，如实注明转引出处。②合作研究成果在发表前要经过所有署名人审阅，并签署确认书。所有署名人对研究成果负责，合作研究的主持人对研究成果整体负责。③在对自己或他人的作品进行介绍、评价时，应遵循客观、公正、准确的原则，在充分掌握国内外材料、数据基础上，做出全面分析、评价和论证。④尊重研究对象（包括人类和非人类研究对象）。在涉及人体的研究中，必须保护受试人合法权益和个人隐私并保障知情同意权。⑤在课题申报、项目设计、数据资料的采集与分析、公布科研成果、确认科研工作参与人员的贡献等方面，遵守诚实客观原则。搜集、发表数据要确保有效性和准确性，保证实验记录和数据的完整、真实和安全，以备考查。公开研究成果、统计数据等，必须实事求是、完整准确。对已发表研究成果中出现的错误和失误，应以适当的方式予以公开和承认。⑥诚实严谨地与他人合作。耐心诚恳地对待学术批评和质疑。第⑦对研究成果做出实质性贡献的有关人员拥有著作权。仅对研究项目进行过一般性管理或辅助工作者，不享有著作权。合作完成成果，应按照对研究成果的贡献大小的顺序署名（有署名惯例或约定的除外）。署名人应对本人做出贡献的部分负责，发表前应由本人审阅并署名。⑧不得利用科研活动谋取不正当利益。正确对待科研活动中存在的直接、间接或潜在的利益关系。

建立良好的学术规范，具有以下作用：①有利于整治学术生态，惩治学术失范行为，营造坚持科学真理、尊重科学规律、崇尚严谨求实、勇于探索创新、恪守职业道德、维护科学诚信的学术风气。②有利于规范和健全学术制度，加强道德自律，培养学术自主意识。③有利于鼓励学术创新，培养学术新人。④有利于提高学术研究水平，提高学术国际化水平，提高学术研究效率。

4. 科研失范行为

随着数字化资源的日益增多，数字化交流渠道的拓宽，学者在进行学术交流时更加便捷，学术资源传播方式也在数字化技术发展的大背景下发生变革。复制粘贴成为了目前某些学者进行学术创造时的手段，这严重违反了学术规范，违反科学职业道德。学术不端、学术造假等行为层出不穷。这些违反科学职业道德的行为统称为科研失范行为。2000年，美国政府曾对科研失范给出了如下定义：科研失范行为是指在准备、实施、整理以及发表等环节中出现的造假、篡改以及剽窃行为。

科研失范行为败坏学术风气，阻碍学术进步，违背科学精神和道德，抛弃科学实验数据的真实诚信原则，给科学和教育事业带来严重的负面影响，极大损害学术形象。以下是常见的几种科研失范行为:抄袭、剽窃、侵吞、篡改他人学术观点和成果;伪注、伪造、篡改文献和数据;引而不标;一稿多投;伪造学术经历,虚报科研成果;采用不正当手段干扰和妨碍他人研究活动;对正常学术批评采取报复行为;不当和滥用署名等。

随着数字化技术的成熟,数据库生产商开发了软件系统利用新技术手段检测科研失范行为。如CNKI学术不端文献检测系统(简称"TMLC")以及武汉大学信息管理学院出版科学系推出的ROST反剽窃系统。这两款软件的工作原理都以考察"内容重复率"为重点,如果所写论文与数据库中的资料文献比对后,内容重复率超过一定的比例,则视为抄袭。软件的使用拓展了学术评价规范的方法和路径,在一定程度上对学术失范行为起到了警醒的作用。

然而,仅依靠软件系统来约束科研失范行为是远远不够的。我们应该从道德、体制和法律建设三种手段,防范和惩治科研失范行为。

9.2.2 数字时代的学术规范

数字时代的到来,拓宽了学术生态环境,也为学术规范带来了机遇和挑战。一方面,数字时代为学术规范监督主体的多元化提供了可能。在前数字化时代,信息相对闭塞,学术失范行为的发现主体往往是学校。而在数字时代,伴随着信息发布手段和主体的多元化,有些网民成为学术失范行为的发现者。学术规范监督主体的多元化为对营造良好的学术环境起到了不可忽视的重要作用。另一方面,随着数字技术的发展,学术成果评价的手段也日益科技化,学术不端检索软件的开发与运用,大大提高了学术成果评价的效率,对学术论文抄袭等学术失范行为形成一种威慑。这些均是数字时代有利于学术规范发展的方面。

然而,数字时代也为学术规范产生了巨大冲击。首先,数字时代为信息引用提供了便利,但网络上发表的信息不必像前数字时代一样经过严格的筛选,因此断章取义、引而不标的现象很严重,而且当研究者想要引用网上信息时,不得不对信息的完整性及原始出处进行仔细辨别,否则就会写错或不标明参考文献,造成学术失范。其次,由于数字化信息容易复制,助长了学术抄袭。目前,研究者主要从网络搜索引擎、数字图书馆和中外文论文数据库获取信息,海量的数字化信息也为论文拼凑、抄袭提供了便利。再次,数字时代为学术批评提供了更广阔的平台,人人都可在博客、BBS等平台自由发表意见,"对正常的学术批评采取报复行为"等非理性评价行为出现,污染了学术交流的良好风气,对学术进步发展构成了威胁。下面我们从四个方面总结一下学术规范在数字时代所面临的新问题和呈现的新特征。

(1)学术引文规范。数字时代,参考文献多样化,除了传统文献,网络信息也是一个重要的参考文献来源,数字时代的学术引文规范表现出新特征。一方面,网络信息更新快、扩散性强、覆盖面大,因此对数据、个人观点和新闻的反应比需要经过层层审阅才能出版的文献信息速度快,因此,富含价值的网络信息也成为了引文中的重要部分。然而,网络信息的不稳定性又导致网络引文的"不可追溯"。网址更迭、网页链接变动、信息更新,都影响着网络信息引文的有效性。网络引文的规范化成为亟待解决的问题。首先,网络信息引文格式,在引用网络信息时添加引用时间及引用网址。"例如美国《Journal of Chemical Education》杂志的引文中,在这类网址后加注了诸如'1999 年九月访问该站点'

(accessed Sept. 1999)等字样,表明在这段时间引用该资料时它是存在的,说明作者采用的观点、数据、结论等是以此段时间的资料为依据的。如果以后资料的内容、观点等发生变化,甚至连网站也消失了,从而可能引起作者文章的结论等的变化不应由作者本人负责”。叶继元等在《学术规范通论》中,提出了参考文献为电子文献的引文格式:[序号]主要责任者. 电子文献题名[电子文献及载体类标识(任选)]. 电子文献的出处或可获得网址,发表或更新日期/引用日期(任选)。除了格式要求外,网络引文的使用还涉及“不能用而不引”、“忠实原著,不能断章取义”、“不能过度引用”等问题。

(2) 学术成果规范。在数字时代下,学术资源的获取渠道和网络出版渠道大大拓展。面临与传统出版不同的网络出版新形式,网络原创文章的版权保护问题成为数字时代学术规范的重要内容。目前,我国的网络学术出版主要有四种形式:基于纸质文献的数字化而建立起来的学术文献数据库;研究者与学术研究团体建立的学术网站;学者的个人博客;电子预印本数据库。一方面,网络出版的新形式提供了学术成果发表的新途径;另一方面,网络的自由度也使网络作品的作者身份难以识别。这都为学术资源的利用带来了版权问题。在利用网络学术资源时,要真正认识到学术成果规范和保护知识产权的重要性。

(3) 学术评价规范。所谓学术评价,是指根据一定的标准,采用一定的方法,对学术机构或人员的学术目的、学术过程、学术成果、学术媒体而展开的价值判断活动。学术评价主要依赖“被引率”等定量指标来衡量,但数字时代的引用存在大量“引而不标”状况,如何界定网络引用的“被引率”等定量指标是数字时代学术评价规范急需解决的问题。另外,通过网络发表的学术成果能否获得与传统出版成果同样的学术评价地位,也是数字时代背景下要迫切研究和解决的问题。

(4) 学术批评规范。在前数字化时代,由于学术论文的发表要受到期刊种类和版面的限制,所以学术批评的参与者多为学者,也即某一专业领域的专家,学术权威的声音被放大和传播。而在数字化的网络媒体时代,BBS、学术批评网、个人博客、微博、微信等网络平台的搭建,使得学术批评的主体大大扩展,普通网民也可以参与学术批评。同时,网络的匿名性等特点也带来了“学术谩骂”等不规范行为。因此,在网络信息易得和易发布的今天,必须加强学术批评规范,制止个人报复、人身攻击等超出正常学术批评规范的行为。

9.3 学术论文写作与发表

9.3.1 学术论文概述

1. 学术论文概念

学术论文是某一学术课题在实验性、理论性或预测性上具有的新的科学研究成果或创新见解和知识的科学记录,或是某种已知原理应用于实际上取得新进展的科学总结,用以提供学术会议上宣读、交流、讨论或学术刊物上发表,或用作其他用途的书面文件。通俗点说:学术论文是对某个科学领域中的学术问题进行研究后表述科学研究成果的理论文章。

2. 学术论文类型。

学术论文可根据不同的标准分成不同类型。

(1) 按照研究方法不同,学位论文可分理论型、实验型、描述型三类,理论型论文运用的研究方法是理论证明、理论分析、数学推理,用这些研究方法获得科研成果;实验型论文运用实验方法,进行实验研究获得科研成果;描述型论文运用描述、比较、说明方法,对新发现的事物或现象进行研究而获得科研成果。

按照研究领域不同,学位论文又可分人文科学学术论文、自然科学学术论文与工程技术学术论文两大类,这两类论文的文本结构具有共性,而且均具有长期使用和参考的价值。

(2) 按研究的学科,可将学术论文分为自然科学论文和社会科学论文。每类又可按各自的门类分下去。如社会科学论文,又可细分为文学、历史、哲学、教育、政治等学科论文。

(3) 按研究的内容,可将学术论文分为理论研究论文和应用研究论文。理论研究,重在对各学科的基本概念和基本原理的研究;应用研究,侧重于如何将各学科的知识转化为专业技术和生产技术,直接服务于社会。

(4) 根据写作目的不同可以分为专题研究论文、学位论文和研究报告。专题研究论文是各学科领域中专业人员对自己所从事的领域进行科学研究而撰写的专业论文。这种论文主要探讨学科领域的新课题,反映学科领域中的最新学术水平。学位论文是指为了获得所修学位,按要求被授予学位的人所撰写的论文。我国实行三级学位制度,分为学士、硕士和博士三级,因此学位论文也有学士论文、硕士论文、博士论文。研究报告是从事一种重要活动或决策之前,对相关各种因素进行具体调查、研究、分析,评估项目可行性、效果效益程度,提出建设性意见建议对策等,为决策者和主管机关审批的上报文。

9.3.2 论文发表时的刊物选择

论文的发表不但有很多技巧,而且是一门学问。同样质量的文章,由于投稿的期刊不同,将会出现不同的结果,也会造成不同的影响,论文发表时的刊物选择可以遵循以下方法。

1. 选择影响因子高的期刊

影响因子是指某期刊前两年发表的论文在统计当年的被引用总次数除以该期刊在前两年内发表的论文总数。换句话说,影响因子表明了期刊论文的平均被引率,是期刊上论文被引用的次数与论文总数之比。一般来说,影响因子越大,其学术影响力也越大,影响因子已经成为国际上通行的期刊评价指标。

2. 选择被国内外重要检索刊物选用的期刊

目前,影响较大的索引工具主要有以下几种。

(1) 科学引文索引(Science Citation Index,SCI)创刊于1963年,是美国科学情报研究所出版的一部世界著名的期刊文献检索工具。SCI收录全世界出版的数、理、化、农、林、医、生命科学、天文、地理、环境、材料、工程技术等自然科学各学科的核心期刊约3500种;扩展版收录期刊5800余种。

中国科学引文索引(Chinese Science Citation Index,CSCI),创建于1989年,已发展成

为我国规模最大、最具权威性的科学引文索引数据库，被称为中国的SCI，为中国科学文献计量和引文分析研究提供了强大工具。收录我国数学、物理、化学、天文学、地学、生物学、农林科学、医药卫生、工程技术、环境科学和管理科学等领域出版的中英文科技核心期刊和优秀期刊近千种。CSCI的来源期刊每两年进行评选一次，经过严格评选，选取各学科领域中具有权威性和代表性的核心期刊。

(2)社会科学引文索引(Social Sciences Citation Index,SSCI)，为SCI的姊妹篇，由美国科学信息研究所创建，是目前世界上可以用来对不同国家和地区的社会科学论文的数量进行统计分析的大型检索工具。1999年SSCI全文收录1809种世界最重要的社会科学期刊，内容覆盖包括人类学、法律、经济、历史、地理、心理学等55个领域。收录文献类型包括：研究论文，书评，专题讨论，社论，人物自传，书信等。选择收录(Selectively Covered)期刊为1300多种。社会科学引文索引(Social Sciences Citation Index,SSCI)收录报道并标引了2684种(截止到2009年6月9日)社会科学期刊，同时也收录SCIE所收录的期刊当中涉及社会科学研究的论文。

中文社会科学引文索引(Chinese Social Sciences Citation Index,CSSCI)，是由南京大学中国社会科学研究评价中心开发研制的数据库，用来检索中文社会科学领域的论文收录和文献被引用情况。CSSCI从全国中文人文社会科学学术性期刊中选出学术性强、编辑规范的期刊作为来源期刊。来源期刊是根据期刊的影响因子、被引总次数等数量指标与各学科专家意见而确定的。确定之后，每年根据期刊质量的情况，增删、调整有关期刊。CSSCI已被北京大学、清华大学、中国人民大学、复旦大学、国家图书馆、中科院等众多单位包库使用，并作为地区、机构、学术、学科、项目及成果评价与评审的重要依据。教育部已将CSSCI数据作为全国高校机构与基地评估、成果评奖、项目立项、名优期刊的评估、人才培养等方面的重要指标。

(3)艺术与人文科学引文索引(Arts & Humanities Citation Index,AHCI或A&HCI)，创刊于1976年，收录数据从1975年至今，是艺术与人文科学领域重要的期刊文摘索引数据库之一。据美国费城科学情报研究所(ISI)的网站公布数据显示：AHCI收录期刊1160余种，涵盖考古学、建筑学、艺术、文学、哲学、宗教、历史等社会科学领域。在学术领域，被AHCI和SSCI收录的期刊文摘与被SCI收录具有比肩的权威性和学术高度。

(4)《工程索引》(The Engineering Index,EI)创刊于1884年，1992年开始收录中国期刊。是美国工程信息公司(Engineering information Inc.)出版的著名工程技术类综合性检索工具。收录文献几乎涉及工程技术各个领域。例如：动力、电工、电子、自动控制、矿冶、金属工艺、机械制造、土建、水利等。它具有综合性强、资料来源广、地理覆盖面广、报道量大、报道质量高、权威性强等特点。EI对稿件内容和学术水平的要求：具有较高的学术水平的工程论文，论文达到国际先进水平，成果有创新；国家自然科学基金资助项目、科技攻关项目、"八六三"高技术项目等；EI不收录纯基础理论方面的论文。

(5)美国《化学文摘》(Chemical Abstracts,CA)1907年创刊，现为世界上收录化学化工及其相关学科文献最全面，应用最广泛的一种文献检索工具。CA报道的内容几乎涉及了化学家感兴趣的所有领域，其中除包括无机化学、有机化学、分析化学、物理化学、高分子化学外，还包括冶金学、地球化学、药物学、毒物学、环境化学、生物学以及物理学等诸多学科领域。CA 特点:收藏信息量大、收录范围广。

3. 选择核心期刊

某学科的核心期刊,是指那些发表该学科论文较多、使用率(含被引率、摘转率和流通率)较高、学术影响较大的期刊。目前国内有 7 大核心期刊(或来源期刊)遴选体系:①北京大学图书馆“中文核心期刊”,是中华人民共和国期刊中学术水平较高的刊物,是我国学术评价体系的一个重要组成部分。②南京大学“中文社会科学引文索引(CSSCI)来源期刊”。③中国科学技术信息研究所“中国科技论文统计源期刊”(又称“中国科技核心期刊”)。④中国社会科学院文献信息中心“中国人文社会科学核心期刊”。⑤中国科学院文献情报中心“中国科学引文数据库(CSCD)来源期刊”。⑥中国人文社会科学学报学会“中国人文社科学报核心期刊”。⑦万方数据股份有限公司正在建设中的“中国核心期刊遴选数据库”。

4. 选择出版周期短及特色显著的刊物

在知识爆炸的今天,研究成果能否早日公布于众,取得发表的领先权就更加突出。作为论文生产者,要经常留意自己研究方向内各专业刊物的品种、特色,争取使自己的优秀论文发表在该专业最具特色、发表周期最短的刊物上。

9.3.3 学位论文的格式与写作要求

学位论文是指高校或研究机构的学生为取得学位,在导师指导下完成的科学研究、科学试验成果的书面报告。学位论文在格式和写作规范方面有严格要求。

1. 基本格式

学位论文的基本格式。国家 GB/T 7713—1987《科学技术报告、学位论文和学术论文的编写格式》规定了学位论文由前置部分、主题部分和附录部分三部分组成。前置部分,包括封面、题名页、摘要、关键词、分类号等;主体部分,包括引言、正文、结论、致谢和参考文献;附录部分等(图 9-3、图 9-4)。

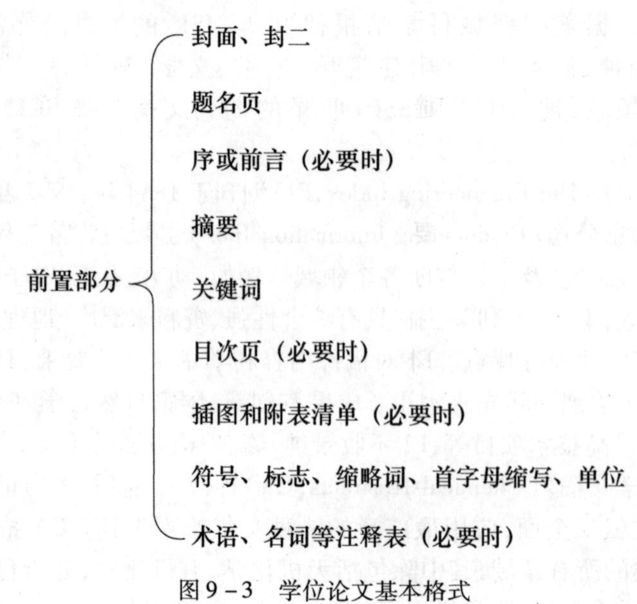

图 9-3 学位论文基本格式

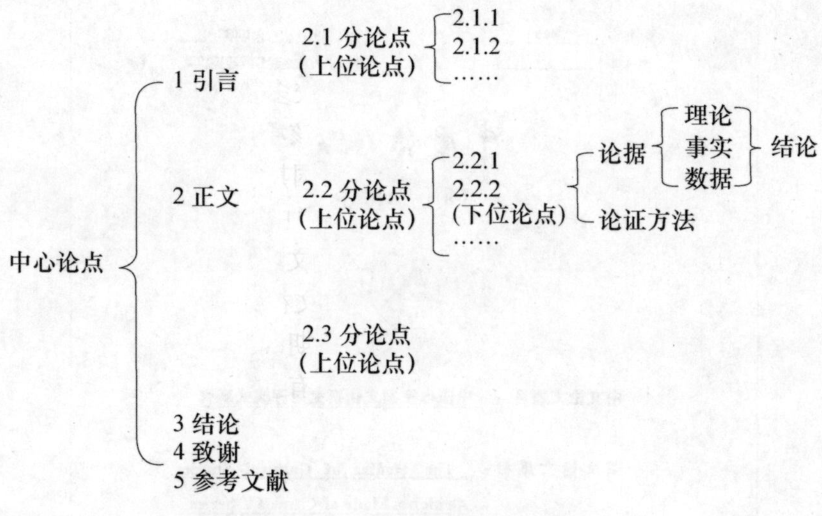

图9－4 学位论文基本格式

2. 学位论文的写作要求

1）封面

学位论文要求必须有封面，而作为期刊、某书或其他出版物的一部分，则无需封面。一般要求在封面的左上角著名分类号（中图法分类号及国际十进分类法分类号），右上角著名本单位的编号及密级，以便于信息交换和管理。在封面的明显位置标示提名、副题名或分册提名、著者姓名。还可将工作完成日期、出版项标示在封面上。封面格式如图9－5所示。

2）题名

题名是论文的总纲，是对论文主要内容和中心思想的高度概括。学术论文的题名应恰当、鲜明、新颖。同时题名也是进行检索时常用的检索字段，因此题名最好选取能反映文章主要特定内容的词语组合。鉴于篇幅和美观度，中文题名一般不宜超过20个字，英文题名不应超过10个实词且英语中文题名相对应。对于双标题，要在副标题前加破折号，表示解释或补充说明。题名应避免使用非标准的缩略词、首字母缩写词、字符、公式、代号等。

3）摘要

根据GB 6447—86的定义，摘要是以提供文献内容梗概为目的，不加评论和补充解释，简明确切地记述文献重要内容的短文。摘要有两种基本写法：报道性摘要，指明一次文献的主题范围及内容梗概的简明摘要；指示性摘要，指示一次文献的陈述主题及取得的成果性质和水平的简明摘要。其基本要素包括研究目的、方法、结果和结论，有时也包括具有情报价值的其他重要信息摘要应具有独立性和自明性，内容要简明扼要，使得即使不阅读全文也能获得必要信息。

GB 6447—87规定：中文摘要一般不宜超过200～300字；外文摘要不宜超过250个实词。摘要应简明，它的详简程度取决于文献的内容。学位论文等文献具有某种特殊性，为了评审，可写成变异式的摘要，不受字数限制。摘要的编写应该客观、真实，切忌掺杂进编写者的主观见解、解释和评论。

分类号：J902　　　　单位代码：10033

密　级：　　　　　　学　　号：82420050407028

中国传媒大学

硕士学位论文

中文论文题目：中国电视剧文化研究批评模式研究

英文论文题目：The Studies of Cultural Studies Criticism Mode of China TV Series

申请人姓名：王　羽

指导教师：王黑特

专业名称：广播电视艺术学

研究方向：电视艺术理论

所在学院：电视与新闻学院

论文提交日期　2010 年 4 月 30 日

图 9 - 5　封面格式图

4）关键词

关键词是为了文献标引工作从报告、论文中选取出来的用以表示全文主题内容信息款目的单词或术语。每篇论文、报告选取 3 ~ 8 个词作为关键词。

5）目录

论文目录用来揭示论文整体结构，大纲式的展示方式让读者对论文各部分内容一目了然，目录也具有检索意义。目录包括正文目录、图目录和表目录（图 9 - 6、图 9 - 7）。

6）引言

论文的前言也叫引言，是正文前面一段短文。前言是论文的总体概述，目的是向读者简略描述短文内容或相关背景，吸引读者对本篇论文产生兴趣，对正文起到提纲挈领和激发阅读兴趣的作用。一般的引言包括这样两层意思：一是“立题”的背景，说明论文选题在本学科领域的地位、作用以及目前研究的现状，特别是研究中存在的或没有解决的问题。二是针对现有研究的状况，确立本文拟要解决的问题，从而引出下文。在写前言之前首先应明确几个基本问题：你想通过本文说明什么问题，有哪些新的发现，是否有学术价值等？一般读者读了前言以后，可清楚地知道作者为什么选择该题目进行研究，以及该研究的最新发展状况。为此，在写前言以前，要尽可能多地了解相关的内容，收集前人和别人已有工作的主要资料，说明本研究设想的合理性。

图目录

图 9 - 6　图目录

表目录

图 9 - 7　表目录

引言书写内容:①说明论文的主题、范围和目的;②说明本研究的起因、背景及相关领域简要历史回顾(前人做了哪些工作？哪些尚未解决？目前进展到何种程度？③预期结果或本研究意义;④引言一般不分段,长短视论文内容而定,涉及基础研究的论文引言较长,临床病例分析宜短。国外大多论文引言较长,一般在千字左右,这可能与国外内数期刊严格限制论文字数有关。

7）正文

正文是论文的主体,正文应包括论点、论据、论证过程和结论。主体部分包括以下内容:①提出 - 论点②分析问题 - 论据和论证③解决问题 - 论证与步骤④结论。

8）致谢

致谢能从另一方面反应论文的相关信息。致谢不同于写正文,没有技术术语,而是作者文学水平的体现,一般情况下,文学水平高则意味着学位论文也会写作严密、逻辑性强。另外,从致谢中也可看出作者的治学态度,如果作者在研究生学习期间充分体会了研究的酸甜苦辣,会有很多感触要表达。当然,重要的是对在论文写作期间给你帮助的人表示感谢。写好致谢是非常重要的,但致谢不要超过一页,也不要只用几句话来敷衍。

9）参考文献

从字面上说,参考文献是文章或著作等写作过程中参考过的文献。然而,按照 GB/T 7714—2005《文后参考文献著录规则》的定义,文后参考文献是指:“为撰写或编辑论文和著作而引用的有关文献信息资源”。根据《中国学术期刊(光盘版)检索与评价数据规范(试行)》和《中国高等学校社会科学学报编排规范(修订版)》的要求,很多刊物将对参考文献和注释作出区分,将注释规定为“对正文中某一内容作进一步解释或补充说明的文字”,列于文末并与参考文献分列或置于当页页脚。2007 年 8 月 20 日在清华大学召开的“综合性人文社会科学学术期刊编排规范研讨会”决定,2008 年起开始部分刊物开始执行新的规范“综合性期刊文献引证技术规范”。该技术规范概括了文献引证的“注释”体例和“著者—出版年”体例。不再使用“参考文献”的说法。目前这两类文献著录或引证规范在我国影响较大,后者主要在层次较高的人文社会科学学术期刊中得到了应用。

顺序编码制的具体编排方式。参考文献按照其在正文中出现的先后以阿拉伯数字连续编码,序号置于方括号内。一种文献被反复引用者,在正文中用同一序号标示。一般来说,引用一次的文献的页码(或页码范围)在文后参考文献中列出。格式为著作的"出版年"或期刊的"年,卷(期)"等+":页码(或页码范围)。"。多次引用的文献,每处的页码或页码范围(有的刊物也将能指示引用文献位置的信息视为页码)分别列于每处参考文献的序号标注处,置于方括号后(仅列数字,不加"p"或"页"等前后文字、字符;页码范围中间的连线为半字线)并作上标。作为正文出现的参考文献序号后需加页码或页码范围的,该页码或页码范围也要作上标。作者和编辑需要仔细核对顺序编码制下的参考文献序号,做到序号与其所指示的文献同文后参考文献列表一致。另外,参考文献页码或页码范围也要准确无误。然而,目前我国对于参考文献格式并没有统一标准,实际操作中,期刊论文需按照刊物要求的参考文献格式标准进行标注,学位论文则按照各高校要求的刊物要求的参考文献格式标准进行标注。以下列举一些常用参考文献格式及举例。

(1) 参考文献为期刊论文。

【格式】[序号]作者. 篇名[J]. 刊名,出版年份,卷号(期号):起止页码.

【举例】

[1] 王海粟. 浅议会计信息披露模式[J]. 财政研究,2004,21(1):56-58.

[2] 夏鲁惠. 高等学校毕业论文教学情况调研报告[J]. 高等理科教育,2004(1):46-52.

[3] Heider, E. R. &D. C. Oliver. The structure of color space in naming and memory of two languages [J]. Foreign Language Teaching and Research, 1999, (3): 62-67.

(2) 参考文献为专著。

【格式】[序号]作者. 书名[M]. 出版地:出版社,出版年份:起止页码.

【举例】

[1] 葛家澍,林志军. 现代西方财务会计理论[M]. 厦门:厦门大学出版社,2001:42.

[2] Gill, R. Mastering English Literature [M]. London: Macmillan, 1985: 42-45.

(3) 参考文献为报纸类。

【格式】[序号]作者. 篇名[N]. 报纸名,出版日期(版次).

【举例】

[1] 李大伦. 经济全球化的重要性[N]. 光明日报,1998-12-27(3).

[2] French, W. Between Silences: A Voice from China[N]. Atlantic Weekly, 1987-8-15(33).

(4) 参考文献来自于论文集。

【格式】[序号]作者. 篇名[C]. 出版地:出版者,出版年份:起始页码.

【举例】

[1] 伍蠡甫. 西方文论选[C]. 上海:上海译文出版社,1979:12-17.

(5) 参考文献为学位论文。

【格式】[序号]作者. 篇名[D]. 出版地:保存者,出版年份:起始页码.

【举例】

[1] 张筑生. 微分半动力系统的不变集[D]. 北京:北京大学数学系数学研究所,

1983:1 -7.

(6) 参考文献为研究报告。

【格式】[序号]作者．篇名[R]．出版地:出版者,出版年份:起始页码．

【举例】

[1] 冯西桥．核反应堆压力管道与压力容器的LBB分析[R]．北京:清华大学核能技术设计研究院, 1997:9 -10.

(7) 条例。

【格式】[序号]颁布单位．条例名称[Z]．发布日期

【举例】

[2] 中华人民共和国科学技术委员会．科学技术期刊管理办法[Z]. 1991 -06 -05

(8) 译著。

【格式】[序号]原著作者．书名[M]．译者,译．出版地:出版社,出版年份:起止页码.

【举例】

[1] [美] Venkata Joysula Malcolm Orr Greg Page,云计算与数据中心自动化[M]．张猛译．北京:人民邮电出版社, 2012. 55 -87

(9) 网站。

[1] 谷 麟 ． 默 顿 科 学 规 范 与 时 代 精 神 ．http://wenku. baidu. com/view/2e5ec023a5e9856a56126060. html 2012 -3 -7

思 考 题

1. 数字时代的学术规范面临哪些问题?
2. 论文发表时如何选择刊物?

参考文献

[1] 瞿学惠．我国高层次学位论文开发的价值、现状及对策[J]．图书馆理论与实践,2003:(2).

[2] 曹娴静．学位论文版权问题分析[J]．图书馆界,2008:(3).

[3] 陈传夫,韦景林．学位论文传递的知识产权研究[J]．新世纪图书馆,2003(4).

[4] 花芳．文献检索与利用[M]．清华大学出版社,2009.

[5] 吴蜀红．学位论文版权使用授权声明的失当与规范[J]大学图书馆学报,2009(4).

[6] 王小燕,贺兰英．自然变成法概论[M]．华南理工大学出版社,2007.

[7] 欧阳锋,徐梦秋．默顿的科学规范论的形成[J]．自然辩证法通信,2007(5):42 -49,93.

[8] 谷麟．默顿科学规范与时代精神．http://wenku. baidu. com/view/2e5ec023a5e9856a56126060. html2012 -3 -7

[9] 王大珩,于光远．论科学精神[M]．北京:中央编译出版社,2001.

[10] 陈超君．杜绝科研工作中的失范行为,捍卫科学殿堂的圣洁性．科学与无神论,2008,(6):

11 - 16.

[11] 刘娟,许为民. 加强学术道德教育规范研究生的科研行为. 中国高等医学教育,2003(6).

[12] http://lib. hnust. cn/2010/0831/133. html 2012 - 3 - 23.

[13] 迟雪玲. 论数字时代的学术规范与教育[D]. 华中科技大学,硕士论文,2010.

[14] 赵振宇. 加强学术创新与学术规范教育[J]. 社会科学管理与评论,2008(4).

[15] 李卫星,何飞. 现代信息素养与文献检索. 武汉:湖北人民出版社,2010.

[16] 叶继元. 学术规范通论. 上海:华东师范大学出版社,2005.